万卷书蠹文丛

书海掣鲸龙

钱钟书的读书生活

袁峰 著

北方联合出版传媒（集团）股份有限公司
万卷出版公司

图书在版编目（CIP）数据

书海掣鲸龙：钱钟书的读书生活 / 袁峰著. —沈阳：万卷出版公司，2018. 10
（万卷书蠹文丛）
ISBN 978-7-5470-5048-4

Ⅰ. ①书… Ⅱ. ①袁… Ⅲ. ①钱钟书（1910—1998）—生平事迹 Ⅳ. ①K825. 6

中国版本图书馆CIP数据核字（2018）第187756号

出 品 人：刘一秀
出版发行：北方联合出版传媒（集团）股份有限公司
万卷出版公司
（地址：沈阳市和平区十一纬路25号　邮编：110003）
印 刷 者：天津旭丰源印刷有限公司
经 销 者：全国新华书店
幅面尺寸：145mm×210mm
字　　数：320千字
印　　张：12.25
出版时间：2018年10月第1版
印刷时间：2018年10月第1次印刷
责任编辑：胡　利
责任校对：张希茹
封面设计：范　娇
版式设计：万晓春
ISBN 978-7-5470-5048-4
定　　价：49.00元
联系电话：024-23284090
传　　真：024-23284448

钱基博、钱钟书父子合影

畢業證書

學生錢鍾書係江蘇省無錫縣人現年二十三歲在本校文學院外國語文系修業期滿成績及格准予畢業得稱文學士此證

國立清華大學校長梅貽琦
教務長張子高
文學院長馮友蘭

中華民國二十二年六月二十二日

钱钟书的毕业证书

钱钟书、杨绛、钱瑗一家三口合影

中年钱钟书、杨绛夫妇合影

序

“书”的本义是“书写”，后来引申为“书写的文本”。早期的“书”是写在简、牍或丝帛上的，即所谓“书之竹帛”。“书之竹帛”是为了“传遗后世子孙”，向同时代的人或后人传递讯息。古往今来，书籍的载体已经由简帛转变为纸张乃至电子数据，而书籍所承载的，不外乎知识、记忆、情感与思想。

战国时代的惠施博学多闻，相传他的书（当时是写在简牍上的）足足装了五辆车，这便是“学富五车”的来历。书是文化的载体，也是知识的载体，人类文明之所以能代代相传，知识之所以能不断累积，很大程度上靠的是书籍的力量。书籍是学问的代名词，饱读诗书者，也便是硕学之士。

与印度等古代文明不同，我们的祖先历来注重历史的记录，形成了以二十四史为核心的记史传统。中华文明之所以绵延不绝，在世界文明之林中独树一帜，一个重要原因便是汉字的连续发展以及以此为基础的记忆传承。而历史记忆的作用，正在于明得失、知兴替。

在书籍中，我们同样能看到一个个鲜活的人。他们的喜怒哀乐转化为文字，千百年后仍有震撼人心的力量，引发我们的共鸣。即便是典正古雅的“诗三百”，同样能窥见先人的悲喜。唐诗宋词，无不是情感的流露。这些文字汇聚起来，又能激荡起时代的脉动与情绪。

“书”最初偏重于实用性较强的文体，《尚书》之“书”本来是公文。但《尚书》之所以被人世代传诵，根本原因在于其思想性。从先秦诸子到近代新文化先驱，他们前赴后继，高擎思想的火炬，点燃民族的奋进之路。

中华民族历来敬畏知识、记忆、情感与思想，也便敬畏书。敬畏书，也便好读书，并敬重好读书的人。书籍对于我们来说，并不是一种简单的物品，而是蕴涵着宇宙、人生之道，记载着我们的过去、现在并描绘着将来，展示了社会、生活和个体生命情感的无限丰富性，承载着人类的精神文化创造的灵性之物。因此，在很大程度上，我们更愿意将书看作是一种生命的延续，一种使生命达到不朽的途径。

书是用来读的。没有阅读，书的意义便不复存在，或者至少其意义要大打折扣。明人于谦曾经作过一首《观书》诗：

书卷多情似故人，晨昏忧乐每相亲。
眼前直下三千字，胸次全无一点尘。
活水源流随处满，东风花柳逐时新。
金鞍玉勒寻芳客，未信我庐别有春。

在读书人的眼中，书卷无异于多情的故人。有书卷陪伴，无论快乐的还是忧伤的光阴都可以安然度过；有书卷存在，可以使屋舍生辉，心生欢喜；有书卷在胸，内心得以充盈，思想得以绽放。读书人泛舟书海，博览群籍，好读书，读好书，会读书，刻意用功，发愤图强，乐而忘苦，终生与书本相伴。他们读书、藏书、抄书、著书，思于书，劳于书，苦于书，乐于书，正所谓“衣带渐宽终不悔，为伊消得人憔悴”。读书丰富了他们的知识，提升了他们的人格，陪伴他们走过了自己的生命之旅，帮助他们成就了人生的事业。更有那勤学敏思、才胆识力卓出者，于“灯火阑珊处”发现了宇宙之道，参悟了天人之义，建构起了自己的思想和价值情感世界，因而著书立说，以其一家之言而泽被后来的读书人。

读书造就了一代又一代的圣哲通儒、仁人志士、学术大师、文章大家，远者不说，仅我国近、现代以来读书人中所产生的伟人志士、大师名家就可以开列出一个长长的单子，他们犹如璀璨的繁星，照亮着20世纪以来中国思想、文化的夜空。他们身处社会剧变、民族危亡、文化转型的历史关头，于是将自己的事业与民族、国家的命运紧紧地联系在一起，或者投身于炽热的社会现实斗争之中，以笔为枪、以纸为旗，用自己的学识为中华民族的振兴、社会的发展进步和新思想、新文化的诞生与发展做出卓著的贡献；或者埋首于中外浩如烟海的典籍之中，在学术文化领域辛勤耕耘，默默地奉献着自己的才智，以其丰硕的研究或创作成果维系和延伸着中华民族的学脉、文脉，从而推动了现代以来中国学术文化事业的发展。无论属于何种情况，他们都是在为民族和国家的救亡与启蒙、解放与振兴以及学术文化的发展兴盛写心立言。在他们身上，“经世致用”这一中国知识分子读书治学的优良传统得到了充分的体现。

摆在我们面前的这套丛书，便是一组读书人的文化群像。他们包括王国维、梁启超、陈寅恪、吴宓、鲁迅、胡适、林语堂、郭沫若、钱钟书这些时代巨子。他们好读书，勤著书，为传承、发展我们民族的文化奉献一生，是中华民族的文化精英与楷模。了解他们的读书生活，知道他们读书生活中的点点滴滴，与阅读他们的著作一样，照样可以走进他们的思想、精神、情感世界之深处。因此，这套丛书选取“读书生活”这一特定的角度，通过叙述这些名家大师如何读书、写书、购书、藏书、爱书，以及介绍他们的家学渊源、师承关系、访学交游、讲学课徒等侧面，来展现他们的读书方法、治学特点以及事业成就。对于这些巨匠的读书生活，我们得以有更直观、深切的感受。

在写作风格方面，本丛书则尽量追求实录性和情境化，着重围绕这些现代学术文化史上的巨匠们在读书生活中所发生的种种趣闻美谈、掌故逸事，以见出他们的人生志向、精神境界和生活风貌。这些文化巨匠的读书治学、人生经历和事业成就本身，也无不反映出近现代以来中国思想、文化、学术曲曲折折的发展道路和复杂多变的特点，从中可以寻绎出现代中国思想、文化、学术形成和发展的脉络与经验。因此，介绍这些名家大师的读书生活，实际上也就是对20世纪中国思想、文化和学术史进行一种特定层面、特定角度和特定方式的描述；了解这些名家大师的读书生活，在一定程度上也就是对20世纪中国思想、文化和学术风云变幻历史的一次回顾与反思。

这些名家大师的读书方法、思想方式、治学特点，以及他们的人生追求、理想目标、生活情趣和精神境界，作为一种参照系统和历史经验借鉴，对于今天和未来的热爱知识与学问，热爱书籍，从而有志于读书、治学的读者朋友而言，无疑是大有裨益的。在强调“全民阅读”的今天，读什么书、如何读书仍是大家所关注的话题，互联网文化的扩张和智能手机自媒体的广泛应用，虽然给人们获取信息提供了诸多便利与更多的选择，但是同时又导致了阅读的浅表化、碎片化、快餐化，从而给读书带来了巨大的冲击，尤其是在阅读经典、经典化阅读方面，所受到的影响更加严重。

有些人说现在的社会太浮躁，很少有人会静下心来读书。我们何尝不能说，正是因为读书太少，有些人的心不复宁静？腹有诗书，内心自会充盈，也自会以更自信的心境审视周遭的世界。正是从这些名家大师的身上，从这套丛书中所展示的文化大家的读书生活中，我们或许能获得诸多人生的教益，能找到自己想要的关于生命价值何在的答案。

本丛书采撷那些在读书治学方面堪称斫轮巨匠的名家大师们在书海中泛舟的点点帆影，来再现他们的神采风姿，以此奉献给读者，并且希望它们能陪伴读者朋友们度过一段快乐的读书时光。如果这一初衷能够实现，对于我们来说则是再幸运不过的事情了。

党圣元

2018年9月于北京

目　录

无锡钱氏有书香

中国古时有“河出图，洛出书”的传说，但近代中国钟情于图书的人却不只出于河洛流域。如诗如画的江南，从南北朝时开始渐渐成为文化重地。在石头城的东南方向，南京和上海之间，镶嵌着一个又一个美丽的城市。江南人枕水为家，大大小小的湖泊与城镇交相辉映，湖泊中最大的要算太湖了。太湖北面，无锡与苏州相映成趣。太湖以它独有的甘甜乳汁哺育着一代又一代的人文学子，而无数人文学子又以自己的锦心绣口倾吐出一篇又一篇锦绣文章。如果说金陵像《红楼梦》中的贾宝玉的话，那苏州和无锡无疑就是薛宝钗和林黛玉了。苏州雍容华贵，很像薛宝钗；无锡娇美俏丽，颇似林黛玉。而祖籍无锡的钱钟书先生，其影响却早已超出无锡。他是江南的奇才，中国的鸿儒，世界上的著名学者。

刘禹锡在《乌衣巷》中慨叹江南世事的变迁："旧时王谢堂前燕，飞入寻常百姓家。"明清以来，无锡的钱家是这个城市最著名的世家望族，一直延续到现代。科学家钱三强、国学家钱穆以及文艺理论学家钱钟书都是这个大姓中的佼佼者。

钱氏家族可以追溯到五代十国时吴越国国王钱镠，钱镠的八世孙钱迪迁家至无锡梅里堠山，至钱钟书的曾祖钱维侦已是第十代了。钱维侦，清廪贡生，候选训导。其子钱福炯（祖耆），清附贡生，试用训导，加捐五品衔。

钱祖耆有四个儿子：长子钱基成，膝下无子；二子早夭；三子钱基博和四子钱基厚是孪生兄弟，长相酷似，两人又各有一子。钱基博的儿子钱钟书比钱基厚的儿子钱钟韩大半岁，这二人后来都成了学有专长的著名人物。

这个书香世家中，最有名的当然是钱钟书了。不过，钱基博亦不让其子。书香世家崇拜古代圣贤，因钱基博、钱基厚兄弟与孟子的出生日相同，这更增加了他们努力学习、争取早日成名成家的信心。钱基博"五岁而受经于父。十岁，毕九经。十二岁，学为文章于先仲世父"[①]。钱基博所读的书中，除九经外，还有"唐宋八大家"的文章，以及

① 钱基博《自传》。

《史记》《资治通鉴》《续通鉴》和《读史方舆纪要》等书。钱祖耆认为，三个儿子中，钱基厚聪明，钱基博愚笨，钱基成居于二者之间。钱基成年长，可教比较聪明的钱基厚。至于愚笨的钱基博，则由一位文理好的族兄教育。那位族兄非常严厉，其教育方法中并不排除痛打。钱基博不知挨了多少顿痛打，其后，有一天，他忽然给打得开通了[①]。其后，在教育钱钟书的方法中，钱基博亦不排除打。然而，由于钱钟书不只是钱基博的儿子，同时也是钱基成的“出嗣”儿子。钱基成视钱钟书为掌上明珠，这使得钱基博痛打钱钟书受到了阻碍，但他很快发明出拧肉。一边拧，一边又不许钱钟书哭，以便不让钱基成听见。

钱基博从小接受国学教育，但他没有得到过清代的科举功名，因为在他的年纪足以应举的时候，科举制度已废止了。钱基博“少年时代对学习古文和旧国学十分勤奋努力，以求学业成就，上进有路”（钱钟韩语）。同时，他也受到了康有为、梁启超维新变法运动的影响，在接触新学时，对中国古代历史、地理和科学进行自学。钱钟书的刻苦好学可以从钱基博那里找到家学渊源，可是钱氏父子的努力方向主要在国学方面——经史子集无不贯通。钱基博以子部为最，钱钟书以集部为最。钱氏父子在数学方面都不太行，但钱基

① 杨绛《钱钟书与〈围城〉》。

博的数学能力还足以担任一个小学数学教员，并曾经为薛福成之子讲授《小代数学》。而钱钟书，则因入学考试数学不及格，差点没能上大学。

在中国，文史地理常常是混在一起的，钱基博偏爱国学，青年时期曾任无锡县立第一小学文史地教员。18岁那年，他写了一篇四万余言的长文《中国舆地大势论》投稿给梁启超主办的《新民丛报》，获得成功，此文刊登后又在《广益丛报》转载，梁启超亲笔回信赞赏，同时，于右任著文反应。此后，钱基博又仿照《文赋》作成《说文》一篇，被《国粹学报》刊登。从这里开始，他在获得文名的同时，亦慢慢地走上国学研究之路。

俗话云：有其父必有其子。此话也可以换个方式来说：有其子必有其父。钱氏父子生活在人间，他们不可能脱离社会，但他们是书生的根性，而不是当官的坯子。辛亥革命时期，光复无锡的几个姻亲和同事托付钱基博起草政务文告。革命军攻下南京后，担任江苏起义军淮北援军总司令的顾忠琛邀请钱基博任总司令部参谋。后来直隶都督赵秉钧、江苏都督冯国璋又欲招钱基博为秘书。钱基博有感于政事反复无常，自己一介书生，整日里飞书走笔，以文字为军阀政客作口舌，如此浪费光阴，有悖于自己原来所钟情的立身行世原则，于是婉言谢绝。

从此以后，20岁出头的钱基博便投身于教育界，著书立说。从小学教员当起，随着教学经验和学问的长进，他开始在中学和师范学校任教，此后便进入大学当教授。天下有学而不能者，未见有能而不学者，钱基博孜孜不倦的苦学精神影响了钱钟书，这颇类似于宋代苏洵之于苏轼。这位老夫子自谓自己的学问“务为浩博无涯涘。诂经谭史，旁涉百家；抉摘利病，发其阃奥”“集部之学，海内罕对；子部钩稽，亦多匡发”“初年学《战国策》，喜纵横不拘绳墨。既而读曾文正书，乃泽之扬、马，字矜句炼，不久而以为典重少姿致，叙事学陈寿，议论学苏轼，务为抑扬爽朗。所作论说、序跋、碑传、书牍，颇为世所诵称；碑传杂记，于三十年来民情国故，颇多征见，足备异日鉴借。论说书牍，明融事理，而益以典雅古遒之辞出之，跌宕昭彰。序跋，则以生平读书无一字滑过，故于学术文章得失利病，多抉心发奥之论”。[①]

钱基博的经学著作有《周易·四书题解及其读法》，其子学著作有《读庄子天下篇疏记》《老子题解及其读法》《孙子章句训义》，其集学著作有《韩愈文读》《国学文选类纂》等，其文史著作有《骈文通义》《文史通义解题及其读法》，其文论著作有《文心雕龙校读记》，其文学史著作有《中国文学史》《现代中国文学史》。钱基博能写出文

---

① 李洪岩《钱钟书与近代学人》。

学史著作，这表明他的传统国学研究中已经有了诸多现代因素。

钱基博的主要精力放在了古文方面。早在他出生前一百多年，清代桐城派姚鼐编成《古文辞类纂》，此书的影响一直波及近代。钱基博声言自己曾以十年之力攻读此书，并以狂傲的口吻称当世治此书精深能如他者罕有。

中国自古以来就有知行合一、文以载道的传统，修身齐家和读书治学相辅相成，钱氏家族对此亦不含糊。当年钱祖耆“以朴学敦行为家范”，不许钱基博接宾客，通声气。“又以科举废而学校兴，百度草创，未有纲纪，徒长嚣薄，无裨学问，而诫基博杜门读书，毋许入学校，毋得以文字标高揭己，沽声名也。”对此，基博、钟书父子虽秉持家训，但并非原封不动地照做。在钱基博看来，诚信更是做人和治学都不可缺少的：“卷怀不可以宏道，乃开诚以示物；显言不可以避患，故托古以明义。务正学以言，无曲学阿世。”可以说钱基博始终把道德文化修养置于人生的首位。

青年钱基博曾和一些志趣相投的年轻人组织理科研究会，并建立学堂，聘请科学家华实甫等人做老师。民国初年，蔡元培、吴稚晖等人成立“进德会”，钱基博和汪精卫、宋教仁等人都参加了这个组织。“进德会”的宗旨是：革命必先革心，人有不为而后可以有为。何谓“不为”，其内容分甲、乙、丙三种。甲种有三条：不嫖、不赌、不娶妾。不要小看这三条，说出来容易，做起来挺难。就“不娶妾”一项而言，参加“进德会”的许多人便自打了嘴巴，才几年，纳妾者已有数人，狎妓、嫖娼者更时有发生，“独钱基博龌龊小儒，乃不敢犯戒耳”。

在钱钟书出生的那年，某日午夜，钱基博正在酣睡，江西布政使陶大均派人叫他。钱基博当时正被陶大均聘为文稿师爷，他急忙披衣来到大厅，听候差用。只见灯火辉煌，幕僚群集，原来是陶大均约他一起和一个“花榜状头”（漂亮女人）开心。钱基博默然不悦，好大一会儿，才说：“你作为老百姓的父母官，竟然与妓女胡闹，请问你如何仪刑百僚？”这件事使陶大均困窘不堪，羞愧之余，幡然悔悟，此后不再狎妓。

幼年钟书与伯父

钱钟书的出生想必和一般儿童没什么不同，但如果考虑到此后 70 余年会形成一种“钱学”，那这种出生便具有其独特的意义。“钱学”是后话，孩子呱呱坠地，对于钱家来说，依旧是传宗接代的问题。

钱基成已接近不惑之年，有女无儿，面临“无后”的危险。祖父钱祖耆乃一家之主，他将钱钟书“出嗣”给钱基成，于是钱钟书便有了两个慈父。特别是大伯父视其为掌上明珠，竟在小钟书降生当晚，冒雨到乡下为他找了一个健壮的寡妇奶妈。

孩子是父母的骨血所就，这个可爱的小精灵今后将会怎么样，父母总是急切地想知道。

《红楼梦》第二回“冷子兴演说荣国府”说贾宝玉周

岁那年，老爹贾政急切地想知道他今后志向，便将许多东西拿来让他抓取，贾宝玉只抓取脂粉钗环。后来宝玉果然只在女孩子堆里厮混。

钱钟书周岁那年，钱家人也拿来各种东西让他抓取。假如钱钟书也像宝玉一样抓脂粉钗环，那他可能会像贾政所说，成为酒色之徒。但钱家孩子那只娇嫩的小手一把抓住了一本书，这令祖父、伯父和父亲又惊又喜，于是，钱基博便顺理成章地正式将这个小孩命名为“钟书”。

“抓周”的风俗多半只是一种满足人们好奇心的游戏，它究竟有几分可信性，颇令人怀疑。但是，钱钟书两周岁的时候，已经由钱基成带着开始识字，却是确确实实的事。

在对钱钟书的教育问题上，钱家的人分成两派：钱祖耆和钱基成是传统派。钱祖耆的思想是乾嘉学派的路数，在科举已废，新学校未站稳之际，主张继续以朴学教育孙子。钱基成对新式学校亦不放心，认为这类校园里的人，徒附欧美唱高调，只顾抬高自己，并不会对孩子负起教育的责任。钱基博和钱基厚是开放派，主张孩子上新式小学。钱钟书的启蒙教育是在此两派的明争暗斗中进行的。钱基成年长钱基博、钱基厚 14 岁，两个弟弟少年时曾接受他的教育，现在他依旧主张以教育弟弟的方法来教育弟弟的孩子，两个弟弟多不敢回嘴。

1915 年，钱钟书 5 岁时依旧进了附近的秦氏小学，在这里学习识字造句，混混沌沌地持续了半年。后因体弱多病，退学回家，祖父母、大伯父为他“招魂”。钱基厚长子钱钟韩，小钱钟书半岁，堂兄弟俩同样聪明可爱。家里人把他们送到亲戚家，跟着几个孩子一块读私塾，念的是《诗经》和《尔雅》。私塾里的孩子们互相打闹，小钟书亦不知用功。家里人又把两个孩子接回来，由钱基成统一看管教育。

在10岁以前，钱钟书主要由大伯钱基成养育。10岁以后，由于大伯父中寿而亡，钱基博又承担起抚养、教育孩子的责任。在钱钟书的印象里，伯父比父亲更可亲可爱。钱基博和钱基成都是有理想、有追求的人，只是钱基博的人生理想和追求不只是培养、教育孩子，而钱基成则将自己的理想和追求化作热情和疼爱全部倾注在钱钟书身上。

身体是读书的本钱，钱钟书五六岁前体弱多病，故此“本钱”更应格外珍重。钟书要喝，大伯父给他端来茶水；要吃，大伯父给他买来猪头肉、酱猪舌；要玩，大伯父陪他逛街、聊天。钟书病了，大伯父为他“招魂”。为了强健孩子的身体，伯父在屋子里从高处吊下一个软绵绵的袋子，让钟书用小拳头在上面练习软功。小钟书的身体一天天硬朗起来，一次，他和钟韩一起，竟然将一个比他大好几岁的孩子按倒了。虽然锻炼身体和打架并非钱钟书所长，但钱钟书这个善于用脑的人还算长寿，活到88岁，这比只活到48岁的伯父足足长了40年。

一个四十多岁的人比一个二十五六岁的人更能带好孩子，但大伯父的思想里有一个封建迷信的影子，这妨碍了他后半辈的生活质量。当地“风水先生”认为，钱家的风水是“不旺长房旺小房”。当钱基成在应该生儿子的年龄未能生儿子时，他急急忙忙地抱养了弟弟的儿子，以便能使自己这个长房很快兴旺起来。但是，抱养了儿子的他并没有避开“不旺长房”这一思想阴影。

有一次，在为祖坟烧纸钱和香火时，他突然发现祖坟上的一排树，其上首的长得瘦小、低矮，而下端的长得蓬勃、茂盛。钱基成头脑里“不旺长房”的阴影开始扩张起来，他自愧自己没有亲生儿子，并且事业上又不如弟弟，便更加担心自己所收养的钱钟书的未来，他害怕这个孩子今后也和他一样，他决心要和这种命运抗争。

钱基成的决心和抗争没有超出宗教迷信的范围，一次，他将几斤理发店里剪下来的头发埋在祖坟上端的树下，他以为这样这些树就可以长成参天大树，子孙后代兴旺发达，保不定钱钟书什么时候还会成为国君或大总统。

钱基成“不旺长房”的阴影没有对钱钟书形成影响，尽管钱钟书和杨绛没有生个儿子，对钱基成来说可能是个不幸的消息。钱钟书也终于没有成为总统，但其晚年却成了学术界公认的“书海国君”。

当年，在钱基成领着养子漫步在无锡街头巷尾的小书铺，并不断地将钱给书摊的主人，为钱钟书租小说看的时候，钱基成没有想到他的养子从此有了一种根深蒂固的癖好。这种癖好使得钱钟书在一般人仍待启蒙阶段就开始如醉如痴地阅读小说了。

一代奇才出现于无锡小书铺。在这个世界上，贪嘴的孩子比贪玩的孩子多，贪玩的孩子比贪读的孩子多。小钟书不但贪嘴、贪玩，而且更加贪读。在他看来，小书铺里的小说比小吃摊上的小酥饼更有味，江阴伯母娘家的庄园比无锡城钱家更好玩。

钱钟书六七岁的时候，江阴外婆家尚未败落，两个大庄园，七八只大船，十数名庄客，染料生意做得红红火火。外孙子来了，有庄客专门陪着他到田野里捕鱼捉虾，一日四餐：晨饭、午餐、晚宴和夜宵。各种各样的水果和新衣，可以尽情享用。一个人如果一辈子都待在这里，吃好，玩美，饱读小说，那该有多好呀！钱基成对这些看得很宽，但钱基博对此却常常皱眉。

一个小小的稚童，抱着《西游记》《水浒传》《济公传》《三国演义》《七侠五义》等小说，究竟能理解到什么程度，人们无从知道。但是，这个稚童竟然能活灵活现地复述小说里的故事情节，他在复述的时候，竟然也能把自己的两个堂弟感动得手舞足蹈。他能记住小说里英雄好汉们所使用武器的重量，复述时准确性和生动性融为一体，其如醉如痴的稚气童真，足以使身体欠佳的大伯父多活几十年。

民国九年（1920年）秋季的一天，对于小钟书来说是一个不幸的日子。钱家传出噩耗，钱基成逝世。钱钟书在小学里听到这个消息，“哇”的一声哭了。他一路痛号着跑回家，扑倒在伯伯的灵柩前。

在钱钟书人生征途的八九十年中，其始点的十年是钱基成带大的。这最初的十年，是最需要疼爱、照顾和无微不至的关怀的，所有这些，钱基成都完全做到了。钱钟书的父母赋予钱钟书肉身，而伯父抚养钱钟书成为一个英姿勃发的少年。小钟书愿意伯父永远陪伴着自己，但上帝不允许，命运又把他归还给了他的父亲。

东林小学读高小

钱基成的死亡对于钱钟书来说还有另一层意义，一个和蔼可亲的伯父离开了他，客观上使那个严肃、古板和一本正经的父亲可以名正言顺地来管教他。不只是钱钟书，连钱钟韩也更多地接受着钱基博的管教。

多年的家教、私塾教育和自学为小钟书打下了良好的基础，但这种基础并不能保证他今后必然就成为国学大师。在10岁那年秋天，钱钟书和钱钟韩兄弟俩一起入东林小学一年级就读。东林小学是无锡县四年制的第二高等小学，和钟书、钟韩在一起念书的还有邹文海。三年的时光里，邹文海一直与钟书、钟韩在一个年级，但由于钟书、钟韩是通学，邹文海是寄宿，故他们无法一起游息。然而，40年后，邹文海依旧能够记得他父亲督责他读书时所说的一句话：“我过钱家，每回都听到钟书书声琅琅，谁像你一回家就书角都不翻了！”

钱钟书用小楷写的毛笔字用墨甚淡，写字不守方格规矩，这等字在先生看来，常常有“眼大于箕”和“爽若哀梨”的感觉。写英文所用的钢笔，常常在开学不久就被钟书弄坏了笔尖或笔杆，他怎么修理安装都不能写，心里一急，便抓起一根筷子用小刀削尖蘸墨水写，蘸一下，写几笔或一字，大大小小，粗细浓淡，间或夹杂几个墨疙瘩，此时，“爽若哀梨”的感觉便跑得无影无踪。

钱钟书此时已涉猎考据。《汉书》里说，王莽时有一人，长一丈，大十围。小钟书考证说，这里所谓“围”，并非是手臂的合抱，而是指拇指和中指伸开时的一拃，稚里稚气的小钟书俨然已经是一个小学究了。

二年级时，钟书、钟韩已经读完了一些儒家的基本著作：《毛诗》《左传》《礼记》《论语》《孟子》，等等，学习范围也涉猎子史古文和唐诗，开口时喜欢臧否古今人物，动笔时能挥洒出二三百字的文章。

东林小学是新式学堂，钱氏兄弟在这里开始认识阿拉伯数字，学习加减乘除。文学和数学，钱家兄弟各擅其一。钱钟书钟情于文学，擅长形象思维，喜欢钻研文字、文章，无论中文还是西文，他都有很高的天赋，但对学习数学始终没有兴趣。钱钟韩与乃兄正相反，喜欢数学，擅长逻辑思维，与数理相关的各科一直成绩优异。

在东林小学，钱钟书依旧未改变他那顽皮的根性。一个下雨天，钱钟书在上学的路上，捉了几只青蛙置入鞋内，光着脚进入课堂，青蛙从鞋内蹦出，教室里一下子开了锅，为此事老师罚钱钟书站了一个中午。又有一次，钱钟书在课堂上玩弹弓时射中同学，再次被罚。

顽皮归顽皮，学习归学习。钱钟书对自己喜欢的书，特别是小说依旧贪婪地阅读，甚至上课时也在看，可他的国文成绩依然名列前茅。

钱氏家族有努力学习的良好传统。当年钱基博读书写作，冬天手指冻僵了亦不辍笔。在钱钟书日益长大的日子里，钱基博的学问亦日见长进——从教小学到教中学，后来又教师范学校。1921 年，钱钟书读小学时，钱基博正在无锡第三师范学校任教。这年秋天，同族的钱穆也来到这里教书。钱穆幼时家境贫寒，早年丧父，苦学成才。

学校放学后，钟书、钟韩便来到钱基博的办公室自习并研读古文。两个孩子跟着钱基博阅读古文名篇，钱钟书更是利用一切时间遍览文学名著。钱穆在《师友杂忆》中说自己在第三师范时，常至钱基博室，“时其子钟书方在小学肄业，下学亦常来室，随父归家，子泉（基博）时出其课卷相示”。

在无锡钱氏家族中，对国学的贡献在“基”字辈中当首推钱基博，比钱基博小 8 岁的钱穆亦能后浪推前浪，比钱穆小 15 岁的钱钟书则后来居上，并完全超越了钱基博和钱穆。钱基博的贡献在文学，钱穆的贡献在哲学，钱钟书则文史哲兼融。

钱穆认为，他平生见到的治学最勤、用力最劬的学者，首推钱基博。

“其生平无营求，淡嗜欲而勤于所职”“暇则读书”“讲评孜孜”“寝食不辍”“穷年累月，不肯有丝毫怠惰”“性畏与人接，寡交游，不赴集会，不与宴饮；有知名造访者，亦不答谢，曰，我无暇也；文章只以自娱，而匪以徇声气；学道蕲于自得，而不欲腾口说”。可谓饱经世患，欲以宁静持家；个中侠肠，特立独行；不为名士，不赶热闹，遇事不与人争。

钱基博欲使儿子的性格与自己一般无二，但却只能在自我认知的范围内教育孩子，当小钟书性格上的傲慢自负、特立独行发展到张狂妄为、自高自大、目空一切时，钱基博会变得提心吊胆。他心里嘀咕：在藏拙犹不能避祸的人世，如此锋芒毕露者何以存世？

钱基博琢磨着为钱钟书改字。早在钱钟书出生那年，钱家碰巧得到一部友人送来的《常州先哲遗书》，由钱基成做主，取其中“先哲”二字，命名钱钟书“仰先”，字“哲良”。在兄长去世后不久，为了箴诫儿子性格上的不良苗头，钱基博精心地为钱钟书改字为“默存”。

与此同时，反传统的鲁迅正在为中国人的沉默而悲哀，[1]而偏重于继承传统的钱基博却寄希望儿子固守沉默而生存。小钟书全然不管什么沉默不沉默，他混混沌沌，依然如故。

伯父去世后，伯母总是躺在竹榻上抽大烟，舅妈、姨妈等人坐在榻畔指着一个南瓜逗钟书玩："你就是那个南瓜生成的。南瓜长大了，成了精，一下子变成了你。"

钱钟书想到《聊斋志异》中的狐精鬼怪，心里真有点疑神疑鬼，很快，他便意识到这是大人们在哄他。一转身，上了床，披一条被单，玩起"石屋里的和尚"来。看他一个人盘腿坐着，脉脉含笑，口中念念有词的样子，全家人又有谁能比他更快乐呢！

在钱钟书十一二岁时，西方文化开始对这个幼小的心灵产生影响。林纾翻译的小说正在激发着钱钟书学习外语的兴趣，商务印书馆出版的《林译小说丛书》为他展现了另一个世界，这是一个不同于《水浒传》《西游记》《聊斋志异》等中国古典名著的世界。实际上，梁启超译的《十五小豪杰》，周桂笙译的侦探小说，钱钟书都曾找来读过，但这些译著文笔拘忌，未引起他的兴趣。而当钱钟书捧起林琴南的译著时，他才知道西洋小说和中国小说一样迷人。

---

①1918 年至 1922 年，鲁迅作小说 15 篇，后以《呐喊》结集。1926 年鲁迅作《记念刘和珍君》一文，其中说："我懂得衰亡民族之所以默无声息的缘由了。沉默呵，沉默呵！不在沉默中爆发，就在沉默中灭亡。"

无锡县城里那些走江湖耍猴儿的把戏或者牵一头疥骆驼卖药的玩意儿，已经不能满足小钟书的兴趣，他“把林译哈葛德、迭更司、欧文、司各德、斯威佛特的作品反复不厌地阅览”[1]，以至于40年后他仍能记得林译鳄鱼和狮子搏斗的场面：

> 狮之后爪已及鳄鱼之颈，如人之脱手套，力拔而出之。少须，狮首俯鳄鱼之身作异声，而鳄鱼亦侧其齿，尚陷入狮股，狮腹为鳄所咬亦几裂。
>
> 哈葛德《三千年艳尸记》第五章

这场恶狠狠的搏斗紧紧地揪住了小钟书的心。他心里的疑问是：狮子抓住鳄鱼的脖子，决不会整个爪子像陷进烂泥似的，为什么竟“如人之脱手套”？鳄鱼的牙齿既然“陷入狮股”，为什么它还能“咬狮腹”？小钟书急切地想知道狮子和鳄鱼到底谁死谁活，但译著里却没有交代，他想不明白的问题，家里的大人也答不上来。也许是从这时候起，他发誓要学好英文，“就是有一天能够痛痛快快地读遍哈葛德以及旁人的探险小说”。[2]

---

① 钱钟书《林纾的翻译》，见《七缀集》。

② 钱钟书《林纾的翻译》，见《七缀集》。

一生方向中学定

钱钟书渐渐长大成人。1923 年，高小毕业的钟书、钟韩兄弟考入桃坞中学。鸦片战争以后，美国圣公会在江苏等地办了许多学校，苏州的桃坞中学便是其中之一。这是两个孩子第一次远行到四十多公里外的他乡求学，家里为他们置备了生活用品，筹足了学费、书费和零用钱，兄弟俩便一块儿上了路。

苏州桃坞中学是教会学校，中、英文课根据各人实际程度分班上课。钟书、钟韩国学基础好，故一入学，他们的中国语文和历史课就跳入初中二年级，至于数学、物理和英文课程则仍在初中一年级。

上高小时，钱钟韩成绩斐然，名列前茅，而钱钟书依然只是个痴头脑、没正经的孩子。钱钟书家中父母期盼着上中学的钱钟书能够改变上课不认真听讲的习气，但钱钟书依然凭兴趣行事，好在他中文、英文基础良好，这便掩盖了其他方面的不足。

能够出风头的事是作文。入校不久，钱钟书参加了桃坞中学每年都要举行的中文和英文作文竞赛。结果，英文作文虽未获得名次，但中文作文获全校第七名。一个才入校的初中生，和已经在这里苦读了五六年的高中生竞争，能够取得如此之成果，这成了桃坞中学的一个不大不小的新闻。师生们用新奇的眼光打量着这个无锡来的男孩儿，心里嘀咕着，他是不是“瞎雀碰上了一颗好谷穗”？

或许钱钟书生来就是为文的脑瓜子，不喜欢数理课程，好在生物课学得还可以，这主要是传播到中国的进化论培养了他的兴趣。

西方的进化论在19世纪末由严复等人介绍到中国，严复在翻译时表述为天演论。钱钟书在读中学时接触到这方面的书，犀利的观点，绝妙的译笔，十分合钱钟书的胃口。一部《天演论》，影响了不止一代人。这部书将钱钟书学英文、学翻译以及学生物知识的兴趣都激活了。

桃坞中学西学色彩较重，这与钱基博重视传统、钱祖耆以国学持家的思想形成鲜明对照。学校由美国传教士担任校长，外国语言课都是外籍教师讲授，英语是主要的授课语言，连中国地理课也全用英语讲授。钱钟书在西学东渐的氛围中被陶冶着，尚未定型人格的中学生依旧不知道自己应该向何处去，他只是随心所欲地接受着各种各样的知识。

钟情于文的钱钟书其语言结构包括三种文：文言文、白话文、外文。文言文是家学传统给予他的，白话文和外文是时代潮流赋予他的。在外文中，他最先学到的是英文。教会中学的英文授课方式虽然为他提供了学习英语的条件，但钱钟书依旧习惯于按自己的学习方式来学习英文。钱钟书善于用眼，而不善于用耳。由于他总是入迷地阅读各种各样的英文原版书籍，包括《圣经》《天演论》以及一本又一本的小说，所以把眼睛用得很累。与此相反，他的耳朵似乎悠闲自在，即使在上课的时候，他也不喜欢听讲，而是继续看他的英文小说。

语言真是奇妙无穷，但英语之奇妙又与汉语有所不同。钱钟书在桃坞中学尽情地挥洒着自己的语言天赋，他并不认真听讲，但英语口语却说得地道纯正；他胡乱地翻一翻英语教科书，但每次考试，英语总是第一。到了 1925 年，钱钟书的英文成绩便追上了中文成绩，并列全校第一。

在学不好汉语和英文的同学看来，自己就像一只无能的猫，无法捕捉住语言这只狡猾的老鼠。对于钱钟书来说，语言却像一只被吓呆了的老鼠，能够让他这只猫玩弄于股掌之上。

有所能则有所不能，上帝已经将一个人的一切都安排好了。钱钟书在他的中、英文语言世界遨游，准确无误，但这个中学生上街买东西时，却常常不辨东西南北，错误百出。作文用典的出处记准了，但是回宿舍的路走错了；英文时态前后一致了，衣服纽扣却上下乱扣；骈文词句对仗使用绝佳，皮鞋却穿得左右颠倒；文如其人表里如一，衬衣内外混穿让人笑掉大牙。

就连桃坞中学的老师都要出这位无锡才子的洋相，他们认为学习好的人就应该当班长，钱钟书中文好、英文好，便被封为一班之长。凡是带长的人都是要发口令的，桃坞中学的早操和体育课上的口令必须由班长用英文发出。钱钟书的英文口令发得地道、准确，但叫全班同学发笑的是，他自己不能正确地执行口令，手和腿的动作有时犹豫不决，有时左右混乱，极不协调。

显然，作为司令官的钱钟书是非常不称职的，班长只当了两个星期，就被老师撤换。管人发令的长官不适合于钱钟书，然而，未来书海王国里的国君之位，依旧在向这个纯净的读书人招手。

钱钟书在桃坞中学就读时，其父钱基博也正是年富力强颇能干事的时候，父子俩谁也不服输，分别在各自的年龄层次上拼搏。钟书读初中二年级时，钱基博受邀于京城，到清华大学讲授中国古典文学。

过往的每个假期，钱基博都督促钱钟书温习正课，不准他乱看闲书，小钟书难得有无拘无束的日子。这年寒假，父亲因路途遥远，没有回家，钱钟书快活得像一只才出笼的鸟儿，他借了许多小说刊物，如《小说世界》《红玫瑰》《紫罗兰》等，饱览一通。

冬去春来，一个学期过后，转眼又是暑假，钱钟书如法炮制，企图重温寒假时的旧梦，谁知假期过了一半，父亲突然从天津乘轮船回到无锡，钱钟书心里慌乱起来。

中国的旧家庭有棍棒教子的传统。《红楼梦》第三十三回金陵城贾政几乎将不肖之子贾宝玉打了个半死，便是一个例子。钱基博小时候曾经领教过族兄的痛打，他对挨打的体会是：还是应多挨点，挨到了头，某一天忽然会豁然贯通的。

钱基博命令钱钟书和钱钟韩各写一篇文章。文章写成了，钟韩的一篇文理通顺，结构紧凑，钱基博啧啧称赞。再看钟书所写的文章，通篇不文不白，用字庸俗，多处混进了荒诞小说的语言。钱基博越看越生气，一怒之下，便狠狠地将钱钟书揍了一顿。

不知道钱钟书对痛打作何体会，只知道他当时又痛又羞，独自倚在门口呜呜地哭。由于持有打（或挨打）可以使人“豁然开通”的思想，钱基博对钱钟书的教训始终不排除笞打。

二十四年后，钱钟书在《谈艺录》中写道：“余十六岁与从弟钟韩自苏州一美国教会中学返家度暑假，先君适自北京归，命同为文课，乃得知《古文辞类纂》《骈体文钞》《十八家诗钞》等书。绝少解会，而乔作娱赏；追思自笑，殆如牛浦郎之念唐诗。”[①]

1927年3月，北伐军占领江苏，在反帝反封建斗争中，要求收回教权的呼声日渐高涨，教会与新政权之间的矛盾爆发，桃坞中学停办。此后不久，钟书和钟韩兄弟俩考回无锡辅仁中学就读。

辅仁中学虽然也是圣公会所办，但没有外国资助，经费依靠收取学杂费和中国会友集资支撑。这所中学虽然没有桃坞中学那么多洋味，办学条件也差，但课程设置却不保守，学校采用新学制，突出理工科目。对于主攻理科的钱钟韩来说，在这里如鱼得水。

但是钱钟书也不差。在进入辅仁中学到考入清华大学之前的这段时间里，钱钟书已经成熟了许多，他已不再贪玩，代之以自觉学习，并出现发愤苗头。

钱钟书和钱钟韩可谓钱门双璧。此兄弟二人同受学前教育，同上小学，同入初中；在辅仁中学读高二时，又同分在一班。辅仁中学举行国文、算学、英文竞赛，钱钟书一马当先，一鼓作气夺得国文和英文两个全校第一；钱钟韩紧随

---

①《谈艺录》（补订本）第346页，中华书局1984年版。

其后，亦夺得算学第一和国文、英文两项第二。钱氏兄弟各领风骚，其大名早已在辅仁中学广泛传播。

钱氏兄弟都有较高的天赋，而且，兄弟之间亦经常比赛较劲。钱钟韩数理课好，各科都能平均发展，常常总成绩在全校独占鳌头，然而，其英文和国文课却不如堂兄，不得不屈居第二。钱钟韩后来不无谦逊地说："我父亲、伯父和堂兄都是博闻强记，才思敏捷，下笔千言。相比之下，我显得很笨。自己早就知道不是学文学或哲学的料子，因为在那些领域里，如果没有天才和灵感，就没有出头的日子。我立志要学理工，走自己的路，可以少受一点批评，减少一些心理压力。"

钱氏兄弟都善于发现并把握自己。早在桃坞中学上学的后几年，钱钟书就确立了自己的主攻方向，他的天赋和出路是英文和国文，他为自己在这方面的才能感到自豪和骄傲，他逐渐用行动加强自己已经形成的对同龄人的超越，并且热切地期望着自己能够在将来的某一天再次超越一切文人和学者。钱钟韩大概在钱钟书之后发现了自己。就家学传统而言，国学无疑高居于一切之上，但在钱钟韩看来，数理的地位未必就一定在国学之下。兄弟二人分道扬镳于文理二途，这即使在钱家长辈看来，也没有什么可指责的。

世间难得两父子

钱钟书在浓郁的知识氛围中迅速成长，钱氏父子的关系也随着年龄的增长发生着变化。在钱钟书笔下，钱氏父子被艺术地表现在《围城》中，方鸿渐虽然不能和钱钟书画等号，但这个形象中有青年钱钟书的影子。“方鸿渐取材于两个亲戚：一个志大才疏，常满腹牢骚；一个狂妄自大，爱自吹自唱。”[1] 这两个亲戚在化为方鸿渐时，也常能看出钱钟书自己的影子。青年钱钟书和方鸿渐一样，都出生于江南的一个绅士家庭，其家乡“打铁，磨豆腐，抬轿子。土产中艺术品以泥娃娃为最出名”[2]。二者国文都曾得到过父亲的指

---

① 杨绛《钱钟书与〈围城〉》。

②《围城》。

授，在中学考试中曾得过一、二名。

钱基博在文章中曾不断提到教授儿子的故事，而青年钱钟书已经成熟到足以与其父讨论学问。

长夏无事，傍晚纳凉于庭中，钱基博以陈兰甫的《东塾读书记》和金华人朱一新的《无邪堂答问》为话题与诸儿共论，“以为《答问》可配陈沣《东塾读书记》。倘学者先读陈《记》以端其向，继之《答问》以博其趣，庶于学问有从入之途，不为拘虚门户之见”。[1]

钱钟书不同意父亲的看法，说：“《答问》与陈《记》同一兼综汉宋；若论识议宏通，文笔犀利，则陈《记》远不如《答问》。”

钱基博辩解说：“陈君经生，朴实说理，学以淑身；朱生烈士，慷慨陈议，志在匡国。”就文笔议论而言，《答问》胜过陈《记》；就清晰平实而言，陈《记》远在《答问》之上。《答问》的缺点是：文体多途，事无常准，《诗》《书》错综，经史纷纭，义不定于一方，学难求其条贯。这种缺点在陈《记》中是找不出来的，陈君宿学，于晚清学风史实烂熟于心，所以能说理清楚；朱生晚出，过于用世，所以学问驳杂。钱基博据理力争，企图说服儿子。

钱钟书又说，朱一新著《佩弦斋文》，内有与康有为

---

① 杨绛《钱钟书与〈围城〉》。

论学言论，议论精辟。世人只知道称赞朱生经学，而朱生自信自己的史学远胜于经学。朱君以宋学正汉学，与陈君兴趣相投，但其治经学而得史意，则陈君之所未到。

父子二人相互辩难，各不相让。看到儿子咄咄逼人的气度，大有超越自己的趋势，钱基博表面上虽不露声色，但心里却暗暗涌出一阵喜悦。自谓："闭门讲学而有子弟送难，此乃唯吾所有之快乐！"

《围城》中方遁翁总是希望人们称赞儿子"家学渊源"，为了儿子能够作好演讲，他特地从箱里翻出《问字堂集》《癸巳类稿》《七经楼集》《谈瀛录》等书供方鸿渐参考。方鸿渐亦"天天代父亲写信、抄药方"，他在大学里写给父亲的信"文绉绉，没把之乎者也用错"。在现实生活中，钱氏的"家学渊源"备受称赞是不言自明的事实。

青年钱钟书常为父亲代笔写信，由口授代写，发展到直接代写，代写时不能有错，否则，将被训斥，甚至挨打。由于受到严格训练，以至后来"钱钟书写客套信，从不起草，提笔就写，八行笺上，几次抬头，写来恰好八行，一行不多，一行不少"。①

父亲悉心培养，儿子一心向学。钱钟书渐由代父写信发展到代父写文章。一次，本地一乡下大户求钱基博写一个

---

① 杨绛《钱钟书与〈围城〉》。

墓志铭，钱基博让钱钟书动笔，钱钟书字斟句酌，精心写成。钱基博在书房诵读儿子的文字，不由得连声叫好。当钱钟书从姆妈那里得知这个消息时，他按捺不住快乐的心情，一下子蹦了起来。

更令人称奇的是另一次代笔。20 世纪 20 年代的最后几年，比钱钟书大 15 岁的钱穆将自己在无锡省立第三师范学校执教时的讲稿整理成《国学概论》一书，准备由商务印书馆出版。钱穆与钱基博同族，从小就佩服钱基博的人格与学问，故特要求钱基博为《国学概论》写一篇序。钱基博又大胆地起用钱钟书代写。就这样，一个年轻的高中学生竟然为一个已经在全国小有名气的国学研究者的专著写了一篇序。这篇序写成后，钱基博仔细地推敲了几遍，觉得儿子已经将自己所能想到的东西都写进去了，而且文字上也无甚可改。钱钟书的序冠以钱基博之名出版成书，竟然骗过了许多人的眼睛，连钱穆本人在内，也始终不知道这是钱钟书的手笔。

在《围城》中，主人公方鸿渐在北平上大学，他以凄婉的措辞给父亲写了这样一封信："迩来触绪善感，欢寡愁殷，怀抱剧有秋气。每揽镜自照，神寒形削，清癯非寿者相。窃恐我躬不阅，周女士或将贻误终身。尚望大人垂体下情，善为解铃，毋小不忍而成终天之恨。"方鸿渐写此信的目的是要方遁翁解除自己和那个乡下女子的婚约。

钱钟书根本没有和乡下女子订过婚，故他不可能给钱基博写诸如此类的信。但是，钱钟书在北京上大学时，却是经常与钱基博书信往来。

世界上难得有这样合意的父子。在清华园里，钱钟书已成为一个名副其实的读书人，这里的一切对他来说都很新鲜，每隔一些日子，他都把自己的所闻所见用书信描述给父亲。在无锡，钱基博欣慰地看完儿子的来信，便一封一封地将它们珍藏起来，细心地贴到本子上，一连几年，这些家书积攒成厚厚的几本。因钱钟书小时名“仰先”，故钱基博在本子上题签为《先儿家书》，一直保存到他生命的最后一刻。1957年，钱钟书在整理父亲的遗物时，才发现了父亲所保留的信件。据杨绛所言，这些信件后来由“回禄君”收集去了。

钟书破格入清华

1929年夏，钱钟书和钱钟韩均报考清华大学，同时钱钟韩还兼报了交通大学。钱钟韩理科成绩一贯优秀，这次高考总分第二，被清华大学和交通大学同时录取，他选择进入交通大学。钱钟书的高考因数学成绩太差几乎被拒于清华校门之外，但他最后还是被清华大学外文系录取了。兄弟二人一北一南继续深造。

钱钟书考大学时的数学成绩“丑”名远扬，钱钟书自己说考了15分，但外界传闻是考了零分，比他大两岁的无锡籍清华校友邹文海也说考了零分。[①] 但是，钱钟书高考总成绩不错，列前200名及格学生的第57名，其中国文、英

① 邹文海《忆钱钟书》，载1962年6月台北《传记文学》创刊号。

文俱优，英文还考了满分。

钱钟书考清华，可谓有惊无险。时任清华大学校长的罗家伦只年长钱钟书 13 岁，当他得知这位考生的情况时，心里便萌生了破例的想法。在钱钟书以前，1922 年卢冀野考东南大学，数学得零分，国文获满分，东南大学也破格录取了他。几乎与钱钟书同时，1931 年吴晗考北大和清华，文史成绩优秀，数学是零分，北大拒他于门外，而清华大学收录了他。而几十年后，贾平凹考西北大学中文系硕士研究生，英文考了零分，学校打报告给国家教委，却没有得到批准。知识之海洋，茫茫无边，人之心性，各有所偏，有的睿智者坚守制度选才，有的睿智者敢于破例选才，此二者都无可非议。但是，人们依旧为青年钱钟书捏一把汗，假如他当年没有碰到罗家伦这样的校长，他会成为后来的他吗？

清华大学的前身为清华学校，是 1911 年清政府用美国“退还”的“庚子赔款”办的一所留美预备学校。1925 年起逐步改办为大学，1928 年改名为“国立清华大学”。清华和北大都是当时北平的著名大学，清华以理工闻名，北大以文史驰名，但在钱钟书跨入校门前两三年，清华国学研究院由于四大导师[①]而蜚声海内外，清华的文科大有超越北大的趋势。

---

① 四大导师是王国维、梁启超、陈寅恪、赵元任。

而且，当时已有清华比北大更为开明的说法。人的一生能做成几件好事，清华大学校长罗家伦特批钱钟书入清华，算是做了一件实实在在的好事。此后清华大学数学系主任熊庆来慧眼识华罗庚，华罗庚又慧眼识陈景润，这也可以算作清华大学的“家学传统”。

钱钟书今后能不能成器，罗家伦并不知晓。若干年后，当钱钟书在文坛学界头角毕露后，他才体会到自己所做的好事的价值。钱钟书对此事的回忆是：“我数学考得不及格，但国文及英文还可以，为此事当时校长罗家伦还特地召我至校长室谈话。蒙他特准而入学，我并向罗家伦弯腰鞠躬申谢。”

清华大学，对于钱家的人来说，也是有缘分的。早在钱钟书入读前，父亲钱基博曾在这里教授中国古典文学；钱钟书来清华读书时，同族人钱穆也应邀在清华大学任教授。

钱钟书上清华外文系的“学号为八四四号”；“大一上课无久，即驰誉全校”；“在校四年期间，图书馆借书之多，无人能与其相比”；“课外用功之勤，亦乏其匹”。[①]

在1929年到1933年四年间，清华大学外文系乃至文学院的一批同学受钱钟书的影响最大。钱钟书“中英文造诣很深，又精于哲学及心理学，终日博览中西新旧书籍”。

---

① 参见钱钟书同班同学许振德所著《水木清华四十年》一文。

最怪的是他“上课时从不记笔记，只带一本和课堂无关的闲书，一面听讲一面看自己的书，但是考试时总是第一。他自己喜欢读书，也鼓励别人读书。他还有一个怪癖，看书时喜欢用又黑又粗的铅笔画下佳句，也在书旁加上他的评语，清华藏书中的画线和评语都是此君手笔”。[①]

钱钟书在清华留给钱穆的印象是：“兼通中西文学，博及群书，宋以后集部殆无不过目。”[②]乔冠华亦认为，钱钟书在清华终日看书，不问政治，也不信奉马列。

五十多年后，钱钟书在回忆到大学生活时写道：“及入大学，专习西方语文。尚多暇日，许敦宿好。妄亲炙古人，不由师授。择总别集有名家笺释者讨索之，天社两注，亦与其列。以注对质本文，若听讼之两造然；时复检阅所引书，验其是非。欲从而体察属词比事之惨淡经营，资吾操觚自运之助。渐悟宗派判分，体裁别异，甚且言语悬殊，封疆阻绝，而诗眼文心，往往莫逆暗契。至于作者之身世交游，相形抑末，余力旁及而已。孤行冥往，未得谓得。”[③]

① 参见钱钟书同班同学饶余威所著《清华的回忆》一文。

② 钱穆《师友杂忆》，岳麓书社 1986 年版第 111 页。

③ 钱钟书《谈艺录》，1983 年补订本第 346 页。

“中书君”与同学们

清华乃当时中国学界之渊薮，不只是西方的科学和技术在这里开花结果，国学研究亦在这里“老树开花无丑枝，春蚕食叶笔有声”。钱钟书这个亟待修炼的“孙猴子”，被投入如此中西合璧之炼丹炉，他是否能成正果，人们正拭目以待。

韩昌黎的《毛颖传》，以笔拟人，其人毛颖，又名中书君。钱钟书从上大学第二年起，开始以“中书君”之名在刊物上发表作品。儿时的钱钟书曾经崇拜过力能扛鼎的西楚霸王项羽，不止一次地在画纸上命名自己为“项昂之”，但是钱钟书缺少成为项羽的素质和环境，故其一生都不可能像刘、项那样叱咤风云于战场。可这并不妨碍“中书君”像刘、项那样驰骋于文坛学界。

清华大学的学生，集中了全国各地考生的精英，个个都有十八般武艺，人人都有一套独特的本领，哪一个也不是省油的灯，真正称得上是藏龙卧虎之地。

清华大学外文系，钱钟书所在班三十多人，男女约各一半，班里学习上出类拔萃的，相传有狗虎龙之说。狗是颜毓蘅，英文很好，擅长翻译，20世纪50年代曾在南开大学任教授。虎是万家宝，即曹禺，以剧本创作知名。至于龙，则非钱钟书莫属。除狗虎龙之外，后来成为名人的还有小说家吴组缃、书评作者常风瑑、女翻译家石璞等人。当时外文系属文学院，文学院的另外两个系是中文系和历史系。文学院的学生中有“三杰”之说，其中两位是夏鼐（后为考古学家）和吴晗（后为历史学家），而“三杰”之首又是钱钟书。

夏鼐，著名考古学家，此人1978年9月曾和钱钟书一起去意大利参加学术会议。吴晗，明史专家，曾任北京市副市长。吴晗上大学时亦在《清华周刊》上发表诗作，并请诗友钱钟书指教。吴晗以学术为业，写诗乃“余事”。

“虎”才曹禺，在中国现代文学史上与巴金、老舍并称为“巴老曹”。钱钟书和曹禺乃龙虎之徒，此龙并不因同学的情面而轻饶此虎，《围城》中对这位乃兄有微讽，1980年在日本早稻田大学的恳谈会上，钱钟书对老同学的《王昭君》提出了批评。[①]

钱钟书的老同学吴组缃，头上可以戴三顶帽子：现代小说家、散文家、古典文学研究家。帽子太多，脑袋只有一个，故压力太大可想而知。吴年长钱 2 岁。两人都兼文人学者于一身，博才多艺，相互尊重。1979 年钱钟书访问加州大学伯克利分校东方语文学系时说，吴组缃是一个现代文学史不该忽视的“相当谨严的作家”[②]。吴组缃晚年对于创作已力不从心，主要致力于教学和学术研究。

1930年2月，钱钟书以笔名“中书君”在《清华周刊》总第 480 期上发表了自己的处女作。这是一首诗，题名《无事聊知述》。这年 11 月，清华大学学生自治委员会第 4 次会议通过出版科职员名单，决定《清华周刊》总编辑为刘丙庐，英文副刊主任钱钟书，言论栏主任潘如树，学术栏主任吴晗，文艺栏主任吴组缃，杂俎栏主任张文华，校闻栏主任夏勤铎。编辑包括孙毓棠、林庚、李嘉言、孙增爵、许振德、梁方仲等人。

与钱钟书同班并同在《清华周刊》任编辑的许振德是一个从不随随便便佩服人的学生。他在本省读书时已是远近

---

① 钱钟书《诗可以怨》说：“按照当代名剧《王昭君》的主题思想，汉妾辞宫绝不是怨，少说也算得是群，简直竟是良缘嘉会，欢欢喜喜，到胡人那里去‘扬蛾入宠’了。但是，看《诗品》里这几句平常话时，似乎用不着那样深刻的眼光。”见《七缀集》第 124 页。

② 水晶《“侍钱”“抛书”“杂记”》，载 1979 年 7 月《明报月刊》第 163 期。

驰名的才子，考试时常常名列第一，独领风骚。进入清华大学后，他想重温旧梦，以为班上头名非他莫属，可是，考试成绩出来后，总是钱钟书列第一。许振德的自尊心受到伤害，他真想凭借自己人高马大之势，把这个无锡来的小伙子揍一顿。谁承想，许还没来得及揍钱，却碰到了一个久思而不能获其解的问题，同学们都爱莫能助，而钱钟书却帮助他解决了。二人随后成了关系要好的学友。许振德在1949年后移居美国。1988年他回国探亲时，顺路拜访钱钟书，二贤相遇，感慨万千，钱钟书有诗相赠，题为《大千枉存话旧即送返美》："廖天瀛海渺相望，灯海今宵共此光。十日从来九风雨，一生数去几沧桑。许身落落终无合，投老栖栖有底忙。行止归心分两地，常看异域是家乡。"

钱钟书和他的学友们龙争虎跃于知识的海洋，气氛紧张而热烈。课余时间，同学们漫步于清华园，读书、喝茶、打篮球、谈恋爱。钱钟书在清华校园里已经有了自己的意中人，许振德也有意于班上的一个女同学，上课他眼睛滴溜溜地转来转去，隔一会儿就要打量一下她，仿佛看不住就会被别人夺去了似的。

许振德的眼神触动了钱钟书的创作灵感。钱钟书小时候就喜欢绘画，但毕其一生未尽其才。八九岁时，他常用家中的包药纸来临摹伯父藏的《芥子园画谱》和《唐诗三百首》中的"诗画"。许振德在课堂上向自己所爱的同学投递秋波，其眼神呈异常丰富之变化，钱钟书的双目仿佛一部高精度的照相机，把这一切全拍下来了。他拿起笔来，唰唰地在纸上画起来，顿时，上、下、左、右、俯、仰、斜、侧，八九只眼睛跃然纸上。

还没等下课，题名《许眼变化图》的名画已经在全班闹得沸沸扬扬，而此时名画的作者却悄悄溜出教室，躲到清华园的一处树荫下，沉浸在另一本英文原版小说的王国里了。

彼时"虎才"曹禺刚上完王文显教授的莎士比亚课，正要和吴组缃到图书馆去查找一些英文书。曹禺生长在一个曾经阔绰、后来又没落了的家庭里，来到清华后，他被希腊悲剧作家埃斯库罗斯、索福克勒斯、欧里庇得斯所深深吸引，接着又被莎士比亚搞得神魂颠倒。吴组缃对戏剧不太"感冒"，但却迷恋于小说创作。他才在《清华周刊》上发了一篇短篇小说，又在为《文学》月刊构思另一篇小说。

吴组缃看见了坐在树荫下阅读的钱钟书，便对曹禺说："中书君在这儿，咱们快让他给我们开列出英文书目单，免得查找起来麻烦！"曹禺听罢，便和吴组缃一起来到钱钟书面前。清华大学图书馆洋文书很多，曹、吴二位因迷于创作，看外文原版书少，而钱钟书一入校门，就有"横扫清华图书馆"的志向，其中英文书的阅读量在全校学生中名列第一。

钱钟书拿起笔来，一下子在一张纸上写出三四十本，作者姓名、出版年月、出版社名称，一应俱全。

在清华校园里，钱钟书的脑瓜里到底装进了多少书，没有人能说清楚。与“中书君”同宿舍的常风瑑是山西榆次人，他常听见钱钟书在梦中嘀咕什么，但不知道他嘀咕的是书中的事还是生活中的事。更多的时候是常风瑑睡得很好，而钱钟书因用脑过度而失眠。常风瑑别名镂青，钱钟书的《不寐示镂青》云：“帘帷瑟瑟风初起，鼻息微微梦正酣。良夜羡君能美睡，不眠滋味我深谙。中霄旧恨上心时，此恨故人圣得知。一事无成空抱负，百端难解是愁思。”

失眠时睡不着觉，免不了思绪万端，愁闷难耐，但由此而说“一事无成空抱负”则是文人多愁善感使然。钱钟书在清华的学业，曾经两个学年得甲上，一个学年得属于特优的超等，最后一个学年因日军侵占热河、察北导致北京局势动荡，学生纷纷离校，学校未进行考试。

钟书与清华老师（一）

能够进入清华大学读书的人是令人羡慕的，钱钟书就是这些幸运儿中的一个。在读中小学时，能够进入钱钟书回忆的老师寥寥可数，到了清华大学，钱钟书便被抛进名人窝子。名人自有名人的格调，但名师的格调与名生的格调不同。名师常常并不甘心于同学生一般见识，名生则在瞻仰名师风采中寻找超越名师的突破口。

在清华校园里，钱钟书尽管已很有名，但他依旧是个学生，仍然需要从他的老师那里学到更多的东西。《围城》中说："现代人要国文好，非研究外国文学不可；从前弄西洋科学的人该通外国语文，现在弄中国文学的人也该先精通洋文。"钱钟书的现代性是在清华大学奠定的，他在这里如鱼得水地开始了其外文由通到精的漫长旅程。

钱钟书学习有个特点，喜欢直接阅读原著。在接触原著时，用自己的思想学习，并且在学习中思考。上大学二年级时，他学习了外籍教师翟孟生“西洋文学概要”和瑞恰兹“西洋小说”课，课余时间，他尽可能地将课中所涉及的文学作品都找来读了一遍。

钱钟书虽然有“横扫清华图书馆”之志向，但就实际情况而言，清华图书馆里的图书绝不是钱钟书 4 年之内所能读完的，非但图书不能读完，就是清华外文系教授们所具有的墨水，也足以让钱钟书温肠润肚。

清华大学当时可谓名师荟萃，外文系有英国剑桥来的瑞恰兹（I. A. Richards）、德国人普来僧（Von pressen）、美国人毕莲女士（Miss Bille）和翟孟生（R. D. Jameson）。中国籍的教授则有王文显、叶公超、温源宁和吴宓等人。

钱钟书来清华的第二年，瑞恰兹教授亦来清华讲学，主授大一英语及大四文学批评，钱钟书正赶上听他的课。这位剑桥大学教授年长钱钟书 17 岁，他在 20 世纪二三十年代曾经写过七八本语言学、美学著作。青年钱钟书在他的一篇文章中写道：瑞恰兹是“旷古一遇”的文学心理学家，他的“《文学批评原理》确是在英美批评界中一本破天荒的书”，此书“至少教我们知道，假使文学批评要有准确性的话，那末，决不是吟啸于书斋之中，一味泛览乎诗书之典籍可以了事的”；批评家在钻研文学之余，还要对“日新又新的科学——尤其是心理学和生物学，应当有所借重”。[1] 从这些话的字里行间，可以看出钱钟书对瑞恰兹的推崇。

西方著名诗人艾略特（Thomas stearns Eliot）对钱钟书的最早影响始于清华，这大概与钱钟书的老师叶公超有关。艾略特在哈佛大学读书时已发表诗作，1914年定居英国，曾在牛津大学学哲学。叶公超1925年到英国留学时，幸运地认识了艾略特，回国后，叶公超第一个将艾略特的诗与诗论介绍给国人。钱钟书读大学时，叶公超正当年富力强之时，钱钟书好学，叶公超好教。一次，叶公超曾对钱钟书说:“你不应该来清华，应该去牛津。”对于已经在清华读大学的钱钟书来说，他不可能立刻去牛津，但是，几年以后，钱钟书果然去了牛津。

《围城》第三部分，写了一个回国的新诗人，曾“在剑桥念文学”，他和方鸿渐等人讨论诗歌时说:“方先生，你该念念爱利恶德（Eliot）的诗，你就知道现代西洋诗人的东西，也是句句有来历的。”这句话在现实生活中可以作为叶公超对钱钟书之语的注解。在清华校园里，钱钟书国学底蕴深厚，他所作诗，必“有出典，给识货的人看了，愈觉得滋味浓厚，读着一首诗就联想到无数诗来烘云托月”。

这一部分的《拼盘姘伴》，虽然是曹元朗用心良苦之

---

① 钱钟书《美的生理学》，载1932年12月1日《新月月刊》第4卷第5期。

作，但是亦不妨作为钱钟书的精心戏作看待。“拼盘”和“姘伴”是学人塞进诗里的两种风马牛不相及的事物，此二物愈是风马牛不相及，就愈有诗意；就像“圆满肥白的满月”本不相及于“孕妇那颤巍巍的肚子”，但它们被诗人联系起来却具有了诗意一样。也许，《拼盘姘伴》这类意象诗上清华时的钱钟书尚写不出，但是，钱钟书在清华大学时却已经酝酿着这方面的才气了。

那时，“大一外文系英文课由叶公超先生讲授，课本为英国女作家奥斯汀氏名小说《骄傲与偏见》。叶先生时方而立之年，风度翩翩，不拘小节，春秋着西装，背部微驼，头式右分，一尘不染。隆冬寒天，则着棉袍二，进教室授课前，先脱其一。先生授课，只述大意，从不逐字讲解，但课文中遇有生字之稀见而重要者，则反复阐述”。[①]

叶公超年逾三十未婚，只身住清华北院，年末圣诞节，许振德、钱钟书等同学常登门拜访。钱钟书“高才博学，中英文兼优”，与叶师谈滔滔不绝。许振德等人“自知浅薄，深恐言之不当，但坐聆听而已”。

20世纪30年代初，中国文化有“京派”“海派”之别，在清华校园里，学术界相互争执激烈。叶公超问这个才气十足的学生：“你属于海派还是京派？”钱钟书毫不犹豫地：“吾

---

① 许振德《水木清华二十年》。

曹执两用中，可假海京班马戏之名，自为一队。”他还作了一首七绝诗来说明这种意思：“亦居魏阙亦江湖，兔窟营三莫守株。且执两端开别派，断章取义一葫芦。”钱钟书在学术上力戒守株待兔，努力于执海派京派之两而用中。在更多的时候，他不只执两用中，而是“兔窟营三”于多元。

在清华的同学中，叶公超“颇赏识钱钟书和吴世昌”。此二位都在叶公超主编的《学文》刊物上发表过文章，其中钱钟书发表了一中一英两篇论文。

钱钟书发表在《学文》月刊上的一篇论文是 *Su Tung-po´s Literary Background and His Prose-poetry*（《苏东坡的文学背景和赋》）。这篇文章是为英文版《苏东坡诗集》所写的序。《苏东坡诗集》是英国汉学家李高洁（Le Gros Clark）的译著，1933 年此书在英国出版时，李高洁请钱钟书写了这篇序文。在序文中，钱钟书风趣地批评李高洁将“苏子”误译为“苏的儿子”、将“东坡居士”误译为“退休的学者东坡”，但李高洁亦有雅量，此书重版时仍将钱序置于卷首。

叶公超对钱钟书提携最尽力的是他在《新月》上发表了钱钟书所写的五篇书评。《新月》是 20 世纪 20 年代末期出现的一种影响较大的文学刊物，一个年轻的大学生能在它上面发表文章是很不简单的，尽管钱钟书的文章所占的是刊物的小栏目。钱钟书的这五篇书评涉及古今中外不同学科。

《一种哲学的纲要》所介绍的是卡纳特的一本书,《美的生理学》所评论的是西惠尔的美学新著，此二篇的篇名亦是所要评论的书名。《落日颂》是曹葆华的新诗集，而钱的书评主要发掘曹葆华诗作的亮点。《近代散文钞》收录的都是明末清初的文章，同名书评对其作了简要评介。《中国新文学的源流》是周作人在北京辅仁大学所作的一系列现代文学讲演稿汇集，钱钟书在书评中对其作了不能让周作人感到舒服的批评。

钟书与清华老师（二）

我们不能要求清华外文系的老师都像钱钟书一样才华横溢，但是，我们应感谢这些老师的辛勤劳作，因为正是他们，为现代中国培养了一批包括钱钟书在内的文化人。

钱钟书在《谈交友》一文中写道："我有大学时代五位最敬爱的老师，都像蒲伯所说，以哲人导师而更做朋友的；这五位老师以及其他三四位好朋友，全对我有说不尽的好处，倒是说不出的要好。孟太尼（Montaigne）解释他跟拉白哀地（La Boetie）生死交情的话，颇可借用：因为他是他，因为我是我，没有其他的话可说。素交的素字已经把这个不着色相的情谊体会出来了；口不能言的快活也只可采取无字天书的作法去描写罢。"

在对待师友亲友的问题上，钱钟书所坦然的不是一种现实的态度，而是一种诗意的态度。“作者最好的诗是作者还没有写出来的诗”，“不必去求诗的意义，诗有意义是诗的不幸”。友谊和诗意一样，最好的是最不要说出来的。

对于钱钟书来说，在“以哲人导师而更做朋友的”最敬爱的老师中，张申府应该是其中之一。在文化的意义上，哲人和诗人相通。英国诗人 T. S. 艾略特曾说:“一个人写诗，一定是要表现文化的素质。如果仅是表现个人才气，结果一定很有限。因为个人才气决不能与整个文化相比。”浓厚的人文知识积累，可以使“诗超越诗人个人的经验与感觉”，并进一步代表文化。

张申府不擅长作诗，但这并不妨碍他向哲人方面发展。钱钟书来清华的第三年，张申府亦来到清华哲学系任教，他住在学校南院 9 号，讲授形式逻辑、数理逻辑和西方哲学史等课，和金岳霖、冯友兰、邓以蛰等人一起，被称为“数理逻辑派”。

张申府和钱钟书一样，都是嗜好读书的人，他几乎什么书都读，尤其喜欢读海外的哲学书。钱钟书虽然出生的时候就被大伯父以“仰望先哲”命名，但“先哲”们留下的“哲学”典籍大伯父似乎并不精通，钱钟书父亲钱基博治学的重点也不是哲学，钱氏父子家学传统是文学而不是哲学。所以，在 20 岁以前，钱钟书的知识结构中似乎缺乏哲学方面的修养和训练。大概从 1931 年开始，特别是在 1932—

1933年这段时间里，青年钱钟书迅速弥补了自己这方面的缺陷，其中这位迷恋于介绍外国哲学著作的老师张申府功不可没。

而除了哲学，文学方面本时期对他影响较大的则是温源宁教授。

温源宁教授本属于北京大学。北大与清华两校教师交流，故他又在清华外文系给钱钟书等学生授课。1931年10月31日，钱基博接到钱钟书发自清华的航空快信，此信发表于《光华大学半月刊》。信中所传达的信息是：温源宁教授打算介绍钱钟书到英国伦敦大学东方语文学院教中国语文。钱钟书当时似乎也有出国的愿望，故他急切地把这个消息告诉给了父亲。

尽管伦敦大学没有去成，但温源宁与钱钟书的深厚师生情谊可见一斑。钱钟书很喜欢温师的文章，认为其格调优雅，修辞饶有趣味，都值得称赞。钱钟书的旧诗中，有一首题为《与源宁师夜饮归来，不寐，听雨申旦》，能与老师夜晚在一起喝酒，可见关系非同一般。

温源宁格外欣赏钱钟书，并常常在年长自己四岁的林语堂面前夸赞钱钟书。林语堂自幼受西学之熏陶，他拿来钱钟书的英语文章一读，觉得名不虚传，真真是后生可畏。截至1932年底，钱钟书所发表的英语文章共有四篇。其中《清华周刊》载三篇：1931年3月，*Pragmatism and*

Potterism；1931 年 5 月，*A Book Note*；1932 年 1 月，*A Book Note*。另《中国评论周报》(*The Chinese Critic*)载一篇，题为 *On Old Chinese Poetry*。

从此以后，钱钟书开始进入“文字大忙”时期，这是我们从发表于《光华大学半月刊》上钱氏父子 1932 年通信中所得到的信息。本年 11 月 17 日，钱基博收到钱钟书从清华寄来的发有其作品的《大公报》与《新月》，心里美滋滋的。

在《围城》中，赵辛楣称方鸿渐“是哲学家又是诗人”；方鸿渐也承认自己“在哲学系混了一年，看了几本指定参考书”。当哲学家褚慎明问方鸿渐“对数理逻辑用过功没有”时，方鸿渐答：“这东西太难了，从没学过。”

在清华大学，的确有一个数理逻辑学派，张申府就是这个学派中的一员。中国古代文化的奠基者之一孔子有“述而不作”的习惯，张申府教授也是一个“述而不作”的文化传播家。不过，孔子喜好“述说”中国古代文化，而张申府喜好“述说”海外哲学思潮。张申府主编《大公报》中的“世界思潮”栏目，在当时曾以全新的面目，受到世人的普遍欢迎。

钱钟书在给父亲的信中所谓“文字大忙”，其中就包括了给“世界思潮”栏目写文章。张申府非常自豪能有钱钟书、李长之这样的青年朋友，他赞扬钱、李二人都是不轻易发表见解、不轻易开口说话的人，但当他们开口说话时，常常发表的都是一些独到见解。

张申府在他的文章中写道："默存名钟书，乃是现在清华最特出的天才，简直可以说，在现在全中国人中，天分学历也再没有一个能赶得上他的，因为默存的才力学力实在是绝对地罕有。"又写道："照我的青年朋友钱钟书先生的解释，孔子很近乎乡绅。"他对孔子的这个新解释，"同我说过大意，我深感其创辟可喜。希望默存不久即能写出，交本刊发表。前期及本期已登有默存两篇书评，读者当已看出他写的是如何的雅趣深隽"。[①]

张申府所谓"前期及本期已登有默存两篇书评"，其前期的书评是指10月1日发表的《为什么人要穿衣》，本期的书评是指10月15日发表的《大卫·休谟》。张申府认为钱钟书的书评写得"雅趣深隽"，也可谓真评。

钱钟书在书评中介绍说，人为什么要穿衣服？"衣服之起，并不由于保护身体或遮羞，而由于人类好装饰好卖弄的天性"；"人类一方面要卖弄，一方面要掩饰，衣服是一种委曲求全的折衷办法（compromise）"。人们穿衣服喜欢讲究时髦（fashion），但"时髦之所以为时髦，就在于他的不甚时髦或流行；一件东西真变成时髦或流行了，那就

①1932年10月15日《大公报》中《民族自救的一个方案》。

无足为奇，换句话说，那就不时髦了。”钱钟书将 Psycho-Analysis 翻译为心解，心解本是一种“破执”的方法，但心解学者并不能将“执”破尽，“往往放一拈一”，在破执的同时，却又产生新执。

钱钟书的这篇书评对象是英国的 John Carl Flugel（弗流格尔）所写的 *The Psychology of Clothes*(《衣服的心理》)。此书虽然“非申府先生所介绍的‘崭崭新’的书籍”，但是，在外国杂志上，并没有见到可观的批评，“并且，衣服是中国‘钦定’民生问题之一”，故钱钟书“乐为介绍”。

在钱钟书写这篇书评的 20 世纪 30 年代初，弗洛伊德的男婴恋母、女婴恋父理论或被认为是不洁之词。钱钟书在文章的结尾特意风趣地写道：“本书虽为弗洛伊德弟子所作，却绝无脏的地方，断不会教坏读者。”

钟书与清华老师（三）

教师和学生各有各的围城。在清华校园里，钱钟书不断地建构自己的知识和学问的城堡，但也不妨碍他时时冲出自己的城堡，进入老师的堡垒，可贵的是，双方的交锋总能互有收获。

一天，胡适参观清华图书馆。其时已是黄昏，学生们已陆续走散。阅览台后的管理员百无聊赖，垂首干坐。铜座绿罩的台灯前唯有钱钟书沙汀孤鹜似的凝神读书。胡适眼睛一亮，走上前坐在旁边的椅子上。

胡适年长钱钟书 19 岁，钱钟书并不认识胡适。钱看书时，定力十足，他精力集中于书时，哪怕四周围地都塌了，只要他脚下还有一方地可供立足，他就可以毫不理会。胡适随手翻看钱钟书的笔记本，又看了看他在书页上下的批语。

当钱钟书察觉到有人在自己身边时，胡适已拿起钱钟书放在身边的文明棍，开口说："绅士气派嘛！"又自报家门道："鄙人胡适之！"

钱钟书久闻学界宗师胡适大名，急忙起身相迎，胡适询问了他的学业情况后说："看来你们这一代胜过我们这一代，我们是土派的，你们是洋派的！"使钱钟书感到荣幸的是，后来胡适竟请他吃过三次饭。

1931年9月，吴宓从欧洲游学一年后回到北京，在清华大学外文系主讲古典文学和浪漫诗人，钱钟书正赶上他的课。此后，吴宓这个北地诗人与钱钟书这个南方才子相识于清华园。

钱钟书小吴宓16岁，但钱钟书的父亲年长吴宓7岁。1924年，钱基博在清华大学任教时结识吴宓，1925年，钱基博和吴宓二人有诗赠和。1929年钱钟书进入清华读书时，吴宓未必认识钱钟书，因为1930年9月，吴宓便出国了。

在清华园里，罗家伦是以他手中的权力破格录取钱钟书，而吴宓则是用他那富有诗意的赞语提携钱钟书。据说，吴宓曾经和青年朋友们发过这样的感慨："自古人才难得，出类拔萃、卓尔不群的人才尤其不易得。当今文史方面的杰出人才，在老一辈中要推陈寅恪先生，在年轻一辈中要推钱钟书，他们都是人中之龙，其余如你我，不过尔尔！"

然而，并不是所有的教授都喜欢用这样的言辞称赞学生。高傲者如王文显教授就说，我所教过的学生大概都不会成大器。当然钱钟书、曹禺等人还是取得了不凡的成就，这是后话。和王文显一样高傲的还有年轻气盛的教师赵万里。

赵万里是版本目录学者，仅年长钱钟书 5 岁。他在课堂上讲到一本书时，很自负地说：“不是我吹牛，这书的版本只有本人见过！”下课后，吴晗在私下嘀咕：“这个版本我也见过呀！”钱钟书也说：“我在图书馆见到这个版本好几次呢！”同学们的议论很快传到赵万里的耳朵里，但他并不难堪，而是又专门列出几个专题，让同学们自己去探索。

1932 年 11 月，除了评论周作人的一篇以外，钱钟书还有三篇文章发表。这三篇文章中，除《鬼话连篇》一文发表在《清华周刊》上外，其余两篇《休谟的哲学》和《英译千家诗》都发表在《大公报》上。进入 12 月，钱钟书除在《新月月刊》上著文外，又在《大公报》上发表了《约德的自传》。钱钟书所谓“文字大忙”一直延续到 1933 年毕业的时候尚未结束。

值得庆幸的是，张申府教授能有如钱钟书这样知心的青年朋友，而钱钟书亦遇到了如此热心肠的“哲人导师”。在谈到一本哲学小册子时，张申府这样说，钟书君对这本书的批评，便正是这个“小册子应该受的批评”。张申府教授的思想和钱钟书的思想几乎是相通的，他们常常交换看法，有时不免在文章中带出来。

例如，张申府在一篇文章中写道："我的意思是不孤单的，在我的意思几度公开与人说过之后，久想写一篇东西，未写之前，我已晓得（默存见告），在我虽看到而未谈的英国唯心科学家甄思去年十月的一篇以宇宙的数学方面为题的演讲里，已有几乎完全相同的说教。"

张申府所谓中书君所批评的哲学小册子似乎是指西班牙哲学家Gasset的《现代论衡》（钱钟书在书评中的译名）。钱钟书在1933年3月16日给《大公报》写了一篇书评，题为《旁观者》，所评的就是这本书。钱钟书写道："加赛德（Gasset）教授这本书内容并不怎样充实；连书面在内不过一百五十二面的小册子，重复的话却说了不知多少。但是，他有一个特点，他是懂史观的。"在介绍这种史观时，钱钟书提到了张申府。

钱钟书写道："申府先生不是在一篇讲事理的文章中引着朴荫开雷（Poincare）的事实分类么？朴荫开雷分事实为两种：（一）野蛮的事实；（二）科学的事实。"钱钟书认为："史学的难关不在将来而在过去，因为，说句离奇的话，过去也时时刻刻在变换的。我们不仅把将来理想化了来满足现在的需要，同一件过去的史实，因为现在的不同，也发生了两种意义。"

钱钟书顺着朴荫开雷和张申府的思路说："历史上的事实也可分为两类：（一）野蛮的事实；（二）史家的事实。"

他进一步阐明了野蛮的事实与史家的事实之关系："一切历史上的事实，拆开了单独看，都是野蛮的。到了史家手里，把这件事实和旁的事实联系起来，于是这件事实，有头有尾，是因是果，便成了史家的事实了。"钱钟书还提醒人们应区别史家的事实和历史的事实。他说："历史现象比不得自然现象，既不能复演，又不能隔离，要断定彼此间关系的性质，非常困难；往往同一事实，两个史家给它以两种关系，而且都'持之有故，言之成理'。"

史的事实不是史家的事实，这是青年钱钟书在论文中的观点。研究哲学家不等于研究哲学，这是中年钱钟书写在小说中的观点。《围城》中写道："把一个个哲学家为单位，来看他们的著作，这只算研究哲学家，至多是研究哲学史，算不得研究哲学。""现在许多号称哲学家的人，并非真研究哲学，只研究哲学上的人物文献。"严格说来，这些人"不该叫哲学家 philosophers，该叫'哲学家学家'philophilosophers"。

1933 年 10 月 5 日，钱钟书在《大公报·世界思潮》上发表了《作者五人》。这篇文章不是书评，亦未涉及哲学家的哲学，文章的笔墨主要放在哲学与文学的交叉点上，注目于西方五个哲学家哲学散文的特殊风格。

穆尔（G. E. Moore）的文体"既干净，又斩截"，光洁透明得"像秃子的头顶一样，他绝无暗示力，说一句是一句，是哲学家中最无生发，最无蕴蓄的人”。“穆尔的胆跟他的心一般的细，每说一句话，总要填满了缺陷，补足了罅缝，不留丝毫可指摘的地方。说着一句，又缩回了半截，用了一个字，倒解释了一大套，兜着数不清的圈子，极少直捷痛快一口气讲下去的。你找不出一句废话来，偏又觉得烦琐。他似乎不仅把理由告诉我们，并且要把理解力灌输给我们。”

卜赖德雷（F. H. Bradley）的文体“是近代英国哲学家中顶精炼、质地最厚、最不易蒸发的文章。把一节压成了一句，把一句挤成了一个字，他从来不肯费着唇舌来解释”。他的文笔“极紧张，又极充实，好比弯满未发的弓弦，雷雨欲来时突然静寂的空气，悲痛极了还没有下泪前一刹那的心境，更像遇见敌人时，弓起了背脊的猫”。

罗素（B. Russel）的文章“清楚，流利，有锋芒”“他的文笔的特质潜伏在这许多形容字的夹缝里。顶平坦，顶没有阻力，有日常口语那样写意，却又十分文静”。罗素的文章不能模仿，“你可以模仿穆尔到七八分像，模仿卜赖德雷到四五分像，只有罗素，你愈模仿，愈不像他；因为模仿脱不了矫揉造作，而罗素是极自然，极不摆架子的”。

詹姆士（W. James）的文笔有些火气（钱译 enthusiasm），“因为他有火气，所以他勇往直前，大笑大闹，充满着孩子气”“带一点粗野的气息”。这种火气使得他要不受管束地冲出去，于是形成了“一种速度很快而并不流利的（rapid but jerky）文笔，仿佛一条冲过好多石块的奔流”。詹姆士和罗素有点类似，但罗素文静，詹姆士活泼。詹姆士和罗素都有火气，但“詹姆士的火气更大，不比穆尔的淡漠或卜赖德雷的庄重”。

山潭野衲（G. Santayana）是一个将诗和哲学结合得很好的人。“他的诗里，他的批评里，和他的小品文里，都散布着微妙的哲学，恰像他的哲学著作里，随处都是诗，随处都是精美的小品文”，表面上看来，山潭野衲“差不多是‘国际联盟’的化身，一个温文高贵的世界公民，而内心像有什么东西在交战着，先天的西班牙的遗传似乎不能跟后天的美国的习惯融合无间”“一种懒洋洋的春困（languor）笼罩着山潭野衲的文笔，好像不值得使劲的”。在这种文笔里，“用字最讲究，比喻最丰富”，但有时“甜俗浓腻，不及穆尔、卜赖德雷和罗素的清净”。

这就是钱钟书所谓“作者五人”。他在文章里如数家珍地对五位西哲的文体风格逐一评点。文章中还提到了他的两位老师——冯友兰和张申府。

《作者五人》从柏拉图的对话体讲到 J. B. Pratt 的对话体。钱钟书认为，“在 Pratt 的《宗教和哲学中的冒险》（*Adventures in Religion and philosophy*）第一章”中出现的对话体，“是一篇比得上冯芝生先生的《新对话》的作品”。

此足以证明，钱钟书在青年时期已读过冯友兰的作品。

《作者五人》中有两处提到“申府先生”。第一处在申述卜赖德雷文笔的精警简约时说：“想不到这个索居多病的老鳏夫居然是尝遍了、参透了爱情的滋味的人（参观申府先生译《爱经》）。”第二处在谈罗素的文体时说：“罗素的文章，最好让有长期研究像申府先生等来讲。我只惭愧自己捉摸不住它的品性。”

张申府给了钱钟书一个施展才华的舞台，在《大公报·世界思潮》这个戏台上，大学生钱钟书一连唱好了几场戏。《作者五人》一文的最后这样写道：“除了柏拉图和培根以外，一般哲学家的文笔是从来被忽略的。在剑桥大学的两部大文学史里，Sorley 教授写的《英国文学》、Conen 教授写的《美国哲学》，都不注重文笔，还是通常哲学史的写法，此外的文学史更简陋得可悲了。”

在看完这段话后，清华的老师们可能会惊得目瞪口呆的，剑桥大学的 Sorley 和 Conen 也不会信服这位中国后生的狂言，但这的确是钱钟书写在报刊上的文字。年轻的钱钟书“梦想着写一本讲哲学家的文学史”，他“每读一本文笔好的哲学书，这个梦想便在心上掠过”。他设想这本文学史篇幅不长，“譬如近五十年来够得上有文学价值的英美哲学家，不过本文的五个人——至多，加上三四个二等角色，像 Royce、Andrew Seth、Balfour 之类”。在他的梦想里，这本书不是当“人名字典或点鬼簿用的”。它的品格很高，“一切把糊涂当神秘，呐喊当辩证，自登广告当著作的人”在其中没有地位，尽管他们的东西可能会在世界上或在书架上占据着很高的地位。

毕其一生，钱钟书似乎都未把这部梦想中的书写出来，然而，他梦想中的许多内容其实都在其他书里写出来了，高明的读者定能品味出来。

泉言石语润默存

正如方鸿渐兼哲人与诗人于一身一样，青年钱钟书的知识结构亦大抵如此。大学生钱钟书渴望着出国，但即使他出了国，其灵魂依旧是中国的。当钱钟书从张申府等哲人那里进入西学的睿智世界时，国学并未对他丧失掉诱惑力。

由于西学东渐，国学处于被动保守之地位，但钱基博在钻研国学时却依旧如痴如醉。钱氏父子在20世纪30年代初虽各居南北，但他们二人书信往来频繁。钱钟书的体内流着钱基博的血，这包括生命之血和文化之血。在书信中，钱基博把自己的文化因子传送到清华，钱钟书则通过书信向父亲展露自己的一切，而钱基博亦能对症下药、分析剖解。这些信已经丢失，再也看不到了，但发表在《光华大学半月刊》上的三通书信依旧能窥见其中的父子之情。

青年钱钟书乃狂生，而中年钱基博早已变得谨小慎微。当得知温源宁欲介绍儿子赴英时，钱基博立即告诉钱钟书“勿太自喜”；当钱钟书因“孔子是乡绅，陶潜亦折腰”之诗句获得张申府的赞赏，并立即将此告知父亲时，钱基博又向儿子泼了冷水，认为他的诗句“看似名俊，其实轻薄”，对古人如此不敬，“在儿一团高兴，在我殊以为戚”。

钱基博正告儿子：“立身务正大，待人务忠恕。”正大和忠恕比声名和地位更重要，故人生在世，不能做一丝一毫损人利己之事，不能取一分一文不义之财。

钱钟书一介书生，在清华园里只知读书，未见得有什么过失，但钱基博却从儿子书信的字里行间嗅出了些许不良苗头，他在信中毫不留情地训斥道：“以汝之记丑而博，笔舌犀利而或操之以逆险之心，出之以僻坚之行，则汝之学力愈进，社会之危险愈大。”“汝才辩纵横，神采飞扬，而沉潜不足”，才辩若恶化，“则尤可危”。“汝头角渐露，须认清路头”，故为父者“不得不为汝谆谆言之”。

在另一封信里，钱基博写道：“现在外间物论，谓汝文章胜我，学问过我，我虽心喜，但并不高兴。我宁可人们称汝笃实过我，力行过我，我尤心慰！清识难尚，何如至德可师！淡泊明志，宁静致远，我望汝为诸葛公、陶渊明，不喜汝为胡适之、徐志摩。”

我们不知道钱钟书将父亲的话听进去了多少，我们只知道这个戴着眼镜的小伙子依旧在微笑着思考。钱钟书不可能成为诸葛公，但他的睿智中有诸葛公的深谋远虑；钱钟书亦未成为陶渊明，但他的幽隐在践履着陶渊明“心远地自偏”的名言。不过，正如其父后两句所言，钱钟书的确未成为像胡适之和徐志摩那样的人物，虽然这并不妨碍他像胡适之一样好学，像徐志摩一样富有激情。

1933年钱钟书毕业前夕，国家正面临危难，钱钟书亦面对着个人前途之抉择，但是，这些话题却并没成为他们信中的内容，此父子二人依旧沉浸在神圣的学问讨论中。钱钟书称赞父亲《骈文通义》一书“词赅义宏，而论骈文流变，矜慎不苟，尤为精当”。

当然，钱钟书并不完全同意父亲书中的观点，他常常能“略贡所见以拾大人之阙遗”，这令钱基博喜不自胜。1935年2月，钱基博写道：“儿子钟书能承余学，尤喜搜罗明清两朝人集，以章学诚氏文史之义，抉前贤著述之隐。发凡起例，得未曾有。”

张申府将钱钟书往哲学方面引，而钱基博将儿子往文学方面引。钱氏一门“谈笑有鸿儒，往来无白丁”，虽然钱基博自己不擅长写诗，但钱钟书在清华时的诗作令钱基博以为稚子可教，便携钟书拜访了自己十分推崇的大诗家陈衍老先生。

陈衍，号石遗。陈衍小的时候曾经梦见自己到过一个地方，重楼叠阁，阒无一人，却有数百橱书籍。他随手抽出数册翻阅，只见书边印着“石遗”二字，仿佛是自己所作。后来他又翻看《元遗山集》，遂自号石遗。陈衍为福建侯官人，晚年寓居苏州，与章炳麟、金天翮共同倡导国学，并任无锡国学专修学校教授。

就国学的传承意义言之，陈衍、钱基博和钱钟书为三代人。钱基博与陈衍二人相互推服，好话不厌其多。陈衍称赞钱基博说：“后贤可畏，独吾子耳！”

钱基博认为，陈衍为人“俊迈倜傥”；为学“自经史子集以逮小学金石目录山经地志，靡所不赅贯，随叩斯应”；为文能“抒胸中之瑰伟”，不袭“古人窠臼，而异军别张，以自开派，伟辞独铸”，而成“文章之雄”；为诗“有会于宋贤梅宛陵之苍秀，陈后山之奥峭，杨诚斋之拗折，陆放翁之宏肆，而以上窥韩昌黎之雄奇肆诡，熔裁而出之一手。精思健笔，时有拙语，而气能运之，成章以达”“透辟生峭，与陈散原、郑海藏一时争雄，同出宋贤江西，而蹊径各别。奥衍而发之以爽朗，凿幽出显，力破余地，此其所独也”。

钱钟书 19 岁，拜陈衍老人学诗。此前他已从父尊那里得到熏陶，对陈老亦早有耳闻。大约是 1931 年的一天，钱钟书有幸来到苏州胭脂巷请教陈衍老。钱钟书问：“您为何不致力于经史，而独钟情于诗？”陈石遗答：“谈经说史，皆为人作计。作诗尚是自家意思、自家言说。”

陈石遗得知钱钟书正在读外国文学，就慨叹说：“文学又何必向外国去学呢！咱们中国文学不就很好么！”钱钟书随口说：“我读了林纾的翻译小说，才对外国文学产生兴趣。”陈石遗说：“这事做颠倒了！琴南如果知道，未必高兴。你读了他的翻译，应该进而学他的古文，怎么反而向往外国了？琴南岂不是‘为渊驱鱼’么？”石遗顿一顿，又说：“琴南最恼人家恭维他的翻译和画。我送他一副寿联，称赞他的画，碰了他一个钉子。康长素送他一首诗，捧他的翻译，也惹他发脾气。”①

钱钟书作为第三代学人，已不同于钱基博，更悬殊于陈石遗，但这并不妨碍他从二位前辈那里吸收文化营养。《围城》中董斜川、方鸿渐等人掉书袋，什么“人境庐”“三陵”“三谷”“一原”“一坡”，等等，都是钱钟书从他的父亲以及陈衍老那里学来，并加以形象化改造后的产物。

1931年春，钱钟书得石遗先生书，立即回信问病于老人，并示《人日思家怀人》，此诗后来发表于1932年3月26日的《清华月刊》上。

陈石遗称赞钱钟书的父亲说：“无锡钱子泉基博，学贯四部，著述等身。肆力古文词，于昌黎习之，尤哜（jī，

① 钱钟书《七缀集·林纾的翻译》。

尝）其胾（zì，大块肉），而得其髓。其致吴稚晖一书，不亚乐毅与燕惠王书，未见其为诗。”[①]又称赞钱钟书说“哲嗣默存年方弱冠，精英文，诗文尤斐然可观，家学自有渊源也。性强记，喜读余诗，尝寄以近作”就教，吾劝其“多读少作也”[②]。

钱基博《致吴稚晖书》发表于1933年4月《青鹤》杂志，而陈石遗的诗话亦在《青鹤》连载。能与前辈文人相互唱和，对于钱基博来说是一件非常荣耀的事。这种荣耀，钱钟书亦心领神会。而且陈衍又极力称赞默存，这对于急欲步入文坛的钱钟书来说，意义是非同小可的。文中称赞年方弱冠的钱钟书为哲嗣，这使人想起魏晋时的少年天才王弼。王弼是地道的玄哲，而青年钱钟书则企望朝着诗哲的方向发展。

文坛并不随便接纳任何一个人，但当文坛耆宿提携某个人叩文坛之门时，文坛之门便不能不向这个人敞开。1933年春，陈衍招钱钟书“度岁，谈宴甚欢”。过完年返校后，钱钟书给父亲写信，有意将自己的诗歌作品“编次付印一百小册，费二三十元，纸张须讲究，聊以自怡，不作卖品，尤不屑与人争名也！”

---

① 陈衍《石遗室诗话续篇》，无锡国专丛书单行本。

② 同上。

钱钟书这段时间所写的诗，才刚刚起步。其中“不堪无月又无人，兀坐伶仃形影神”[①]使人想起大观园中少男少女的联句，其他的也都带有浓厚的初学痕迹。23岁的钱钟书笔下虽说“不屑与人争名”，其实他当时想印这些诗歌的目的依旧是想显露自己的才华。然而，十几年后，当他再看自己原来写的诗时，却又沮丧地说，当时“真是大胆胡闹，内容甚糟，侥幸没有流传”。

①《中秋夕作》。

博专精深学作文

“有些名声卓著的学者，一见面就使你失望，也有的头几次给你极好的印象，以后便像下水船似的直落下去。这些人好比湖沼，只堪瓢饮，却不能放任长鲸去狂吸的。”[①] 清华时期的钱钟书已经具备学者水平了，他以宏博著称，中、英文水平之高，文、史、哲学识之贯通，非但一般同学不能相提并论，甚至亦在某些教授之上。教授们常常会被钱钟书抓住话柄，当无言以对时，他们便以“钱某专读冷僻书”的话来自我解嘲。

在清华大学，钱钟书并不是一个专读冷僻书的人。钱钟书的阅读，不仅在专，而且在博，尤其在深。就“专”

---

① 郑朝宗《忆钱钟书》。

而言，“他在大学时发表的英文论文，奇字之多颇使一般教师感到头痛；而他所作的旧体诗，用的典故有些连老前辈都不知出处”①。就“博”而言，钱钟书的努力方向主要在于文史、文理、文学、文论诸方面，但他的这种“博”，是在贯通中西的基础上展开的。就“深”而言，钱钟书能将“专”与“博”结合起来。在一般人那里，“专”与“博”常常会成为互不相容的东西，在钱钟书那里，此二者却能兼而有之。默存诗云：“半年行脚三冬负，万卷撑肠一字艰。那得从公参句法，孤悬灯月订愚顽。”钱钟书的为人亦像他作诗一样，从不说一句人云亦云的套语，他的话与他的诗一样富有独创性。人们不必相信他的话句句都是真理，但和其接触过的人却都承认钱钟书的话都是经过千思百虑后说出来的，一切浮光掠影式的皮相之谈，钱钟书从来不肯随便出口。

还是让我们来看看钱钟书这个时期所留下来的文字吧，共有两篇，一篇是对周作人所著书的评论，另一篇是对周作人作序的书的评论。

周作人把文学分为“载道”和“言志”两类，钱钟书认为此“相当于德昆西所谓 literature of knowledge 和 literature of power”的分法。继而写道：“在传统的批评上，

① 郑朝宗《忆钱钟书》。

我们没有文学这个综合的概念，我们所有的只是诗、文、词、曲这许多零碎的门类。其缘故也许是中国人太小心眼儿（departmentality）罢！诗是诗，文是文，分茅设蕝，各有各的规律和使命。”诗与文之不同在于：诗是古文之余事，没有文那样大的使命，但这并不妨载道之文和言志之诗在一个作家那里统一起来。

在周作人看来，明末公安派的小品文称得上是抒情言志的典范。在钱钟书看来，“用言志、载道等题材（subject-matter）来作 fundamental division，是极不妥当的”。例如，只要看一看周作人作序的《近代散文钞》中所录的文章，“便知道小品文也有载道说理之作”，偏于言志的小品和偏于载道的小品的分疆，“不在题材或内容而在格调（style）或形式了”。

钱钟书将明人所谓格调译为 style，并将小品文的格调译作 familiar style（家常体）。这种家常体不同于蟒袍玉带之类的文体，它是在魏晋时期横生出的一种“不骈不散，亦骈亦散，不文不白，亦文亦白，不为声律对偶所拘，亦不有意求摆脱声律对偶，一种最自在、最萧闲的文体”。这种家常体最类似于文笔之辩中所谓“笔”，介乎骈散雅（bookish）俗（vernacular）之间而不同于不拘声韵的古文。“韩愈复古，纯粹单行的散文变了正统；骈体文到了清朝方恢复地位，而家常体虽未经承认，却在笔记小说里，在书函里相沿不绝，到苏东坡、黄山谷的手里，大放光明。”其后，明清小品文蔚然成风，再朝后，才形成所谓近代散文。

《落日颂》是钱钟书所写的另一篇书评。默存诗云：“新诗高妙绝跻攀，欲和徒嗟笔力孱。自分不才当被弃，漫因多病颇相关。”钱钟书对诗是非常钟情的，他虽然着力于创作旧诗，但亦时刻注意着新诗的发展。钱钟书写道：“诗人心思锐敏，能见到‘貌异心同’的地方，抓住常人所看不到而想得懂的类似之点，创造新的比喻。”例如，青年诗人曹葆华就有“清风摇曳中我看乌鸦怎样驮走日色”的比喻，这使人想到“玉颜不及寒鸦色，犹带昭阳日影来”之句。曹葆华所谓“倾听暮色里蜿蜒的晚钟”也差不多把钟声的形状逼真地描写出来了。

“在青年时代，谁不觉到心头的隐痛？谁不偷空做着星星的迷离的梦？谁不自以为有海洋般深的情，海洋般大的愁？谁不借诗来发泄（catharsis）？在青年时代作诗不算什么一回事，不过是一种发身时期的精神排泄，一种green-sickness。”青年钱钟书评青年曹葆华时说：“在他的诗里，你看不见珠玑似的耀眼的字句，你听不见唤起你腔子里潜伏着的回响的音乐；他不会搔你心头的痒处，他不能熨帖你灵魂上的创痛——他怎样能够呢？可怜的人！他自己的灵魂正呼着痛。”他们同是青年人，同病相怜。钱钟书虽然有“诗与排愁终失计”[1]之警策，但他终未能避免“春带愁来秋带病”[2]之greensickness。

诗属于文学，而文学与非文学的分别是：非文学只求readable——能读，而文学追求re-readable。钱钟书在作了如此界定后，又进一步说明re-readable的两层意义：其一，是耐读，“咿唔不厌巡檐读，屈曲还凭卧被思”，这就是所谓耐读。其二，是重新读，此读法忌讳句斟字酌地读而要求囫囵吞枣地读。“好比新春的草色，‘遥看近却无’；好比远山的翠微，‘即之愈稀’。”

钱钟书认为，“中国旧诗里面有神说鬼话（mythology），有装神捣鬼（mystification），没有神秘主义（mysticism）”。神秘主义与自我主义相近，但自我主义想吞并宇宙，而神秘主义意在吸收宇宙。前者吞并宇宙以便圆成自我，反客为主；后者消灭自我以便圆成宇宙，反主为客。

钱钟书觉得曹葆华诗的不足在于单调。几十首诗被套在一个情调里，“说文雅一些，是拜伦式（Byronic）的态度；说粗俗一些，是薛仁贵月下叹功劳的态度，充满了牢骚、侘傺、愤恨和不肯低头的傲兀”。曹葆华诗里有一点神秘主义的成分，但这种神秘还不老到，因为“神秘主义需要多年

---

①《中秋夕作》。

②《秋杪杂诗》。

的性灵的滋养和潜修，不能东涂西抹，浪抛心力了，要改变拜伦式的怨天尤人的态度，要和宇宙及人生言归于好，要向东方的和西方的包含着苍老的智慧的圣书里，银色的和墨色的，惝恍着拉比（Rabbi）的精灵的魔术里找取通行入宇宙的深秘处的护照，直到——直到从最微末的花瓣里窥见了天国，最纤小的沙粒里看出了世界，一刹那中悟彻了永生。假使作者把这个境界悬为目的，那末，作者的艺术还没有成熟”。[①]

钱钟书在本时期所写的文章，似乎已经在追求一种稳定的思想。例如，在《近代散文钞》的评论中，他写道：“我在别处说过，过去已是给现在支配着的；同一件过去的事实，因为现在的不同，发生了两种意义，我们常常把过去来补足现代的缺陷，适应现代的嗜好，黄金时代不仅在将来，往往在过去，并且跟着现在转移。”[②]

钱钟书所谓“别处”，是指他在《大公报》上所写的《旁观者》一文。在这篇文章里，钱钟书认为，讲时代精神（Zeit-geist），不能回避 historism（史观）。讲史观，不能忽视史迹的演化。“讲到演化，那么，形成现代的因子，早潜伏在过去的时代中。现代之所以为现代，有来源，有造

① 钱钟书《落日颂》，原载《新月月刊》1933 年 3 月 1 日。

② 原载《新月月刊》1933 年 6 月 1 日。

因。”“好，不是现代的光荣；坏，不是现代的耻辱；因为，照史观看起来，现代不过是收获着前代所撒布下的种子，同时也就是撒布下种子给后代收获，在本身是说不上是非好坏的。”“从演化的立场上讲，每一个存在着的时代都是应当存在。每一个过去的时代都是应当过去，每一个现象的存在就是它的充足理由（Whatever is，is right and the existence of a thing is its justification）”。[1]

钱钟书这里所持有的思想依旧是进化论的历史观，这种历史观在钱钟书思想发展进程中具有一定的进步意义。

① 原载《大公报》1933年3月16日。

清华园中逢知音

刘勰云："知音其难哉！音实难知，知实难逢；逢其知音，千载其一乎！"[①] 在清华读书的第三年，钱钟书结识了无锡名媛杨季康。想必钱钟书和一般青年没有什么不同，22岁的他已经打开了恋爱和被爱的闸门，只是在 bookish 意义上，钱杨二人的结合引起了学坛的极大兴趣。人们惊奇地发现，在中国文学史上，似乎还没有一对文人学者能够像钱钟书和杨绛那样，把知音的基础牢固地建立在书上，相濡以沫地厮守了六十多年。

钱钟书在小说《围城》中写道："据说'女朋友'就是'情人'的学名，说起来庄严些，正像玫瑰花在生物学上叫

---

① 《文心雕龙·知音》。

‘蔷薇科木本复叶植物’，或者休妻的法律术语是‘协议离婚’。”[①] 在《围城》中，方鸿渐先是有一个鲍小姐这样的情人，然后有一个苏小姐这样的女朋友，最后有了一个孙柔嘉这样的妻子。但是，这些人都不是方鸿渐的知音，更不是他的意中人。方鸿渐理想中的知音，即意中人（dream-girl）是唐晓芙。

小说中的唐晓芙，方鸿渐没有追求到，但是清华园中的杨季康却走到了钱钟书面前。杨季康笔名杨绛，1911 年出生于无锡，其父杨荫杭和钱基博一样，都被大教育家张謇誉为“江南才子”。无锡的钱家和杨家是门当户对的两个大家族，钱家多儿男，杨门多秀女。在杨荫杭一辈，杨绛就有好几个姑姑；到了杨绛这一代，她依旧有几个姐妹。但杨荫杭并不像钱基博那样投身于教育，而是一生致力于政法行当。大概是受父亲影响的缘故，杨绛上大学时读的是政治系，这和《围城》中唐晓芙所读专业完全一致。

钱杨二人，其阅历有相似之处。钱钟书受钱基博影响大，而杨绛同样受杨荫杭很大影响。杨绛考大学时，清华大学才开始收女生，但不到南方来招，所以她就近读了东吴大学。应该读什么专业？父亲说：“你最喜欢什么，就学什么！”杨绛心里嘀咕：难道我喜欢文学，就能学文学吗？爱

① 《围城》第 25 页。

读小说，就能学小说吗？[1] 在东吴大学三年级时，杨绛母校振华女中的校长为杨绛请得美国韦尔斯利女子大学的奖学金，欲资助她到美国深造政治学，但杨绛“不想出国读政治，只想考清华研究院攻读文学”。她如愿以偿地考上了清华，而母亲取笑着说：“阿季脚上拴着月下老人的红线呢，所以心心念念只考清华。”

杨绛在东吴大学时就学习过两门外语：英文和法文。清华大学的入学考试只考英文，入学后杨绛继续学习英文和法文。教法语的是翻译家梁宗岱，第一堂课听写，大部分学生都未听懂，而杨绛却听写对了。梁宗岱问：“杨季康，你的法语是怎么学的？”杨绛回答说：“自学的！”梁宗岱鼓励她进一步把法语学好。

杨绛在清华曾选修朱自清的写作课，其习作《璐璐，不用愁》经朱自清推荐在《大公报·文艺副刊》上发表。英文和法文以及写作水平的提高为杨绛后来事业的发展奠定了基础。

杨绛初见钱钟书时，这位同乡才子穿着一件青布大褂，一双毛布底鞋，戴一副老式大眼镜。清华大学的同学都很洋气，钱钟书作为名流，在杨绛的心目中是一副风度翩翩的模样，可现实中的钱钟书却一点也不翩翩。杨绛初到清华时，

① 杨绛《回忆我的父亲》。

本身也很土气，后来才打扮得漂亮了。

钱钟书初见杨绛时的印象是什么？钱钟书没有留下直接的文字，但间接的文字是有的，《围城》中有关唐晓芙的描述实际上进一步深化了他在1932年及以后所写的一些具有《锦瑟》风韵的诗篇。

在《围城》中，方鸿渐引用《毛诗》说："窈窕淑女，寤寐求之；求之不得，寤寐思服。"在多才多情的钱钟书笔下，其诗曰："良宵苦被睡相谩，猎猎风声测测寒；如此星辰如此月，与谁指点与谁看。""困人节气奈何天，泥煞衾函梦不圆；苦雨泼寒宵似水，百虫声里怯孤眠。"[①] 在良宵月圆的美好时光，却不能与自己亲爱的人在一起指点风月，这滋味已不好受；至于"苦雨泼寒"的困人之夜，一个人在冰冷的床上的失眠滋味就更可想而知了。"缠绵悱恻好文章，粉恋香凄足断肠；答报情痴无别物，辛酸一把泪千行。""侬娘小妹剧关心，髫瓣多情一往深；别后经时无只字，居然惜墨抵兼金。"如果这些诗句中的主人公是钱钟书，那么，生活中的杨绛想必在二十几岁时也和一般女性一样是一个爱用流泪来表达感情的女孩子，虽然《围城》中的唐晓芙不是这样。

但是，唐晓芙和方鸿渐的恋爱在很大程度上可以印证

① 钱钟书《壬申年秋杪杂诗》，载1933年12月《国风》半月刊。

杨绛和钱钟书的恋爱。钱钟书和方鸿渐一样，爱写情书，而杨绛和唐晓芙一样，似乎并不太爱写信，这就难怪钱钟书有“别后经时无只字，居然惜墨抵兼金”的怨句了。

钱钟书恋爱和一般男青年一样，常常神不守舍。不过，他的独特之处是：常常带有 bookish（书卷气），还将这种感情表达出来。“除蛇深草钩难着，御寇颓垣守不牢”一句就是钱钟书化用理学家语来表达这种感情的。

后来，钱钟书与杨绛的热恋已经达到“久坐槛生暖，忘言意转深；颠风明白渡，珍取此时心”[①]的程度了。杨绛写信给钱钟书说：“现在吾两人快乐无用，须两家父母、兄弟皆大欢喜，吾两人之快乐乃彻始彻终不受障碍。”杨绛的这封信被钱基博拆开看了。老先生“得意非凡”，直说，“此真聪明人语！”

钱杨二人的恋爱内容是新式的，但依旧需要一种传统式的包装，杨绛的话就是这种意思，开明的钱基博对此亦“心有灵犀一点通”。杨绛又将钱钟书介绍给自己的父亲，杨荫杭也很赏识钱钟书。如今要使钱杨二人之快乐“彻始彻终不受障碍”，唯一欠缺的就是“父母之命，媒妁之言”了。

于是，1933 年的一天，钱钟书先由钱基博带着来到杨

---

① 钱钟书《和季康玉泉听铃（玉泉山同绛）》。

荫杭家正式求亲，约定“请出男女两家都熟识的亲友作男家女家的媒人，然后在苏州某饭馆摆酒宴，请两家的至亲好友”。[①] 于是同年的某天晚上，钱杨两家为钱钟书和杨绛举行了订婚礼，钱穆先生正是被两家邀请之人。

① 杨绛《车过古战场》。

雅俗兼备一书生

在钱钟书和杨绛订婚的这一年，钱钟书面临着毕业后何去何从的问题。按理说，清华大学以及外文系待钱钟书不薄，且不说罗家伦校长破格录取他入校，就拿叶公超、张申府等教授对他的奖挹而言，钱钟书也应该是对母校有感情的，然而事情总有另一面。

临近毕业的时候，外文系陈福田、吴宓等教授都来做钱钟书留校的工作，但钱钟书一律说不，此令教授们未免难堪。陈福田教授说："在清华，我们都希望钱钟书进研究院继续研究英国文学，为我们新成立的西洋文学研究所增加几分光彩，可是他一口拒绝了，他对人家说：'整个清华，没有一个教授有资格充当钱某人的导师'，这话未免有点过分了。"钱钟书是否有此狂言，尚需考证，但陈福田能如此说，就不可能是无中生有。清华的教授集中了全国的精英，他们对钱后生的狂语是不会感到舒服的，但吴宓教授却笑呵呵地说："学问和学位的修取是两回事，以钱钟书的才华，他根本不需要硕士学位。当然，他还年轻，瞧不起清华大学现有的西洋文学教授也未尝不可。"①

钱钟书为何没留在清华，这是一个谜，却也无须解谜。母校和学生，就像父母和孩子。母校总喜欢把高才生留在本校，就像父母总想把自己钟爱的孩子留在身边一样。但是，所有的高才生不一定都会留在母校，这也正像有出息的孩子不一定非得守在父母身边一样。

无论钱钟书留在清华还是不留在清华，都可以找到说明的理由，事实是钱钟书终于未留在清华而回到了南方。有一种说法是，钱基博当时在上海光华大学任中文系主任，身体欠佳，因此召钱钟书赴上海，以便相互照应。一个狂傲的钱钟书敢于说出令清华教授们难堪的话，一个传统的钱钟书选择了坚守孝道而回到他们的身边。

1933 年夏天，钱钟书从清华大学毕业，获得文学学士学位。8 月，他来到光华大学任教。9 月，始任外文系讲师兼国文系教员。10 月，光华大学校闻栏记载：添聘钱钟书先生授诗学、英文学。10 月 16 日，他的论文《中国文学小

① 周榆瑞《也谈费孝通与钱钟书》；见《钱钟书传记资料》第 1 辑，（台湾）天一出版社，1985 年版。

史序论》发表于《国风》半月刊。在这篇论文中，钱钟书认为：中国文学“分雅言、俗言二体”，“宋代以前，多为雅言；宋代以后，俗语遂繁，如曲如小说，均为大宗”。雅俗二体条贯而来，“茫不相接，各关途径，各归流派”。宋代以前，“文学线索只一；自宋以后，文学线索遂二。至民国之新文学，渊源泰西；体制性德，绝非旧日之遗，为有意之创辟，非无形之转移，事实昭然，不关理论”，论者如果“以俗语之线索，与宋前之载籍贯串，卤莽灭裂”，其观点恐难成立。“旧文学中曲与小说文体之演展，大致适相反背。元人之曲，俗语之成分居多，及明清士大夫为之，雅言之成分加进；小说复有雅言、俗语之别，其俗语小说之初，如宋人评话，尚多雅言之迹，及明清所传遂纯为流利之俗语矣。雅言小说宜与骈散文同科，然论其结构”，亦分为就事纪事和极意经营二类。一切“文学固非尽为雅言，而俗语亦未必尽为文学”[①]。

1933年11月，钱钟书在《大公报·文艺副刊》发表了一篇文章，题目是《论俗气》，又在《光华大学半月刊》上发表一篇书评，题目为《读〈道德定律的存在问题〉书后》。

钱钟书在书评中写道：“这是寄生在朱公谨先生那篇大

①《钱钟书散文》，浙江文艺出版社，1997年出版，第490、491页。

文章上面的小文章，假使一个街上人（man in the street），空虚得像白纸，愚昧得像黑漆，对于这个问题没有理论和成见的，读了朱先生精深的文章，他也许要提出几个问题来。这几个问题并不是向（to）朱先生提出来的，是代（for）朱先生提出来的，我当然不会解决这几个问题，否则我也不必提出来，但是，朱先生未必就能解决它们，因为俗语说：‘聪明人是答不尽傻子的疑问的（A fool can ask more questions than a wise man can answer）。’”[①]

钱钟书的“痴气”在这段俏皮的话里不难看出，这种“痴气”所流溢的是气度雍容之风雅，此风雅是在辨别自然和道德的区别时表现出来的。就自然而言，有一个存在的问题；就道德而言，也有一个存在的问题。但是，道德的存在与自然的存在不同；那么，到底在何种意义上，我们能说道德是存在着的（In what sense can moral laws be said to “exist” or “subsist”）?

钱钟书回答说：“道德现象的 differentia——就在它包含着的自由（freedom）的成分。我们所以在‘必然’之外加了‘应然’，在 indicative 之外加了 imperative，在 does 之外加了 ought to，就因为在自然现象里，我们只能这样干，没有第二条路可走，而在道德现象里，我们可以任意干，同

---

①《钱钟书散文》，浙江文艺出版社，1997 年出版，第 150 页。

时有一条以上的路，让我们自由选择着去走——不过在这许多路中，只有一条是‘应当’走的，此外都是‘可’走而不‘当’走的。”有道德现象中的“可以”，有非道德现象中的“可以”。在非道德现象的“可以”里，你可以喝茶，也可以喝咖啡，二者是平行（both...and）的关系。在道德现象的“可以”里，你可以说谎话，但你应当说真话，二者是转折（although...but）的关系。

钱钟书同时又是一个俗人，这种俗体现在其总愿意待在父亲身边，无时无刻不在以其父身上“崇拜风雅，模仿风雅，自以为风雅”。[①]钱钟书说：“我们每一个人都免不了这种附庸风雅的习气，天才不愁没有雅人和俗人，只没有俗得有勇气的人，甘心呼吸着市井气，甘心在伊壁鸠鲁（Epicurus）的猪圈里打滚，有胆量抬出俗气来跟风雅抵抗，仿佛魔鬼的反对上帝。有这个人么？我们应当像敬礼撒旦（Satan）一般的敬礼他。”[②]

钱钟书似乎有决心去做这种“俗得有勇气的人”，去甘心情愿呼吸市井气，在伊壁鸠鲁的猪圈里打滚，像撒旦一样跟上帝捣蛋。不知什么时候，他异想天开地对“俗气”（Vulgarity）这个词产生了兴趣，他说，找遍了化学书，在

①《钱钟书散文》，浙江文艺出版社，1997年出版，第53页。

②同上。

碳气、氧气之外怎么也找不到俗气。俗气是一种超出于五官感觉之上的气体，它比任何气体更稀淡，更微茫，唯有在文艺里或社交里才碰得见。

钱钟书每读几本书，就能写出一篇有心得的文章。他对“俗气”的论述亦是在读了亚尔特斯·赫胥黎（Aldous Huxley）的《在文学中之俗气》（Vulgarity in Literature）和其他作家的几本书后写出来的。赫胥黎认为，“俗气就是流露出来的一种下劣性”（Vulgarity is a lowness that proclaims itself）。钱钟书想进一步搞清楚这种下劣性到底是什么。上等社会批评甲俗，中等社会批评乙俗，下等社会批评丙俗。甲、乙、丙各有不同，但它们被批评为俗是相同的，这其中是否有一个像算学中的公约数（Common factor）之类的东西呢？

钱钟书终于感悟到了俗气中量的过度这个公约数。他说：“钻戒戴在手上是极悦目的，但是十指尖尖都摎着钻戒，太多了，就俗了！胭脂擦在脸上是极助娇艳的，但是涂得仿佛火烧一样，太浓了，就俗了！肚子对于人体的曲线美是大有贡献的，但是假使凸得像挂了布袋，太高了，就俗了。”[①] 夸张和卖弄导致数量过剩，使得言过其实，表过其里。所以，“当一个人认一件东西为俗的时候，这一个东西里一定

---

①《钱钟书散文》，浙江文艺出版社，1997年出版，第58页。

有这个人认为太过火的成分，不论在形式上或内容上。这个成分的本身也许是好的，不过，假使这个人认为过多了（too much of a good thing），包含这个成分的整个东西就要被判为俗气。所以，俗气不是负面的缺陷（default），是正面的过失（fault）。”①

为了进一步阐述这种理论，钱钟书又引述了西方另一个教授的观点:“山潭野衲（Santayana）教授说俗气就是自相矛盾（inner contradiction），例如老太婆戴了金丝假发，垢腻的手戴满了珠宝，彼此间不能调和。”求美而得丑，使人感到俗气。钱钟书先是认为“山潭野衲教授的说法至多只能解释两个成分的相反（contrast）是俗气，不能解释为什么一个成分的增加（intensification）也是俗气，只能解释污秽的手戴满了珠宝是俗，不能解释不污秽的手戴满了珠宝也是俗”②。不过，紧接着，他似乎又承认俗气论的“过量说”与“矛盾说”可以相通。

这正是接下来钱钟书谈到的求美而得丑以及求雅而得俗的问题，“夏士烈德（Hazlitt）以为一切天然的（natural）、自在的（spontaneous）东西都不会俗的，粗鲁（grossness）不是俗，愚陋（ignorance）不是俗，呆板

---

①《钱钟书散文》，浙江文艺出版社，1997年出版，第59页。

②《钱钟书散文》，浙江文艺出版社，1997年出版，第61页。

（awkwardness）也不是俗，只有粗鲁而装细腻，愚陋而装聪明，呆板而装伶俐才是俗气。所以俗人就是装模作样的人（The truly vulgar are the herd of pretenders to what is not natural to them）”。夏士烈德对俗气的论述可以概括为装腔说。钱钟书则认为，“装腔说也要以过量说为根据的”，“卖弄装腔以及一切有市井气或俗气的事物就坏在太过、太多两点。A little more and how much is”。

钱钟书一介书生，他在雅中求俗，没有比他雅得这样俗的人了；他又在俗中觅雅，又有谁能像他那样俗得那样雅呢？

新旧中西谋会通

中国古典文学、文论一直在钱钟书的学问中占据着重要地位。钱钟书虽然读大学于外文系、任教于外文系，但这并未妨碍他对中国古典学问的不懈追求。

早在1933年初春时，钱钟书已拜读了钱基博的《骈文通义》，并在给父亲的信中称赞此书“词赅义宏”，其论“骈文流变，矜慎不苟，尤为精当”[①]。同时，又指出父亲著作的不足，并自信他所著的《文学史》可以补“大人之阙遗”。到光华大学任教后，钱钟书自费印行了自著的《中国文学小史》。

初到光华大学，钱钟书住进单身教师宿舍，和他同住

---

① 钱钟书《上家大人论骈文流变书》，载1933年《光华大学半月刊》第7期。

一室的是另一位研究文学的青年教师顾献梁。钱、顾二人并不认识，当时，顾献梁正被一本古板深奥的文学批评史著作弄得愁眉难展，钱钟书见了，对他说："此书以前我读过，现在可能不记得了，你抽出一段考考我！"顾献梁用疑惑的眼光打量着这位老兄，专拣古奥的段落考问，但他刚一念开头，钱钟书就滔滔不绝地把后面的内容背了出来。如是者数次，顾献梁大惊失色，以为自己碰见了神人。

其实，这种情况对于熟悉钱钟书的人来说，一点也不奇怪。钱钟书在自印《中国文学小史》后又一连写了两篇文章，发表在《国风》半月刊上。一篇是他为《中国文学小史》写的序论，另一篇是他为这篇序论写的补遗。钱钟书是一位爱写补遗的学者，而这篇补遗是他写得最早的一篇。其后《谈艺录》的补遗、《管锥编》的增订，都是沿着他 23 岁时所养成的这种学术习惯走下来的。

钱钟书做学问欲打通新旧中西，这种情况和他的人格是联系在一起的，所以吴宓说他"大器能成由早慧，人谋有补赖天工""才情学识兼具，新旧中西竟通"[①]。吴宓认为，钱钟书是顺着苏东坡、黄庭坚、顾炎武、赵翼的路子走下来的，即"源深顾赵传家业，气胜苏黄振国风"。吴宓自己是"悲剧终场吾事了"，但他与钱家父子的往来却是"交期两

---

① 吴宓《赋赠钱君钟书即题〈中书君诗〉初刊》。

世许心同”。

钱家父子在旧学上的成就高低，不好定论，但钱钟书能善读父书，在其父学问的基础上更进一步，却是不争的事实。钱钟书认为，“西方所谓 poetry 非即吾国之诗；所谓 drama，非即吾国之曲；所谓 prose，非即吾国之文”。如果以学问家阮元的观点来说，则我国过去所谓文“正西方之 verse 耳”。文为 verse，文学是什么？“文学如天童舍利，五色无定，随人见性”，不可定义。文学虽无定义，但却有定指焉（definite without being definable）。“文学矫然特异”，其“价值愈高，承认之人不必愈众，而所以承认之故必愈繁，金石千声，云霞万色，如入百花之谷，如游五都之市，应接不暇，钻研不尽，各见所长，各得所欲，此种种不同之品德不相反而适相成，故作品正因见仁见智之不同而愈有文学价值，而定义则不能遍举见仁见智之不同以不失为定义也”。[①]

文学史和文学批评都是附丽在文学上的学科，但二者体制不同。“文学史载记其承遭（genetic）之显迹，以著位置之重轻（historical importance）；文学批评阐扬其创辟之特长，以著艺术之优劣（aesthetic worth）。一主事实而一重

① 钱钟书《中国文学小史序论》补遗，原载《国风》半月刊第 3 卷第 11 期，1933 年 12 月 1 日。

鉴赏也。相辅而行，各有本位。”[①]

23 岁的钱钟书在论文中对文章体性进行了精细的辨析。诗体与文体不同，将诗体括入文体是有来由的。唐以前人以文为文、以诗为诗，从唐代韩愈起开始“以文为诗”，宋人认识到这一点，“正是严于辩体之证”。诗体发展到后来，又出现词体，“诗词二体”，不能混淆，“词号诗余，品卑于诗”。文体的独特性亦应注意，“文各有体，不能相杂，分之双美，合之两伤”，“欲行兼并之实，则童牛角马，非此非彼，所兼并者之品类虽尊，亦终为伪体而已”。文体有尊卑之分，“老子、韩非，则为正史，其品尊，毛颖、虬髯客则为小说，其品卑”。文体品类之尊卑，“系于题目之大小（all depends on the subject），而所谓大小者，乃自世眼观之，初不关乎文章；由世俗之见，则国家之事为大，而男女爱悦之私，无关政体国计”，故作为学派宗师的老子、韩非与子虚乌有之毛颖、虬髯客“不得相提并论矣”。

同一“无题”之诗，“伤时感事，意内言外，香草美人，骚客之言，之子夭桃，风人之托兴，则尊之为诗史”；若仅有“风骚之遗意，苟缘情绮靡，结念芳华，意尽言中，羌无寄托”，则鄙之如泥犁。“体之得失，视乎格调（style），属形式者也；品之尊卑，系于题材（subject），属

---

①《钱钟书散文》，第 476、477 页。

内容者也。惟此处所谓品，差与Bruneti ē re所谓genre相当，司空图《诗品》则品性、品格之谓，视乎格调，非系于题材也。”

钱钟书后来所著《谈艺录》中的某些思想，究其根源其实已在《中国文学小史序论》一文中萌芽。诗固然是在一定的时空条件下产生的，但诗又有超时空的一面，人们常常重视前一方面而忽略了后一方面，故钱钟书强调说，唐诗中“初盛中晚”四期，此划分是“诗中初盛中晚，与政事上之初盛中晚，各不相关”，文学史上许多诗人，虽生于盛唐之时，而诗却畅初唐之体。同样道理，宋代的一些诗人，“诗江西也”，而人非江西也更是司空见惯的现象，通达学识之人，对此应格外留心。

钱钟书写道：“每见文学史作者，常常固执于社会造因之说，以普通社会状况解释特殊文学风格，认为某种文学的产生皆由于某时某地，而不知同时同地之人，却写出了风格绝然不同的文学作品。”青年钱钟书本人的意见是：“文学之风格，思想之型式，与夫政治制度，社会状态”“平行四出，异辙同源，彼此之间，初无先因后果之连谊，而相为映射阐发”，人们可以从这种映发中“窥见时代精神之特征”。他进一步认为，时势身世和文学作品不能作牵强附会的解释，因为司马迁下蚕室而作成《史记》，便说所有下蚕室者都可成《史记》，将为天下笑。时势身世顶多只能解释何以有某种作品，至于“某种作品之何以为佳为劣，则非时势身世之所能解答，作品之发生，与作品之价值”，是绝然不同的两回事。

著文学史固然应“以能文为本”，不当“以立意为宗”，但萧统所谓“文”，“为义极狭”，在实践中，所谓“事出于沉思，义归于翰藻”亦不好把握。钱钟书欲以刘勰广义的文论，补萧统狭义文论之不足，但所论尚不明确。他说:“文者非一整个事物（self-contained entity）也，乃事物之一方面（aspect）”；同一事物，“社会科学取之为题材焉，自然科学亦取之题材焉”；“同一书也，史家则考其述作之真赝，哲人则辨其议论之是非，谈艺者则定其文章之美恶”，由此形成了“观点（perspective）之不同”，这是一个层次的问题。在更深的层次上，谈艺者使用相同的题材，却亦因时因地因人而异。有才人出，用公认的非文学资料，挥洒其“着手成春之技”，“化臭腐为神奇”。

青年钱钟书在序论中国文学时，一时一刻也不忘记用西方文学作为参照。他认为，文学的题材、体裁，是文学最粗浅之迹，仅供辨别门类（classificatory concepts）；文学的深层要旨，“不在其题材为抒作者之情，而在效用能感读者之情”。就感动读者之情而言，“文学非政治选举，岂以感人之多寡为断”，文学质量之高低亦视所感之人以及感人之深度耳。佳作感人，常常能“呼起（stimulate）读者之嗜欲情感而复能满足之者，能摇荡读者之精神魂魄，而复能抚之使静，安之使定者也。盖一书之中，呼应起讫，自为一周（a complete circuit），读者不必于书外别求宣泄嗜欲情感之具焉。劣作则不然，放而不能收，动而不能止，读者心烦意乱，必于书外求安心定意之方”。

感动读者之情应分别 literature of power 和 literature of knowledge 两个概念。前一个概念是题材本为抒感言情并引起读者的同情和美感，本性易入教训（teach）；后一个概念是题材不事抒感言情而引起了同情和美感，本性是激动（move）性的。

钱钟书在《补遗》中写道：“盖物之感人，不必内容之深情厚意，纯粹形式，有体无情者其震荡感激之力，时复绝伦，观乎音乐可知。”写完了这句话，钱钟书并未忘记在括号内注明他所读的另一部西文典籍。

钱钟书的《中国文学小史序论》引用了王充《论衡·对作篇》的名言，但他对文学真实的论述比王充更具道理。王充认为：“养实不在育华，调行者不饰词。实诚在胸臆，文墨著竹帛，外内表里，自相副称。”① 钱钟书在引用了王充的这段话后承认，“近人所谓‘不为无病呻吟’‘言之有物’，胥本于此”。然而，钱钟书并不同意王充以历史

①《论衡·自纪》。

真实排斥艺术真实之观点。他认为，实诚在胸臆之论“仅可以语于作者之修养，而非所语于读者之评赏”。作者唯有胸臆立诚（sincerity）方能不为无病呻吟之词，但这仅是基本要求，更高的要求涉及艺术真实而不拘囿于历史真实。

钱钟书写道，高明的作者“惟其能无病呻吟，呻吟而能使读者信以为有病，方为文艺之佳作耳。文艺上之所谓‘病’，非可以诊断得；作者之真有病与否，读者无从知也，亦取决于呻吟之似有病与否而已。故文艺之不足以取信于人者，非必作者之无病也，实由其不善于呻吟；非必‘诚’而后能使人信也，能使人信，则为‘诚’矣”。写到这里，钱钟书又在括弧里写上了他所读过的另一部西方典籍及其作者的名称，并且继续写道：“*Aldous Huxley Vulgarity in literature* 一书中尝谓读 Keats 情书，觉语语如肺肝中流出，读他人所作，便觉有饰伪之意，乃由才小，非关情薄。”一切文艺，莫不有物，亦莫不有言；以“有物”之论，评论思想则可，若用来欣赏文艺，则似乎不妥；在文艺欣赏中，物即是言，言即是物，物与言二者已融合难分。

才情学识欲兼融

风华正茂的钱钟书在新旧碰撞中融通才情，在中西会通中熔铸学识，一代天骄在大学讲台上侃侃而谈，表现出与其父迥然不同的讲课风格。钱基博授课时神态严肃，认真而略嫌古板，偶然从他口里溜出的英语单词常常会引得同学笑出声来。钱钟书授课时其英语和汉语是融通在一起的，所开“英美散文”课，不拘一格，形象生动，吸引了众多的学生涌进教室。钱钟书“左手捏了那册牛津版的袖珍词典，眼睛看着课文，旁征博引，谈得高兴时候，往往把右手的食指在鼻子下面从横里抹上几抹”（李金波《钱钟书先生印象记》）[①]。此课期终试题是“what is love”，几十年后许多学生

① 范明辉《杨绛〈钱钟书与围城〉笺证稿》，载《记钱钟书先生》一书，1995年，大连出版社。

仍记忆犹新。

钱钟书在上海光华大学任教时，杨绛仍在清华大学读书。1933 年初秋，杨绛与钱钟书订婚后仍需回清华，钱基博便将杨绛介绍给在燕京大学任教的钱穆，让其一路同行，相互照顾。其实杨绛初进清华大学时已从南到北单独走过一次，自以为老练了，但当公公的仍不放心，动身那天，钱钟书送杨绛“到火车站和宾四先生相会，一同把行李结票，各自提着随身物件上车”①。

1934 年 4 月 15 日，光华大学聘请钱基博、钱钟书等人为“年刊编辑”，聘请“钱钟英、钱钟韩等为助理编辑”（见光华大学校闻）。带着这个消息，又值春暖花开之时，钱钟书从上海北行京城，看望自己的心上人杨绛。“乞取东风晴十日，今年破例作春游”②，春意勃发，流溢满目，此情此景，正宜于形诸诗句，钱钟书写道：“遥山一角抹微云，日暖风迟水有纹”③；北方的景色虽“只少花迎与柳送”，但它与“江南春色可平分”④。车到山东，钱钟书写道：“泰山如砺河如带，凭轼临观又一回”⑤。杜甫咏泰山云：“岱宗夫如

① 杨绛《车过古战场》，载《杨绛作品集》，云南人民出版社 1999 年版。

② 钱钟书《北游纪事诗》，1934 年 6 月 1 日《国风》半月刊第 4 卷第 11 期。

③ 同上。

④ 同上。

⑤ 同上。

何，齐鲁青未了”；泰山给钱钟书的印象是：“寝庙荒凉去器倾，千章黛色发春荣”“于卿底事一池水，送我深情千尺潭”[①]。车已徐徐开出山东，而钱钟书依旧恋恋不舍地回望着岱山和沂水。

这些诗收在钱钟书的《北游纪事诗》，最初写在日记中，发表时作者“略采本事作注以资索隐”，如此以后，诗内诗外之事相互联通。

钱钟书在清华见到了急欲相会的杨绛，他们才分别半年，但仿佛已过了十年，“颜色依稀寤寐通，久伤沟水各西东”；见面时本该有说不完的话，但竟然支支吾吾不知该先说什么，此正是“如何欲话经时别，鸩舌南蛮意未伸”，一切都在默默无语中相互融通了。

京华之旅是在一种热忱、热恋中度过的，十几天日子一眨眼就过去了。临别的前一天，杨绛陪钱钟书游览了北京郊外的玉泉山，二人在一个幽静的树丛中坐下，窃窃私语，情意深沉。“却恋江南归去也，风光如此付何人”，第二天，钱钟书即踏上归途。

1934 年的后半年，钱钟书继续以旧体诗抒发才情，以论文熔铸学识。7 月，钱钟书所写的文字有：书信《与张晓峰书》、诗《哭管略》、论文《论不隔》；10 月，著论文

① 钱钟书《北游纪事诗》，1934 年 6 月 1 日《国风》半月刊第 4 卷第 11 期。

《论复古》，刊刻诗集《中书君诗》一册。钱钟书的书信和诗都发表在《国风》半月刊上。《国风》是柳诒徵、缪凤林等人在南京经营的主要学术刊物，以弘扬传统文化为主。钱钟书的诗大都有其本，例如《哭管略》：

何难留命忍须臾，谈艺归来愿竟虚。待哺诸儿黄口小，丧明一老白头初。覆巢所幸能完卵，涸辙犹希倘活鱼。见惯存亡无涕泪，殷忧尚为泣沾裾。

胸有千秋只字悭，相知惟我许追攀。回牛笔可穿重札，窥豹文才睹一斑。平日笑谈都益恨，故乡魂魄倘知还。发言莫赏嗟臣质，谁与微词作要删。[1]

钱钟书所哭的管略，姓徐，名景铨，江苏常熟人，年长钱钟书 10 岁，南京高等师范学校毕业生，曾担任无锡国学专修学校教师，与钱钟书为朋友。管略英年早逝，留下了一个白发失明的老人和几个嗷嗷待哺的黄口小儿，面对这凄惨景象，钱钟书不由得泣泪沾裾。逝友一肚子的才华尚待抒发，其高谈阔论时的情景言犹在耳，而活人却再也不能聆听他的声音，人生是何等悲惨啊，钱钟书除了“见惯存亡无涕泪”之外，还能说些什么呢？

---

① 载《国风》半月刊第 5 卷第 1 期。

诗歌是抒发才情的好体裁，而书论则必须以学识为后盾。对于宏观的理论问题，当然只能用论来探讨。在光华大学时期，知名历史学家张其昀（晓峰）请钱钟书就新旧文学的关系发表意见。钱钟书在6月的回信以及10月的论文中表达了自己的见解。

钱钟书认为，20年代文言白话以及新旧文学火药味颇浓之争论至30年代中期，已由时间渐渐抹平。在时过境迁，人们“气稍释而矜稍平”之际，我们仍能看到文言白话、新旧文学在分而合、合而分的路上行进。“文言白话，骖驔比美，正未容轩轾。白话至高甚美之作，亦断非可家喻户晓，为道听途说之资。往往钩深索隐，难有倍于文言者。”[①] 文言文中所用典故，常被提倡白话文者所攻击，但用典故本身无可非议，因为它与白话文中使用“比喻象征，性质相同”。从文化史观点论之，“则文言白话皆为存在之事实，纯粹历史之观点只能接受，不得批判”[②]。

钱钟书否定了文言与白话争论中的几种糊涂认识，他认为文言白话之优劣不能以繁简难易评定。“文章各有境界，宜繁而繁，宜简而简”，如若“推简者为工”，则“简字法”岂不成了最好的文章。如若认为文言文难学，故劣；

① 钱钟书《与张君晓峰书》。

② 同上。

白话文易学，故优，那只是“惰夫懦夫因陋苟安之见耳”，而文艺之事所贵者正需要从困难中见其巧也。说文言文与白话文有同样存在的价值，并非是要人们像宿儒那样“皓首穷经”地去记诵耳，而是要今人不要忘却“先哲之精神命脉”，在读书时，尽量让灵魂去冒险，“发心自救”而已。

钱钟书认为对新旧问题的认识不能片面化。“日月无休息地运行，把我们最新的人物也推排成古老陈腐的东西；世界的推陈出新，把我们一批一批地淘汰”[①]，不朽的人可以在亦古亦今中来回徜徉，而不必永无休止地去赶时髦。白话文对文言文的革命，新文学对旧文学的革命，“若是不顾民族的保守性、历史的连续性而把一个绝然新异的思想或作风”强加进来，则“这个革新定不会十分成功”[②]。

---

① 钱钟书《论复古》。

② 同上。

倾心对话石遗老

钱钟书的诗风，受陈石遗的影响较大。钱钟书儿时曾读过《唐诗三百首》，“心焉好之，独索冥行，渐解声律对偶”[①]，又泛览家藏清代名家诗。“及毕业中学，居然自信成章”[②]；读大学时，他继续挥笔写诗，至毕业任教，青年钱钟书已积累了许多诗作。这些作品，在晚年的钱钟书看来，实“如鹦鹉猩猩之学人语”[③]，语学像了，但仍未脱离鸟兽之性。所以钱钟书晚年在编选《槐聚诗存》时，便将1934年以前的“牵率应酬”之作、“俳谐嘲戏之篇”，“概从削弃”[④]。但

① 钱钟书《槐聚诗存》序。

② 同上。

③ 同上。

④ 同上。

是，24岁的钱钟书，对于自己当时所作诗篇，心情却全然不同。

钱钟书“19岁始学为韵语，好义山、仲则风华绮丽之体，为才子诗，全恃才华为之，曾刻一小册子”[①]，定名《中书君诗》，印好后寄给他的老师吴宓和诗翁陈石遗等人。吴宓收到钱钟书的诗集后，立即题诗祝贺。陈石遗当时正在无锡国学专修学校讲学，他在《石遗室诗话续编》中对这位曾经请教过自己的青年后生击节称赏，认为钱钟书的《秋杪杂诗》是“缘情凄婉之作”，其《北游纪事诗》与他自己的《扬州杂诗》“貌同而心不异”。

在高等层次上，读书著文尽为自娱，而作诗尤能娱己，后生钱钟书和老翁陈石遗显然都是这个层次上的人。有一天，陈石遗老竟然兴致颇浓地招钱钟书来到自己居室，一老一少凑在一起，推心置腹地拉呱起来。

钱钟书请教为学作诗。陈石遗说：“为学总须根柢经史，否则道听途说，东涂西抹，必有露马脚狐尾之日。”[②]人各有专长，但难成全才。“我早岁学为骈体文，不能工也，然已足伤诗、古文之格矣，遂抛去不为。凡擅长写骈文的人，其诗、古文皆不工。”[③]陈翁指着座壁上所悬挂的《七十寿屏》

① 吴忠匡《记钱钟书先生》，载《随笔》1984年第4期。

② 钱钟书《石语》，中国社会科学出版社，1996年出版，第31页。

③ 同上。

对钱钟书说:“此是我弟子黄秋岳所写的一篇好文字，秋岳骈文集有清一代之大成，而散文却不能成语。”“为学作诗很难，而作文更难于作诗。”“林琴南就曾慨叹说:‘古文之道难矣，吾人致力于斯事五十年，才差不多可以了。’”[1]

钱钟书儿时曾读过林译小说，此时见陈翁又提起林琴南的名字，立刻来了兴趣，但陈石遗似乎并不把林琴南等人放在眼里，他说:“和我关系不错的远如严几道、林琴南，近如昌鹤亭，这些人都有空疏的毛病。严复是留学海军学生，用夏变夷，修文偃武，半路出家，不宜苛论。”[2]“林琴南一代宗匠，却不识‘湆’字，欲将易为‘酒’字，太不应该。在京师大学授《仪礼》时，我见他卤莽灭裂，多次为其遮丑掩羞。但他的弟子却对我的学生说:‘你的先生为诗学名家，而于古文全然门外汉，想学古文，还是得到我们先生这儿来!’此岂不可笑!”

钱钟书接说:“林琴南写的书陈腐空泛，其中有一则说，东坡常常讥笑东野诗如食小鱼，此外无他语。这真是咄咄怪事。林琴南的学生朱羲胄，笔舌蹇吃，毫无学问可言!”

陈石遗说:“林琴南学问有所不足，最害怕人骂。我对他说，俗话道，‘谤满天下，名亦随之’，你怕什么?”又

---

① 钱钟书《石语》，中国社会科学出版社，1996年出版，第31页。

② 钱钟书《石语》，中国社会科学出版社，1996年出版，第32页。

说:“林琴南的学问高于吴北江，但吴北江善于鼓励后进，所以他门下弟子盛于畏庐！冒鹤亭天资敏慧，一直倾心于作名士，没能多学用功。前几日为《胡展堂诗集》求序于我，说,‘公读其诗，当喜心翻倒’。‘喜心翻倒’源于杜诗‘喜心翻倒极，呜咽泪沾巾’句，是喜极悲来的意思，鹤亭误认为‘喜极拜倒’。”钱钟书说:“《小仓山房尺牍》中也有此语，似乎在袁枚那里已经误用了。”[①]

陈石遗点头，但话绪未断:“章太炎和他的弟子黄侃，皆矜心好诋，但都与我交往深厚。在清华大学教授诗学的黄节，其才薄如纸。另有王壬秋人品极低，模样亦长得难看，你知道不知道？”钱钟书回答:“是不是个矮子？”陈翁笑道:“你怎么知道的？”钱钟书说:“他死时，沪报上滑稽挽诗说:‘学富文中子，形同武大郎’，这不是说他个子矮么？”陈翁说:“是的，这个人嬉皮笑脸，像个花面小丑，著作中惟《湘军志》可观，其余可取的不多，我的诗话仅采其诗二句，但已忘记是什么了。”钟书说:“是‘独嘶携短剑，真为看山来’二句。”陈翁称赞说:“你的记性好！”钟书又说:“此人早年《夜雪集》中七言绝句，已有英雄欺人语，晚年作品，就更是打油体了。”陈翁道:“论诗必须是诗人，诗人知作诗甘苦，论诗能切中要害。钟嵘非诗人，却附庸风雅，

① 钱钟书《石语》，中国社会科学出版社，1996年出版，第32、33页。

开口便错。《诗品》是湖外伪体之圣经，我作评议，意欲捣钝贼之巢穴，所以被壬秋门人所骂。”钟书说：“沃邱仲子自称王氏弟子，所作《当代名人传》中对您有微词。杨晰子的弟弟杨钧，字重子，与兄同出王门，在《草堂之灵》中亦讥笑您不读唐诗。”陈翁大笑道：“王学门人中少通才，不值得和他们一般见识。”①

中国历来有以事存诗/以诗存人的传统，唐代有孟棨的《本事诗》和范摅的《云溪友议》，宋代有计有功的《唐诗纪事》，清代有厉鹗的《宋诗纪事》。陈翁已有辽、金、元诗纪事著作，钱钟书趁机问及其中的问题，陈石遗说：“我作《元诗纪事》，煞费经营，因为材料太少，不比樊榭《宋诗纪事》素材俯拾即是。”钟书问：“有一个叫陈田的人，作《明诗纪事》，极为淹雅，不知他是何人？”陈翁说：“田字松山，贵州人，光绪十二年举进士，授编修，清亡后以遗老身份留居北京。家中堆床塞屋，都是明人别集。《纪事》一书，是他罄一家之财力，聚一生之精神为之。我促使他尽快刊印，他却秘不示人。我在《近代诗钞》中选陈诗二首，你一定记得。我还想写《文士传》一书，记交游中学问博通而声名暗淡的人，陈田是其中一个。”②

---

① 钱钟书《石语》，中国社会科学出版社，1996年出版，第34～37页。

② 钱钟书《石语》，中国社会科学出版社，1996年出版，第38、39页。

钱钟书问陈老对陈散原的印象，陈石遗说他不喜欢陈散原体。陈老的诗论原则是“凡诗必须使人读得、懂得，方能传得”，但散原体追求“避熟避俗”，“言草木不说柳暗花明，而说花高柳大；言飞鸟不说紫燕黄莺而说乌鸦鸱枭；言走兽不说虎豹熊罴，也不说马牛驴羊，那就只好去请教鸡犬了”[①]。陈翁边说边笑，引得钱钟书亦乐得合不上嘴。

陈翁并没有合上话匣子，而是继续直言而出：“李审言自比子部杂家，其作杂碎；我以为杂也可，碎也不可。唐蔚芝学问文章，皆有纱帽气，需人为其打锣鸣道。叶长青人还聪明，但浮躁不切实。梁启超的长处是策论，别人万言不能详尽的，而他五千字就能说明白。易实甫还有些灵气，而曾重伯实多滞气。”钱钟书说：“古人所谓‘沉博绝丽’，而重伯只做到了前两字。”陈翁点头，继续说：“陈柱尊好学而不沉博，下笔虽极快，但大言不惭。他对我说自己有意于在李杜苏黄外别树一帜。”钟书说：“此人可以称得上土匪名士之号。”陈翁说：“此言极切！”又言及赵熙，只恨其近来音讯不通，说：“他与我交往深厚，其诗沉挚凄凉，力透纸背。我前几日在卧室中悬挂他赠给我的楹帖，早晨从梦中醒来，忽然觉得他写的联语悲苦，宛若哀悼之词，所挂处正好有我的小像，亦像遗容，便急忙把此容易引起凶兆的东西收起

---

① 钱钟书《石语》，中国社会科学出版社，1996 年出版，第 39 页。

来。”

钱钟书问：“联语是不是‘一灯说法悬孤月，五夜招魂向四围’？”陈翁不解地问：“你怎么知道的？”钱钟书答：“读您《诗话》知道的，汪辟疆的文章中也引此联赞语，他将您比作神机军师朱武，这未免低估了您！”陈翁一笑置之，继续品评故旧说：“郑孝胥诗作如有顿挫就好，但却少变化，结党拉社，十分可厌，近来愈加丧心病狂，我很早就与他断绝往来。陈宝琛是翰苑中出色人才，八股文、赋试帖诗，样样拿手，二十年刮垢磨光，诗文卓然可观，字也有涪翁气息。”

钱钟书说：“用您的诗来说，他可谓是‘黄书楹帖苏书扁，亚字阑干卍字文’中的人了。但我认为陈宝琛的书到底还是像放脚娘姨，不太自在。”陈翁说：“科举之学，不知消磨了多少才人的精力，宝琛在其中折腾了那么多年，实不能怪他。老一辈人必须当进士，才能有专门精力治经史学问，头脑聪明的，也需要花费十几年光阴。新学校中英算格致，比八股文好多了。学校里书本容易得到，教师比老辈学者开明。当年学海堂、诂经精舍等文集已不及今日学校高才所作。”钱钟书说：“老丈所言，通达可佩。但不知您老认为我的诗怎样？”陈石遗说：“你的诗才清妙，又博闻强记，缺点是下笔太拘谨。像我这样的老人用笔矜持惹人讥笑一下无所谓，你正是年富力强的时候，应该放笔直干，像山洪暴发那样，不择地而流，挟泥沙直下。”钱钟书诚恳地说：“您所言正切中我的病痛！”[①]

这一对“忘年交”相互倾心倒肠，无话不说。陈石翁得知钱钟书已有所爱，便告诉说：“少年女子自有生香活色，不必修饰打扮，若浓施朱白，反倒把本色遮掩了，成了令人生厌的‘伪魏晋体’。另外，女子身材也不可太娇小，太娇小者，中年必然发胖，反而侏胖不玲珑了。”

钱钟书告诉陈石遗，他准备明年结婚。陈石遗说：“结婚应该用新法，不要再用旧法。旧法过去造成了多少怨偶。你知道郑孝胥么，他的妻子是淮军将领之女，秃发跛足，侏身麻面，性情泼悍，妒忌无匹。孝胥纳妾，我想见一见，孝胥妻从屏风后大吼道：‘我家没有这个混账东西！’清末国事日非，孝胥中宵即起，托词锻炼筋骨，备万一起用上阵，实际是到妾处就宿。妻子识破孝胥所为，痛骂之声，闻于户外。郑孝胥大言欺世，家之不齐，安能救国。”[②]

陈石遗和钱钟书的对话，事后都被钱钟书记述下来。4年以后，钱钟书留学巴黎时又对此记述重新整理。60多年后，杨绛检得旧稿，纸已破碎，病中为之粘衬。钱瑗将粘衬过的旧稿订成小册子。钱钟书命名此小册子为《石语》出版。

---

① 钱钟书《石语》，中国社会科学出版社，1996年出版，第39～44页。
② 钱钟书《石语》，中国社会科学出版社，1996年出版，第44、45页。

为温源宁写书评

在光华大学当讲师时，钱钟书还兼任英文刊物《中国评论周报》(*The Chinese Critic Weekly*)的特约编辑工作，并写过一些英文作品。钱钟书到上海任教时,《中国评论周报》已经走过了五年历程，该刊主编桂中枢、编辑陈石孚都是清华出身的学人，钱钟书加盟后，此英文刊物又增加了有生力量。当时林语堂一边在上海主编《论语》半月刊，一边在《中国评论周报》上发表评论文章。1934年，钱钟书的老师温源宁也在此刊的亲切写真(Intimate Portraits)栏发表了“二十多篇富有春秋笔法的当代中国名人小传，气坏了好多人，同时也有人捧腹绝倒”[1]。温源宁将自己的文章，挑出17

① 钱钟书《不够知己》，载1935年6月《人间世》第29期。

篇，印成了一本精巧玲珑的书。书出版后，钱钟书为它写了一篇书评，发表在《人间世》上。

林语堂将温源宁文章中的《吴宓小传》译成中文，亦发表于《人间世》中的《今人志》专栏。这篇文章用意为善，但语气若嘲若讽。文章说吴宓的“脑袋形似一颗炸弹”，“一对眼睛亮晶晶的像两粒灸光的煤球”，这种描写吴宓看到后是不会感到舒服的，而钱钟书在书评中却着力赞赏作者的生花妙笔，认为这种描写可以“入得《无双谱》的；见过一次，永远忘不了”（Like nothing on earth：once seen，never forgotten）[①]。

温源宁的文章发表之初并没有署名，在清华园里，许多人从文风上推测，认为那是钱钟书所作。钱钟书用英文为吴宓作传的谣言也传到了吴宓的耳朵里。为此，钱钟书还写了一首风趣的解嘲诗：“褚先生莫误司迁，大作家原在那边。文苑儒林公分有，淋漓难得笔如椽。”意思是褚少孙补司马迁的《史记》，但他缺少司马迁那样的大手笔。唐代宰相王玙喜好为人作碑志，送稿酬的人误敲了右丞相王维的门；王维说，“大作家在那边”[②]。钱钟书通过用典委婉地说明自己并未写过那样的文章。

---

① 钱钟书《不够知己》，载 1935 年 6 月《人间世》第 29 期。

② 见《卢氏杂说》。

大作家是温源宁，而不是钱钟书。但是，钱钟书却在书评中不住地剖解温源宁书的国外根源。他认为温源宁的书名 *Imperfect Understanding* 极像兰姆（Lamb）小品文的名字 *Imperfect Sympathies*。又说，从体裁和方法来看，温源宁的书脱胎于夏士烈德《时代精神》（*The Spirit of the Age*）一书，因为温先生所具有的“轻快、甘脆，尖刻，漂亮中带些顽皮”[①]的风格常常使人想到夏士烈德。而且，两本书“同样地从侧面来写人物，同样地若嘲若讽，同样地在讥讽中不失公平”，二者“在风格上还有一种极微妙的相似，好比父子兄弟间面貌的类似，看得出，说不出，看得出，指不出，在若即若离之际，表现出它们彼此的关系。当然，夏士烈德的火气比温先生来得大，但温先生的肌理（tex-ture）却不如夏士烈德来得稠密”[②]。

钱钟书自谦不是大作家，但是大作家温源宁所读过的书以及肚子里的墨水却早已为钱钟书看透。他赞赏温先生“在论人之中，隐寓论文，一言不着，涵意无穷”，“名言隽语，络绎不绝”[③]，其中为徐志摩、梁遇春和吴宓等人所作的小传，都十分精到。

温源宁没有深入钻研翻译理论，但钱钟书总不想放过

---

① 钱钟书《不够知己》，载 1935 年 6 月《人间世》第 29 期。

② 同上。

③ 同上。

思考这一问题的任何一个机会。一天，钱钟书的灵思突然被柯勒律治的诗句触动，于是，他由迷雾想到了文学作品中的隔雾看花，由隔雾看花又想到王国维《人间词话》中的不隔，由《人间词话》中的不隔，又想到文学翻译中的不隔。

何谓不隔，王国维认为，“语语如在目前，便是不隔”。钱钟书认为，在艺术化的翻译（translation as on art）里，不隔是指与原文的风度不隔，因为翻译所忌讳的是译者自己在原作和译文之间所造成的烟雾，使读者看不清楚原作的本来面目，这一点在钱钟书读过的安诺德《翻译荷马论》中已说得极明白了。同样，在翻译化的艺术（art as a translation）里，所谓“不隔”需要“假设一个类似于翻译的原文的东西。这个东西便是作者所想传达给读者的情感、境界或事物，按照‘不隔’说讲，假使作者的艺术能使读者对于这许多情感、境界或事物，得到一个清晰的、正确的、不含糊的印象，像水中印月，不同雾里看花，那么，这个作者的艺术已能满足‘不隔’的条件了”。[①]

温源宁用他那支生龙活虎之笔使得中国的几个名人“历历如在目前”，故能赢得众多的读者。钱钟书认为，好的文艺作品，都能使人们读着像身经目击一样，人们专注于身经目击本身，以至于对身所经目所击的对象之性质，反而

---

① 钱钟书《论不隔》，载 1934 年 7 月《学文》月刊第 1 卷第 3 期。

不太深究了，这就是不隔。不隔首先是一望而知，其次是导引人们钩深致远。“不隔不是一桩事物，不是一个境界，是一种状态（state），一种透明洞澈的状态”，“在这种状态之中，作者所写的事物和境界得以无遮隐地暴露在读者的眼前。作者艺术的高下，全看他有无本领来拨云雾而见青天，造就这个状态”[①]。不隔并不是要把难解的东西写得易解，把深沉的东西写得浅显。在不隔所造就的状态中，原来浅显的现在依然浅显，原来深沉的现在依然深沉，原来糊涂的现在依旧显得糊涂。“雾里看花当然是隔，但是，如不想看花，只想看雾，便算得‘不隔’了。”“‘犹抱琵琶半遮面’似乎半个脸被隔了，但是假使我们看得清半个脸是遮着，没有糊涂地认为整个脸是露着，这便是隔而不隔”[②]。

钱钟书既论及文艺中的不隔，又论到翻译中的不隔，还论到艺术化的翻译和翻译化的艺术中的不隔。在艺术化的翻译里，隔与不隔有原作可以比照；在翻译化的艺术里，隔与不隔的标准就只能靠读者的心情去评判了。如果译作能够满足读者之心，使他们“历历如睹”，如心之所欲言，这就是不隔了。

---

① 钱钟书《论不隔》，载 1934 年 7 月《学文》月刊第 1 卷第 3 期。

② 同上。

和郭绍虞论复古

郭绍虞，原名郭希汾，字绍虞，后以字行。江苏苏州人，年长钱钟书 17 岁。1927 年，当郭绍虞在北京燕京大学中文系任教授时，钱钟书还在无锡辅仁中学读高中。郭绍虞一边教书，一边刻苦钻研中国文学批评史，在 1934 年，出版了《中国文学批评史》一书。这部著作大规模地收集了中国古代文论批评的许多资料，并轮廓分明地写出了每个历史阶段文论批评发展的概况，及其前后的继承与革新关系。该书的出版，得到了学术界的重视，并因此引得国内一些大学中文系开设中国文学批评史课程。1955 年该书再版时，郭绍虞又进行了修订和改写。

尽管从高中到大学再到任教光华大学钱钟书一直对中国文学、文论保有兴趣，也在一些刊物上发表过几篇这方面的文章，但二十四五岁的钱钟书在当时还写不出像郭绍虞那样的专著，他此时正在教书、恋爱、写诗，并且准备出国。

钱钟书总是嫌自己“书看得太少”，赶不上所生活着的“善产的时代，一九三四年大作早已上市，自己还在看一九三三甚至一三九三的东西”[①]。钱钟书爱读新书，当他刚看到一本国内翻译出版的《马克思传》，就立刻向读者推荐说：这不是一本拍马屁的书，书中写马克思“不通世故，善于得罪朋友，孩子气十足，绝不像我们理想中的大胡子。又分析他思想包含英法德成分为多，极为新颖”。

郭绍虞大作的上册刚一问世，钱钟书亦很快买来读了，随即在《大公报·文艺副刊》发表《论复古》一文，表达自己在读了郭先生著作后的感想。郭绍虞也不含糊，他在读了中书君的大作后，很快也写成《谈复古》一文，七天以后发表在同一报刊上，以自己新的感想，来回应对方的感想。复古的问题时间长，头绪多，说起来一言难尽，为了以简驭繁，我们将郭、钱二人的论旨以对话形式出之。

钱钟书说：“我的文章不是要批评您，也不是为复古辩护，更不是反对复古，虽然您可能是不甚许可复

---

① 钱钟书《马克思传》，载1935年1月5日《人间世》第19期。

古的。”[1] 郭绍虞说：“我对复古的看法，在我所写书的二一六页已说过，‘复古的结果，正可以创造一种新文学’。在二四六页也曾说过，‘这样的取法于古，是革新而不是返旧’。这种话，固然说不上‘不甚许可复古’，然而却也不是古典主义的信徒，只是就事论事而已。”[2]

钱钟书说：“您所写书的第三页也明确地说，文学观念经过两汉魏晋南北朝两个时期的演进，渐归于明晰，可紧接着又出现逆流，一再复古。第八页也说，复古和卫道观念阻碍了纯文学的进行。第十页还说，历史上的事实总是进化的，无论复古潮流怎样震荡为逆流，而此逆流未尝不可作为进化历程中应有的步骤。藐视复古是极时髦的，我学不像时髦，是我的不幸，但我能分析一些事实，看能得到什么启示，是否可以对复古能采取和您一样的态度。”[3]

郭绍虞反问道：“我是学时髦吗？我是为学时髦而敌视复古吗？近人反对文以载道，对于道学家文论往往一笔抹煞，我在三五〇页认为此不足为论，因为道学家文论不管怎样趋于极端或不合现代潮流，而他们

① 参见钱钟书《论复古》，载《大公报·文艺副刊》第111期，1934年10月17日。
② 参见郭绍虞《谈复古》，载《大公报·文艺副刊》第112期，1934年10月24日。
③ 参见钱钟书《论复古》，载《大公报·文艺副刊》第111期，1934年10月17日。

在文学批评史上的地位总是不容抹煞的。又在三五一和三七二页分别说，宋儒读书解经的特色，也是他们论文的特色，这些特色较之一般诗人之论更有独到之见。至于唐宋古文家的文论成就，我更是随文表扬，这里何尝有丝毫的藐视成分。”[1]

钱钟书说：“您在第三〇一页说，凡是作家，没有不知新变的。刘煦不主尊古、不主法古，站在史家的立场上批评文学，当然能知文学的进化，而不为批评界的复古潮流所动摇了。我想提出讨论的是，在第四页，您似乎主张文学要从外形来认识，顺此逻辑，魏晋南北朝的文学观念当然是正确的了。”[2]

郭绍虞说：“我是主张魏晋文学观念吗？恐怕未必如此。[3] 我对中国文学批评的发展做了这样的划界：从周秦到南北朝是文学观念演进期；从隋唐到北宋，是文学观念复古期。前一时期的批评风气偏于文，重在从形式上去认识文学；后一时期的批评风气又偏于质，重在从内容上去认识文学。[4] 所谓外形内质问题，我只是意谓魏晋较重外形方面，唐宋较重内质方面，何

---

① 参见郭绍虞《谈复古》，载《大公报·文艺副刊》第112期，1934年10月24日。
② 参见钱钟书《论复古》，载《大公报·文艺副刊》第111期，1934年10月17日。
③ 参见郭绍虞《谈复古》，载《大公报·文艺副刊》第112期，1934年10月24日。
④ 郭绍虞《中国文学批评史》第2页，新文艺出版社，1955年，上海。

曾说过文学要从外形来认识。我书中所谓顺流、逆流，没有褒贬的意思”。[①]

钱钟书说：“您说您没有褒贬，可我从您的文句里看出您在褒贬。在您书的第三页，我不大明白，好像是说杂文学外形虽和纯文学一样美丽动人，但却不是立足于正确的文学观念。而纯文学所立足的正确文学观念，并不在美丽的外形，而在于内质的侧重于情。说来说去，似乎又回到郭先生所不甚赞成的复古派那里去了，还是从内质来认识文学，不过是将内质的内容从道换成情了。您的书中好几个地方似乎都在扮演一种矛攻盾的武艺。”[②]

郭绍虞说：“我在总论中，只就大概而言，什么内质呀，外形呀，完成呀，复古呀等等，都是不甚恰当的名词，之所以如此使用，仅仅是强为之名而已。假如把这些都当成以矛攻盾的武艺，我也不明白。”[③]

这一老一少两位学者相互辩难，大概谁也没有说服谁。郭绍虞在中国文学批评史领域辛勤耕耘了那么多年，一部资料丰富的书，并没有在体系上用多少工夫。钱钟书敏锐地看

① 参见郭绍虞《谈复古》，载《大公报·文艺副刊》第112期，1934年10月24日。
② 参见钱钟书《论复古》，载《大公报·文艺副刊》第111期，1934年10月17日。
③ 参见郭绍虞《谈复古》，载《大公报·文艺副刊》第112期，1934年10月24日。

出了书中的不足，这丝毫没有什么可奇怪的。况且，郭绍虞和钱钟书治学方法有明显不同。郭绍虞说，“我总想力避主观的成分，减少武断的论调，所以对于古人的文学理论，重在说明而不重在批评”，以便“保存古人的面目”[①]。对于郭先生的这种表白，钱钟书不会有太多的异议。但是，郭绍虞在书中对此到底实践到什么程度，这就很难说了。实际上，他在和钱钟书论辩时，为了证明自己持论公平而申述道：“所以道学家之讥古文家为倒学者，我为古文家辩护，近人之讥道学家言载道者，我又为道学家辩护。我只看到各人各种理论之长，绝不欲吹毛而求他的疵。我不悬着一个尺度，依着自己的好恶来定标准。”[②]

可钱钟书并不完全认同这种观点，他既不会喜欢无缘无故地去为某家某派辩护，也不会笼统地反对尺度，他所反对的是他认为不正确的尺度和前后矛盾的尺度。因为尺度是少不了的，即使是一部资料性的书，作者选什么，不选什么，也应该是有尺度的。

在和郭绍虞论复古时，钱钟书的古代文论知识未必有郭绍虞多，但钱钟书作为一个勇于进取的年轻学者，其视野比郭绍虞开阔。郭先生在谈文学的进化时，喜欢将演进作为

① 参见郭绍虞《谈复古》，载《大公报·文艺副刊》第112期，1934年10月24日。
② 同上。

顺流，复古作为逆流。钱钟书认为文学的进化不等于事实的进化。事实的进化只遵循由简而繁，由单纯而错综之规律，而文学的进化在事实中有一个价值因素在内。“柏拉图的模型，它永远存在，无始无终，不生不灭，根本上就无时间性，更何所谓古和今。”“在无穷尽、难捉摸的历史演变里，依照自己的好恶来定顺流、逆流的标准——这也许是顶好的个人主义，不过，无论如何，不能算是历史观。有历史观念的人，当然能知文学的进化；但是，因为他有历史观念，他也爱恋着过去，他能了解过去的现在性（the presentness of the past），他知道过去并不跟随撕完的日历簿而一同消逝。”[①] 论复古不能就复古谈复古，钱钟书站在价值论的历史高度，就过去的现在性论复古，这种更为深刻的观点可惜没能引起郭绍虞先生的注意。

---

① 参见钱钟书《论复古》，载《大公报·文艺副刊》第111期，1934年10月17日。

与吴宓诗文往来（一）

吴宓，字雨僧，陕西泾阳人，年长钱钟书16岁。20世纪30年代，他一直是钱钟书的良师益友。吴宓曾以人中之龙推崇陈寅恪和钱钟书，其实，在人中之龙的行列中，他也是其中一个。吴宓1919年在美国哈佛大学结识陈寅恪，1926年邀请陈寅恪任清华国学院导师。吴宓毕其一生，都把陈寅恪当作自己的良师益友，正如钱钟书始终将吴宓看作良师益友一样。自五四运动以来，新文化运动对传统否定较多，与此相反，古典主义学派则强调不亢不卑地继承传统。陈寅恪、吴宓、钱钟书正是相继站在同情古典主义学派的立场上。

罗家伦先生对钱钟书一直是很器重的，一直到光华大学时期，钱钟书和他还有书信来往。1934年，钱钟书给罗家伦的信中说："闲居无事，戏作论师友绝句八首，别纸录奉一笑，不足为外人道。近作小文一首，堪为前论中国旧诗文作注脚，并奉覆瓿之用。第一首陈丈石遗，第三首吴师雨僧。"①

钱钟书写给吴师雨僧的诗云："亚椠欧铅意欲兼，童牛角马漫成篇（又作：闲情偶赋不妨禅）；南华北史书非僻，辛苦亭林自作笺。"诗后注："'亚椠欧铅'乃梁任公《诗中八贤歌》论严几道语。亭林事只见《小仓山房尺牍·与杨兰坡》。吴师以学人而为诗人，又通天人之故，与宁人相似，又好自注，故云。"梁启超称赞严复的诗句是："哲学初祖天演严，远贩欧铅搀亚铅。"钱钟书所谓"亚椠欧铅意欲兼"是说吴宓所走的是中西结合的道路；所谓"南华北史"是说吴宓学问兼通南北，不拘京派或海派。在这一点上，钱钟书和吴宓是同道中人。

20世纪30年代，世人多以为吴宓是"以维护中国旧礼教为职志"的"儒教孔子之徒"。吴宓对此不以为然，他著文说："宓所资感发及奋斗之力量，实来自西方"，"宓爱读《柏拉图语录》及《新约圣经》。宓看明希腊哲学、基督教为西洋文化之二大源泉"是"西洋一切理想事业之原动力"。"宓亲受教于白璧德师及穆尔先生"，"间接承继西

---

① 罗厚《钱钟书书札书钞》二，收《记钱钟书先生》一书，大连出版社，1995年。

洋之道统，而吸收其中心思想。宓持此所得之区区以归，故更能了解中国文化之优点与孔子之崇高中正。”①

在光华大学任教时，钱钟书和吴宓一直保持书信往来。钱钟书在给吴宓的一封信中坦陈，吴宓“孤标高格，而伤心人别有怀抱，尤具有亚里士多德所言悲剧主角之资格”。吴宓《空轩诗话》第19则自注说：“钱钟书君及郭斌和君，尝谓宓为悲剧之主角，宓甚感且喜。”吴宓深知，“西洋文学中所谓悲剧中之主角”，如Hecter，都是“志行均合于理想道德”，但结果都以失败告终。吴宓后来在《赋赠钱君钟书即题〈中书君诗〉初刊》中特别点明自己是“悲剧终场吾事了”。此谶语在1978年1月17日吴宓于贫病交加中惨死时得到了印证。

钱钟书有诗回赠吴宓，其题云《雨僧师赐诗，奖饰溢分，以余谓师孤标高格，而伤心人别有怀抱，大类希腊古悲剧中主角，乃云“悲剧终场吾事了”，感呈一首》：“独行开径古争强，我法凭人说短长。有尽浮生犹自苦，无穷酸泪请谁偿。身同孤注伤徒掷，情入中年忏莫忘。捣麝成尘莲作寸，饶能解脱也凄凉。”

要读懂钱先生的这首诗，必须对吴宓的人格有深刻的理解。吴宓的人格可以从道和情两个方面来认识，所谓

---

① 吴宓《空轩诗话》第24则。

“道”，用吴宓的话来说，被称为“外阳”，主要表现于功业、道德、思想和责任诸方面。吴宓是一个很勇敢的人，具有道德责任感和事业心，当“新文学运动”像潮水般涌来时，他不为所动，继续一意孤行着他自己所谓理想的事业，所以钱钟书说他“独行开径古争强，我法凭人说短长”。吴宓一贯主张“昌明国粹，融化新知”，他自己以此著文、主办刊物，但是1933年，他主编了近12年的《学衡》杂志，因经费短缺停办，《大公报·文艺副刊》亦改版，主编易人。同年7月，吴宓十分敬爱的美国人文主义大师白璧德逝世，而在此之前两个月吴宓情如手足的挚友吴芳吉（碧柳）亦病殁。所谓“有尽浮生犹自苦，无穷酸泪请谁偿”，正迎合了吴宓事业上的这些酸甜苦辣之事。

所谓“情”，用吴宓的话来说，被称为“内阴”，主要表现于生活、婚姻、恋爱、情感等方面。在钱钟书看来，吴宓在生活中从来就是一位不惜笔墨、吐尽肝肠的作家，他当众洗脏衣服，不断地鞭挞自己，对读者推心置腹，展示他那颗血淋淋的心。按理说，对于这样一位坦诚相见的人，他的朋友应该很多，但实际上，吴宓的朋友并不多，亲朋故友中真正能了解吴宓的人更少，即使有了解他的人，却也未必愿意赞助他。所以，吴宓常常慨叹自己“于道于情，皆痛感失败与孤危”。[1] 钱钟书所谓“身同孤注伤徒掷”说的也是这种意思。

在哈佛大学留学时，吴宓与陈寅恪、汤用彤最为友善。一日，言及婚姻问题，汤用彤说：“婚事宜对症下药，只有情人眼里方可出西施；真能自爱者，乃能爱人；知足者乃有家庭之乐。君子随遇而安，纵有弱水三千，吾只取一瓢饮。”陈寅恪申言说：“娶妻只是吾辈生涯中一桩小事。娶妻不如人，何耻之有？学德不如人，才是吾之大耻。吾辈唯恐学志不大，而不斤斤计较于钻营美妻。”吴宓同意二位朋友的观点，但其思想更为厚道，他说：“我论婚事，专取‘宁人负我，毋我负人’之主张。”[2]

也就是在他们讨论婚姻问题的同时，吴宓经清华丁巳级留美同学陈烈勋介绍，与浙江省立女师毕业生陈懿（字心一）订婚。吴宓开始并不认识陈懿，只知其是自己留美老友朱君毅的未婚妻，毛彦文的同学，便经朱君毅托毛彦文探听，得知陈懿倾慕自己，“果出于诚心，实有其情”，于是便在1921年8月回到上海后即与她结婚。婚后几年，吴宓未有负陈女士之行。但是，1928年，吴宓对朱君毅撕毁长达十多年的婚约，弃毛彦文女士而另娶感慨不已，他利用

① 吴宓《空轩诗话》第24则。

② 吴学昭《吴宓与陈寅恪》引《雨僧日记》。

暑假去南方旅行之机欲取双方通信，以便作为今后创作小说的材料。然而，正是在此时吴宓由同情毛女士而渐渐转入爱慕毛女士。1929 年，吴宓与陈懿女士离婚。钱诗中“身同孤注伤徒掷，情入中年忏莫忘。捣麝成尘莲作寸，饶能解脱也凄凉”正是对吴宓上述本事的描述。

吴宓是一个内心生活矛盾的人，按他的婚姻观，他不应该抛弃陈女士。当他以实际行动去同情并且爱慕毛女士时，陈女士却被他抛弃了，吴宓认为，他的行为“本于真道德真感情，符合人文主义”[①]。吴宓意想不到的是，毛女士最终并未接受他的同情和爱慕，后来嫁给了一位比她年长 33 岁的老人。这样一来，吴宓便从一位负人并抛弃人的人，又变成了一个被负并且被抛弃的人。钱钟书“捣麝”句来自温庭筠《达摩支曲》:“捣麝成尘香不灭，拗莲作寸丝难绝。”爱情是永远不可能扑灭的，但吴宓的爱情落得如此结果，难道还不够凄凉吗?

① 吴学昭《吴宓与陈寅恪》。

与吴宓诗文往来（二）

1934 年到 1935 年，钱钟书在上海投入许多精力用于写诗，《槐聚诗存》中所录的诗就是从这两年开始的。北京的吴宓在 1934 年也将课余时间的很大一部分花在编辑他的诗集上。1935 年 5 月，《吴宓诗集》由中华书局出版，7 月，钱钟书收到了该书局寄给他的一本赠书。

吴宓的《忏情诗》见诸报刊后，时人对此事议论纷纷，其中颇多尤谤之语，吴宓来信向钱钟书诉说自己的苦恼，钱钟书作七言绝句一首对老师大加解劝："中年哀乐托无题，想少情多近玉溪。一笑升天鸡犬事，甘随黄九堕泥犁。"佛教典籍曾说黄庭坚因写情诗坠入泥犁，但《楞严经》中也有"想多情少，轻举匪远"的话，可见情是不可少的。吴宓将忏情诗写得和李商隐的《无题》诗一样缠绵、婉转，在钱钟书看来，这没有什么不妥的。至于世人评三道四，说长评短，作者应心胸旷达，大可不必理会。

1934 年寒假期间，吴宓作《空轩》诗 12 首。车有轓曰轩，轩是夫人所乘车。吴宓题名曰《空轩》，显然依旧在思念着毛彦文。《空轩》诗第一首写道：“空轩冷月对梅花，往事回环梦影斜。始信情场原理窟，未甘术取任缘差。书成玉女堪为伴，尘海汹涛好泛槎。收拾闲心归正业，已忘身在况思家。”[①] 在吴宓一方，一乘华车热切地盼望着毛女士乘坐，但毛女士冰冷得像一朵冬梅没有回顾，正所谓“空轩冷月对梅花”，往事如烟，梦孤影单，失败与孤危接踵而来。吴宓的心态虽然不佳，但大致还算平静，“书成玉女堪为伴”，读书人有精神寄托，在汹涌的尘海中碰了壁，不妨又回到书本中来。“收拾闲心归正业”中，所谓“闲心”，指恋爱和婚姻，所谓“正业”，指书本和学问。前文之“人中之龙”大概都把读书、做学问摆在第一位，陈寅恪认为“娶妻仅生涯中之一事，小之又小者耳。轻描淡写，得便了之可也”。吴宓虽“本性浪漫”，但亦认为恋爱、结婚“费时费力”，吴宓到底在他的意中人毛彦文那里用了多少工夫，恐怕谁也说不清楚。

最值得相信的，依旧是吴宓的诗句。“始信情场原理窟，

---

①《国风》半月刊第五卷第二期。

未甘术取任缘差”是最值得回味的。吴宓抛弃了陈女士之后，使他在社会和心理两个层面上承受着负心人的巨大压力。在对待毛彦文的爱情上，吴宓似乎未做任何亏心事，他坠入情网没有问题，但他那浓烈的感情依旧在理性控制中，从始到终他都将情场作为藏理之窟，以理性对待此事。吴宓已经是中年人，有过妻子孩子，他情场中的经验应该是比较丰富的，但却依旧天真得像个孩子，“未甘术取任缘差”，所有的一切全都融会到这七个字里边了。书生气十足的吴宓不得不因自己的书生气来吞食失恋这枚苦果，而失恋之苦果又在书生气中孕育出朴茂的诗句。吴宓终于以实际行动兑现了他那富有诗意的一生。

和吴宓形成鲜明对照的是钱钟书。正当吴宓在品尝失恋的况味时，钱钟书却在饱食着热恋中的甜蜜。两人也因此而作诗寄情，吴宓作《空轩七律十二首》，发表于《国风》半月刊五卷二期；钱钟书作《北游纪事诗二十一首》，发表于同一刊物的四卷十一期上。吴、钱二人的诗作记录了各自的心声和情调，吴宓的情调偏于沉重、凄苦，而钱钟书的情调偏于欢快、轻松。

钱钟书有一首诗表达了自己对人生姻缘的看法：“百年树木迟能待，顷刻开花速岂甘；各有姻缘天注定，牵牛西北雀东南。”诗末小注：“题雨僧师《空轩》诗后，余最爱其‘未甘术取任缘差’一语，未经人道。”吴宓用自己一段苦涩的人生所熔铸成的一句诗终于在钱钟书那里遇到了知音，但钱钟书对自己老师的整首诗并不都喜欢，他只钟情于这一句诗。钱钟书认为，假如你看不出这句诗的质朴美丽，只能证明你缺乏品位；假如你看不出它的哀婉沉重，只能证明你不太敏感；这句诗足以补偿吴宓先生在诗歌创作上所犯的任何错误。

钱的观点吴宓未必会全部认同。一个诗人写下一首八句诗，宛如一个母亲生下八个儿女，到底哪个儿女长得更俊俏些，孩子的父母可能和外人有不同看法。以吴宓的《空轩》诗为例，钱钟书最喜欢“未甘术取任缘差”，而吴宓本人也许最喜欢“空轩冷月对梅花”。吴、钱二人是志同道合者，但其诗趣喜好依旧难于一致。吴宓崇尚唐诗，钱钟书审美趣味偏于宋诗，故二人论诗有凿枘不合之处。

吴宓认为，“黄公度先生乃近世中国第一大诗人”。“黄先生精力弥满，学识广博，通古今中外之故，大而政治宗教，小则民俗琐事，莫不熟知深解，取用入诗，故其诗材料精宏，新颖而充实。黄先生以新材料入旧格律之主张，不特为前此千百诗人所未能言，所未敢言，且亦合于文学创造之正轨。”[①] 在志同道合的意义上，钱钟书亦肯定黄公度“五古议论纵横”“歌行铺比翻腾”，其诗为“奇才大句，自为作

① 吴宓《空轩诗话》第 19 则。

手”[①]。在艺术鉴赏上，钱钟书认为，《人境庐诗》“取径实不甚高，语公而格卑；伧气尚存，每成俗艳”。诗贵“赡而不流”，但公度赡而未免于流。公度能用诗“说西洋制度名物，掎摭声光电化诸学，以为点缀，而于西人风雅之妙，性理之微，实少解会。故其诗有新事物，而无新理致”[②]。

吴宓认同黄公度的这种变化，而钱钟书认为黄公度的变化“有新事物，而无新理致”。“近人论诗界维新，必推黄公度”，“凡新学而稍知存古”“旧学而强欲趋时者，皆好公度”，但诗界革命的含义不应该仅仅是“驱使西故”[③]。吴宓反问道：“新学而稍知存古，亦大佳事，你持论不是太苛刻了吗？”[④]钱钟书的持论的确非常苛刻，曲高和寡，连自己的同道者也有些跟不上了。但惟其苛刻，所以严格，所谓“人中之龙”在钱钟书那里登峰造极，其个中奥秘正在于此。

---

① 钱钟书《谈艺录》第24页，中华书局，1984年出版。

② 同上。

③ 同上。

④ 参见钱钟书《谈艺录》第347页。

婚后携妻赴欧洲

钱钟书在上海光华大学教了两年书，至 1935 年，已可以参加教育部第三届庚子赔款公费留学资格考试。大约在钱钟书读清华时，英国与中国政府达成协议，退还庚子赔款，设立英庚款董事会，以此款所得利息资助中国学生去英国学习。在钱钟书之前，留英公费生考试已举办过两届，钱钟书参加的是第三届，考试时间是 1935 年 4 月，当时有 290 人报名，262 人应考，24 人被录取。所录取的人中，纺织专业最多，有 4 人；其次是数学、物理、地理、医学、畜牧、造船、工业化学和航空工程，各 2 人；最少的是法律、园艺、西洋史和英国文学，各 1 人。

所录取的人中全部为男性，江苏籍 8 人中有 3 个人来自无锡，学理工的张文裕、钱宝钧后来都成为著名科学家。

钱钟书在表格中所填内容为“年龄:25岁；学科：英国文学；学历：清华大学外语系文学士；现教职：光华大学讲师；保证人：光华大学副校长朱公瑾。”钱钟书所考分数总平均分为87.95分，为历届最高，后来举行的五届考试，其成绩未有逾75分者。钱钟书所报考的专业只录取了钱钟书一人，但报考的人很多，甚至还有许多有竞争力的人在听到钱钟书报考后，吓得不敢去报考了。考试结果不出人们所料，其余的人都成了“陪太子读书”。

钱钟书将出国考试成功的消息告诉杨绛，希望她能够与自己一道赴英留学。杨绛这时即将毕业，还剩一门课需要考试，为了能提前与未婚夫结婚并出国，她同老师商量，终于用论文代替了考试，从而提前一个月结束了在清华大学的学业。

1935年5月10日，陈石遗过八十寿辰，苏州胭脂桥寓庐大摆酒宴，四面八方前来祝寿者不下数十人，其中有章太炎、李拔可、黄秋岳、昌鹤亭、金松岑、龙榆生、张默君、范烟桥等人。章太炎、李拔可和叶誉虎写来祝寿诗，钱基博奉上一篇《陈石遗先生八十寿序》。在“登堂拜寿”的行列中，钱钟书是小字辈人物，但其才气令誉亦使众人不敢小视。席散告别，陈衍翁动情地拉着钱钟书的手说：“子将西渡，予欲南归，残年远道，这辈子恐怕没有机会再见面了！”言罢伤感。钱钟书安慰道：“您老有金石之坚，松柏之寿，千万要善自珍重。”老人释然意解。[①]

这年6月的一天，杨绛收拾行李告别母校清华，乘车从北平赶回南方老家。当时她家在苏州，杨绛的父亲午睡时做了一个女儿回家的梦，睁眼醒来，问杨绛母亲女儿在哪儿，逗得杨绛的母亲直笑。继续睡觉，左睡右睡，怎么也睡不着了，谁知过了不久，杨绛果真回来了，并将自己打算结婚及与钱钟书一同出国的事告诉父母。父母亲理解女儿的心情，也赞成她和钱钟书的决定。

1935年夏天，钱钟书与杨绛正式举行婚礼[②]。这一天是双方老人按照传统的习惯为儿女们选定的“黄道吉日”，尽管它是一年中天气最为炎热的日子。钱、杨两家都是江南地区声势显赫的名门望族，自是招来许多亲朋好友。同学中有陈梦家和赵梦蕤夫妇。无锡国专校长唐文治奉献昆曲助兴。才度过八十华诞的陈石遗先生亦来祝贺。杨绛的三姑母杨荫榆也赶来吃喜酒，不过，她所穿的“白夏布衣裙和白皮鞋”却让众贺客大吃一惊，以为她是为谁披麻戴孝来了。[③]

婚礼在热烈的气氛中进行。钱钟书身穿黑色礼服，白色衬衣，脚着闪亮的皮鞋。杨绛也着意进行了梳妆打扮，

① 参见钱钟书《石语》第29页。

② 钱钟书与杨绛举行婚礼的地点说法不一。孔庆茂《杨绛评传》说：“在苏州举行了婚礼。”李洪岩《钱钟书与近代学人》说：“在无锡七尺场钱府举行正式婚礼。”

③ 杨绛《回忆我的姑母》，收《杨绛作品集》。

身穿长裙拖地婚纱。新郎和新娘彬彬有礼地为众宾客斟酒。只是天气太热，入座的人都像是从蒸笼里出来似的，个个汗流满面；“新人、伴娘、提花篮的女孩子、提纱的男孩子”，也“一个个都像刚被警察拿获的扒手”。[①] 钱钟书婚礼上的经历，后来被写进小说《围城》，“曹元朗穿了黑呢礼服，忙得满头是汗”，“白硬领圈，给汗浸得又黄又软”。杨绛嫁到钱家后，钱基博知道她是猪年所生，就特意从自己的古玩中挑出一个铜猪符送给儿媳，祝愿他们吉祥如意，白头到老。

婚后不久，钱钟书携杨绛踏上了求学的征途。二人乘火车由无锡东行，经过苏州，车停在月台旁，钱钟书不由得向胭脂桥方向望去，同时又想起陈衍“子将西渡，予欲南归”的话，心里正在惆怅，忽见坐在自己身边的杨绛已经泪流满面，便急忙用手绢替她擦泪。原来杨绛想到了住在苏州的父母，她感应到父亲正在和母亲一起念叨自己，母亲对父亲说，“我这一辈子恐怕再也见不到阿季了！”火车徐徐开动，从此以后，钱钟书果真再也没有看见过陈衍，而杨绛亦再没有看见过自己的母亲。

钱钟书夫妇在海上航行了足足一个月，穿风破浪，至伦敦又遇霜露，尽管旅途疲倦，但终于抵达目的地牛津大学

---

① 杨绛《钱钟书与〈围城〉》。

爱克赛特学院（Exeter College）了。其时，堂弟钱钟韩已经在伦敦帝国理工学院研究生院学习两年了。弟弟钟纬也正在英国，兄弟相约来看哥嫂，钱钟书作诗描述道："见我自乡至，欣如汝返乡。看频疑梦寐，语杂问家常。既及尊亲辈，不遗婢仆行。青春堪结伴，归计未须忙。"[①]这里所描述的是兄弟亲情，但其文字意韵中依旧有陶、杜五言诗的风味。

中国学者留学欧美，在文科的范围内，除了学习西方文化以外，亦有学习东方文化的。例如，陈寅恪就曾在美国哈佛大学随 Lanmen 学习梵文与巴利文 2 年，在德国柏林大学随 Lueders 学习梵文及巴利文近 5 年，他还曾学过蒙古文、藏文、满文等语言。再譬如，向达（觉明）1935 年到伦敦后，便在牛津大学图书馆和大英博物馆东方部抄录并整理敦煌卷子，找出 12 册《永乐大典》研读，又到德国翻阅并抄录被掠去的《太平天国文书》。《围城》中写道："方鸿渐到了欧洲，既不抄敦煌卷子，又不访《永乐大典》，也不找太平天国文献，更不学蒙古文、西藏文或梵文。4 年中倒换了三个大学，伦敦、巴黎、柏林；随便听几门课，兴趣颇广，心得全无，生活尤其懒散。"这种描写正有钱钟书阅历中的一些蛛丝马迹。

早在数年以前，叶公超先生曾对钱钟书说："你应该去

---

①《伦敦晤文武二弟》。

牛津！”经过数年奋斗，钱钟书终于如愿以偿地来到了牛津。牛津园何如？钱钟书写道：“绿水疏林影静涵，秋容秀野似江南。”[①] 在清华园里，他曾有过“横扫清华图书馆”的狂言，在牛津园里，他还能横扫牛津博德利图书馆吗？这显然是不可能的，因为博德利图书馆不但历史悠久，而且藏书量亦大得令人难以想象。钱钟书戏译博德利为饱蠹楼，他这个书籍“蠹虫”在这里大可畅饮饱餐，反而对牛津大学所开的一些古板枯燥课程不感兴趣。在饱蠹楼里，钱钟书将“精微深奥的哲学、美学、文艺理论等大部著作，像小儿吃零食那样吃了又吃，厚厚的书一本本渐次吃完，诗歌更是他喜好的读物。重得拿不动的大字典、辞典、百科全书等，他亦挨着字母逐条细读。他看书常做些笔记”。[②]

对于牛津大学的课程，杨绛说：“我只有一次见到他苦学。”那是版本和校勘课，要学生辨认 15 世纪以来的手稿，钱钟书对此毫无兴趣，结果考试不及格，暑假中他硬着头皮用功补课、补考，方才通过考试。钱钟书爱看小说，侦探小说、惊险小说他都读，读时一目十行，一天一本。他将此作为“休养脑筋”的一种方式，但常常“休养”得睡梦中手舞脚踢，“不知是捉拿凶手，还是自己做了凶手和警察打

① 《牛津园感秋》。

② 杨绛《钱钟书与〈围城〉》。

架”[1]。

在牛津大学，杨绛除了读书、旁听课程以外，还担负着照顾钱钟书的责任，“卷袖围裙为口忙，朝朝洗手作羹汤。忧卿烟火熏颜色，欲觅仙人辟谷方”。[2]神仙之道难寻觅，辟谷之方不可行，但钱钟书对杨绛的爱情以及感念杨绛的辛劳，却溢于言表。钱、杨二人孜孜于学，其英语水平和西学素养日渐提高。此时，牛津大学准备出版一套“东方哲学、宗教、艺术”丛书，钱钟书被聘为特约编辑。

---

① 杨绛《钱钟书与〈围城〉》。

② 《赠绛》。

与朱光潜谈交友

朱光潜，笔名孟实，安徽桐城人。年长钱钟书13岁，早于钱钟书十年留学英国，先入爱丁堡大学，四年后毕业，转入伦敦大学，同时在法国巴黎大学注册，后又入法国斯特拉斯堡大学，以论文《悲剧心理学》获文学博士学位。朱光潜博士学成回国的时候，钱钟书才从清华大学毕业。钱钟书从牛津到巴黎时，朱光潜正在北京和一些志同道合者创办《文学杂志》，自任主编。1937年1月30日，钱钟书将写成的《谈交友》一文寄回国内，投到朱光潜手中。朱光潜先生想必早已知晓钱钟书，况且钱钟书正鬼使神差般重复着朱光潜已经走过的路，所不同的是，朱光潜留学英法的时间长，所获学位亦高。朱光潜先生接到钱钟书的文稿后，便将其发表在5月1日出版的《文学杂志》创刊号上，并在“编辑后记”中说：“钱钟书先生在牛津，远道寄来他的《谈交友》。他殷勤在书城众卉中吸取精英来酿这一窝蜜，又参上兰姆与海兹尼特风格的芬芳。”

钱钟书谈交友，正如其论文谈艺，是站在中西结合的立场上的。西文所谓 friend，中文意谓朋友：“同师曰朋，同志曰友。”（《周礼·地官·大司徒》注）中文所谓友谊，是指朋友之间所存在的那种感情和关系。男女关系是人生的一种基本关系，如果一对男女之间发生了感情，那就不能一般地说他们之间有友谊，而应该说他们正在恋爱。钱钟书说：“假使恋爱是人生的必需，那末，友谊只能算是一种奢侈；所以，上帝垂怜阿大（Adam）的孤寂，只为他造了夏娃，并未另造个阿二。”[1] 恋爱像火焰一样贪婪，不停蔓延，可以将坚牢结实的材料化为灰烬，换来光明和热烈。情人虽是新的有趣，但朋友依旧是旧的好。友谊经过时间的磨蚀，好比水流过石子，把它洗琢得更光洁了。所以在老朋友、好朋友之间，极少发生厌倦的情绪，而且总是存在着一种难以满足的友爱。

《伊索寓言》中有一个蚂蚁和促织的故事，说的是冬天来了，蚂蚁把自己贮存的粮食拿到太阳下去晒，而促织却饿得快要死了。它向蚂蚁借粮，蚂蚁说：“在夏天唱歌作乐的

① 钱钟书《谈交友》。

是你，到现在挨饿，活该！”柏拉图在《菲得洛斯》篇中说，促织在进化中变成了诗人。钱钟书曾经言及这个故事，由促织想到了诗人的穷饿。他说：“坐看着诗人穷饿，不肯借钱的人，前身无疑是蚂蚁了。促织饿死了，本身就做蚂蚁的粮食；同样，生前养不活自己的大作家，到了死后偏有一大批人靠他生活，譬如，写回忆怀念文字的亲戚和朋友，写研究论文的批评家和学者。”①

能够借钱给朋友的人是够朋友的人，但人与人之间的友情却并非依靠金钱，就这种观点来说，西谚所谓“急需或困乏时的朋友才是真正的朋友”的说法是肤浅的。钱钟书的独特见解是：“我们有急需的时候，是最不需要朋友的时候。朋友有钱，我们需要他的钱；朋友有米，我们缺乏的是他的米。”我们本应该“需要真正的朋友，不过我们真正的需要并非朋友”而是朋友的钱米，“我们讲交情，揩面子，东借西挪，目的不在朋友本身，只是把友谊作为可利用的工具”。在我们穷急的时候，我们只看着朋友的钱米，而对于他们的风趣、襟抱和韵度，都无心欣赏了。虽然再清高的名士，都不可能“两袖包着清风，一口咽着清水”，饿着肚子去“倾听良友清谈”，但人们应该明白，“朋友的慷慨或吝啬，肯否排难济困，这是一回事；我们牢不可破的成见，以

① 钱钟书《读〈伊索寓言〉》，此文收入《钱钟书散文》，第 34 页。

为我和某人既有朋友之分，我有困难，某人理当扶助，那是另一回事”[1]。

钱钟书认为，尽管你有疏财仗义的朋友，但朋友的总是朋友的，你的总是你的，你不应该把朋友的看作你的，穷急告贷时，满口亲善；有求不遂时，便起了一层障膜。平日里极瞧不起、最不相干的人突然帮助了你，你在感激之余，立刻结为新交，将旧日里的友谊，立刻抛掉了。钱钟书慨叹说：“在困乏时的友谊，是最不值钱了——不，是最可以用钱来估定价值了！”[2]

中国人所谓“交”，西文意谓 Communicating。随着电气、电话、电脑的飞速发展，Communication 通过大众传媒已经把全球联为一体，但中国古人有感于社交中的势交和利交，曾经提出过一种《绝交论》[3]，后来又有人著《广绝交论》[4]倡导 No Communicating。钱钟书说：“我常感到，自《广绝交论》以下，关于友谊的诗文，都不免对朋友希望太奢，批评太刻，只说做朋友的人的气量小，全不理会我们自己人穷眼孔小，只认得钱类的东西，不认得借未必有，有未

① 钱钟书《读〈伊索寓言〉》，此文收入《钱钟书散文》，第 34 页。

② 同上。

③ 朱穆著。范晔《后汉书》曰：“朱穆，字公叔，为侍御史，感俗浇薄，慕尚敦笃，著《绝交论》以矫之。”

④ 南朝梁刘峻（孝标）著此文，见《文选》第 55 卷。

必肯的朋友。”[①] 中西方都有持沾光揩油交谊观的人，中国的雅人如张船山亦未能免此，西人古尔斯密（Gold-smith）更“想创造一种友谊测量表（philometer），以朋友肯借给他的钱多少，定友谊的高下”[②]。持这种观点的人，实际上是在物质周济和友谊之间画上了等号。

孔子主张：“益者三友，损者三友。友直，友谅，友多闻，益矣。”（《论语·季氏》）直谓心直口快，谅指诚实不欺，多闻者博学强记。孔子的意思，无非是说，“对于我们品性和知识有利益的人，不可不与结交”[③]。钱钟书认为，孔子的交友观，是一种“漂白的功利主义”，以此交友，其友谊亦难“巩固”。因为“大凡最自负心直口快，喜欢规过劝善的人”，如西方基督教中的善男信女，他们往往是“最受不起别人规劝”的人。在现实生活中，人们“不大能看见直谅的人彼此间会产生友谊”，这就像我们不大会看见两条平行线会相交一样。心直口快的人，常常会使性子骂人，但直谅的益友从不骂人，他们看到人的过失，绝不痛痛快快地骂，而是“婆婆妈妈的劝告”。“骂是一种公道的竞赛，对方有还骂的机会；劝却不然，先用大帽子把你压住，无抵

① 钱钟书《谈交友》。

② 同上。

③ 同上。

抗的让他攻击，卑怯不亚于打落水狗。”①

直谅的益友喜欢规劝人，所以，也喜欢人有过失，就像医生为了施展他手到病除的仁心仁术而总希望人生病一样。钱钟书在西方的生活使他更深地体会到了基督教社会下的“直谅”。他说：“基督教为善男信女设立天堂”，这对善男信女真是一个奇妙的刑罚，因为天堂里都是“无瑕可击、无过可规的善人”，善男善女们“直谅”的故技无法施展，致使“舌头因不用而起铁锈”，“心痒如有臭虫叮”②。

天堂里看来并不适合普通人居住。西人泰勒（A. E. Taylor）说他读了但丁《神曲·天堂篇》，“有一个印象，觉得天堂里空气沉闷，诸仙列圣只希望下界来个陌生人，谈话消遣”③。这话是可信的，因为“假使天堂好玩，何以但丁不像乡下人上城那样东张西望，倒失神落魄，专去注视琵雅德丽史的美丽的眼睛”④。天堂不像史文明（Swinburne）所说，是一个玫瑰园，里面到处都是妩媚的姑娘；天堂里大半都是些虔诚的老婆子、老和尚，还有一些残废的叫花子，如雷诺（Renan）《自传续编》等书所说。

钱钟书认为，“假使爱女人，应当爱及女人的狗，那末，

① 钱钟书《谈交友》。

② 同上。

③ 同上。

④ 同上。

真心结交朋友，应当忘掉朋友的过失”[①]。在朋友的过失里，都有一些未凿的天真。一些销毁不尽的个性和一些按压不住的原始冲动。过失有机地消融在朋友的性格里，“给他的品性产生了一种新的和谐，或者竟说是一种动人怜惜的缺陷，像古瓷上一条淡淡的裂缝，奇书里一角缺页，使你心窝里涌出加倍的爱惜”[②]。人们应该知道，即使“对于人类应负全责的上帝，也只能捏造——捏了泥土创造，并不能改造，使世界上坏人变好”，但世间却有一些“凡夫俗子，倒常想改造朋友的品性，真是岂有此理”[③]。

多闻的益友与直谅的益友同样靠不住。“见闻多，记诵广的人，也许可充顾问，未必配做朋友。”诗人的诗写得好，别人敬爱诗人，就因为他写了好诗，但人们喜爱诗人的好诗，并非一定要连带着喜欢上写出好诗的诗人。在巴黎，钱钟书曾经做过一次媒人。在钱钟书的朋友里，一位男士看上了一位女士，便怂恿钱钟书去为他撮合。钱钟书见到那位女士，声明来意，“第一项先说那位男朋友学问顶好，正待极合科学方法的数说第二项第三项，那位姑娘轻冷地笑道：假使学问好便该嫁他，大学文科老教授里为何有的是鳏夫？”[④]

---

① 钱钟书《谈交友》。

② 同上。

③ 同上。

④ 同上。

钱钟书认为，对于书，我们首先应当问，这种书是给什么人看的；对于人，我们首先也应当问，这种人能看什么书。多闻的“益友”有点像专看参考书的人，“多闻的人跟参考书往往同一命运，一经用过，仿佛挤干的柠檬，嚼之无味，弃之不足惜”。多闻的教师，“授完功课后的精神的储蓄，缩挤得跟所发讲义纸一样的扁薄了”。世界上没有一个人不在一些方面比我们知道得少，例如，“伦敦东头自告奋勇做向导的顽童，巴黎夜半领游俱乐部的瘪三，对于垢污的神秘”，就比我们“来得广博，若照多闻益友的原则，几个酒钱，还够不上朋友通财之谊”[①]。根据多闻原则产生出的友谊，其不稳固可想而知。

多闻注重数量的广博，但博学与博记不同。博记偏于记诵，记诵重在量的增减涨缩。博学偏于觉悟，觉悟既有量的广博，亦有质的深浅。唐代李渤问归宗禅师说：“芥子何能容须弥山？”禅师反问道：“学士胸藏万卷书，此心不过如椰子大，万卷书何处著？”李渤无言以对，而禅师的反问意在启发他，学士正是靠着觉悟将万卷书熔铸到心里去的。所以，钱钟书说：“大学问家的学问跟他整个的性情陶融为一片，不仅有丰富的数量，还添上个别的性质；每一个琐细

① 钱钟书《谈交友》。

的事实，都在他的心血里沉浸滋养，长了神经和脉络"[1]，这是一般人所学不会、学不到的。

能够给人身心利益的人，未必就是朋友。钱钟书认为，"真正友谊的形成，并非由于双方有意的拉拢"，而总是"带些偶然，带些不知不觉"的性质。"在意识层底下，不知何年何月潜伏着一个友谊的种子，咦！看它在心面透出了萌芽"，体会它在潜意识中茁壮成长，这种真正的友谊，只是一种渗透了身心的愉快，而不是直谅多闻。这种全身心的愉快会自动消除内心的鄙吝残忍，而不需要说教似的劝导。钱钟书深情地写道："在我一知半解的几国语言里，没有比中国古语所谓'素交'更能表出友谊的骨髓。一个'素'字把纯洁真朴的交情的本体，形容尽致。""中国古人称夫妇为'腻友'，也是体贴入微的隽语，外国文里找不见的。所以，真正的友谊，是比精神或物质的援助更深微的关系。"[2]君子之交淡如水，这种其淡如水的关系，用蒙田（Montaigne）解释他与拉博埃蒂（La Boetie）生死交情的话来说，就是"他是他，我是我"，用中国古语来说，就是贤达之间"历万古而一遇"的所谓不着色相的"素交"。[3]

---

① 钱钟书《谈交友》。

② 同上。

③ 参见刘峻《广绝交论》。

论中国“人化文评”

钱钟书是一个渴望友谊的人，但他对友谊的理解文学化、理想化色彩较浓。他所推崇的“素交”方式使得他的友谊观朝着脱俗的方向发展，但同时也影响了他所能获得朋友的数量。钱钟书在文章中写道：“本来我的朋友就不多，这三年来，更少接近的机会，只靠着不痛快的通信。到欧洲后，也有一二个常过往的外国少年，这又算得什么朋友？分手了，回到中国，彼此间隔着惯于离间的大海，就极容易的忘怀了。”[①] 1936 年 11 月底，纽约大学现代文学教授 John Bakeless 来牛津看望钱钟书，说到他想做一部文学批评史，这部著作要添上中国文评和俄国文评两部分，以便补充

① 钱钟书《谈交友》。

Saintsbury 原有著作的缺陷。关于中国文评部分，他请求钱钟书合作编写。

钱钟书并没有和 Bakeless 合作写书，但 Bakeless 的请求却又触发了钱钟书所喜爱的中国文学批评情结。他一连花了几天时间，在三四年前思想的基础上，结合近年来所看到的新资料，对整个中国文评进行了清理、总结，终于写成了《中国固有的文学批评的一个特点》这篇论文。该文的中心议题是论述中国的“人化文评”。

“人化文评”是一个很大的题目，涉及东西文化特征问题。而许多东西文化的讨论，常常使人联想到哈巴狗。《红楼梦》第 37 回，怡红院众丫头打趣袭人是“西洋花点子哈巴儿”。中国人俗称哈巴狗为洋狗，而西洋贵妇人所养的哈巴小狮子狗却唤作北京狗。中国古代有一种比兴体的“香草美人”诗，以男女恋爱来象征君臣间的纲常，这种煞风景的文艺观常常被精通西学而又风流倜傥的学者所诟病；但在西洋宗教诗里，人们也可以看到相同的例证，所不同的只是用神和人的关系代替了君和臣的关系。爱和忠不一样，西洋中世纪神学里的神人之爱和中国旧名教里的忠相似，不与新教神学所讲爱的浪漫性亲昵相同。但丁的诗论，将深刻微妙称为“寄托”，这使人想到常州词派学人所坚持的原则。有许多事实可以证明，凡是西洋的，未必都是新的；凡是中国的，未必都是旧的。“所谓国粹或洋货，往往并非中国或西洋文化的特别标识。"[①]中西文化和文评，相同中又有不同，不同中又有相同，学者在研究中应格外警惕。例如，善和美之间常有不和谐，中国道学家排斥文学，而西人亦著文论述二者的冲突，当然，中西人对善和美的理解本身存在差别。再如，"中国文章讲平仄，西洋文章讲轻重音；西洋诗的禁忌，并非中国的四声八病，而两者遵守着声调和谐的原则"，[②]二者虽不相同，但可以相当。

"人化文评"的特点就是"把文章通盘的人化或生命化"[③]，即所谓"近取诸身"，"以通神明之德，以类万物之情"。中国人把文章看成自己同类的活人："辞之待骨，如体之树骸，情之含风，犹形之包气"；"辞采是肌肤，事义是骨髓，情志是神明"。文章有体气，有骨气，例如孔融体气高妙，曹植骨气奇高，体被文质。字有力，句有眼，篇有脉，章有髓，诗有神，文有心。诗句文意如果欠佳，就仿佛人身害病。明代宋濂认为，文病有四瑕、八冥和九蠹："四瑕贼文之形"，"八冥伤文之骨髓"，"九蠹死文之心"。[④]清人"翁方纲精思卓识，正式拈出'肌理'，为我们的文

① 钱钟书《中国固有的文学批评的一个特点》，原载《文学杂志》1937年8月第1卷第4期。

② 同上。

③ 同上。

④ 参见《易·系辞》、《文心雕龙》中的《风骨》和《附会》、《典论·论文》、《诗品》和《文原》。

评，更添一个新颖的生命化名词。古人只知道文章有皮肤，翁方纲偏体验出皮肤上还有文章。现代英国女诗人薛德蕙（Edith Sitwell）明白诗文在色泽音节以外，还有它的触觉方面，唤作'texture'，自负为空前的大发现。从我们看来，texture 在意义上，字面上都相当于翁方纲所谓肌理。从配得上肌理的 texture 的发现，我们可以推想出人化文评应用到西洋诗文也有正确性"。①

"人化文评"直言"文如人"而不是说"文如其人"。"文如其人"是"因文观人"，认为学问材料皆身外物，文反映人的内心，文章中有作者的人格人品，作者的健康、饮食、居住以及其他生命机能都可能影响到文章。"文如其人"的"如"，或显喻（simile），或隐比（metaphor），从中可以看出喻体和被喻体是相互平行的二元。"文如其人"是人文比喻。"在拉丁文里，比喻唤作 translatio，就是我们现在所谓翻译，更明白地流露出被比较的两桩事物的对抗。"②

"文如人"是说文是人（包括人身和人心）。"文跟人无分彼此，混同一气，达到《庄子·齐物论》所谓'类与不类，相与为类，则与彼无以异'的境界"③，文笔自身中就有气骨神脉种种生命机能和构造。"文如人"之命题企图

① 钱钟书《中国固有的文学批评的一个特点》。

② 同上。

③ 同上。

“超越对称的比喻以达到兼融的化合，这当然是文艺创造最妙的境界”；诗人的心理中有这种天然的辩证法，波德莱尔（Baudelaire）对此曾进行过再三描述，刘勰《文心雕龙·比兴》论诗人“触物圆览”那个“圆”字，对此体会得最为精当。

钱钟书详细地分析了人化文评与人文比喻的区别：“人化文评是‘圆览’，人文比喻只是‘左顾右盼’；所以，在西洋语文里，借人体机能来评骘文艺，仅有逻辑上所谓偏指（particular）的意义，没有全举（universal）的意义；仅有形容词（adjectival）的功用，没有名词（substantive）的功用；换句话说，只是比喻的词藻，算不上鉴赏的范畴。”[1]

存在于中国的人化文评是中立的（neutral），没有固定的价值意义；“可以用来赞美，譬如说‘骨重神寒’；也可以用来谴责，譬如说‘骨弛肌懈’”。西方的人文比喻是非中立的，有固定价值意义的。朗吉诺斯以文比人，他所谓“水蛊肉感”，指文章的病态。西塞罗论文有所谓“丈夫气”和“女子态”，与姚鼐所谓“阳刚”和“阴柔”的说法相似，但姚鼐将阳刚和阴柔平等地列为两种风格，而西塞罗则认为“丈夫气是好文章，女子态是坏文章”。福楼拜本人更明确地说，他只喜欢男性的文句，而不喜欢像拉马丁那

① 钱钟书《中国固有的文学批评的一个特点》。

样的女性文句。中国人看问题不是这样，中国的人化文评和中国的相面风鉴有极密切的关系。西洋文评里的人体比喻说到多骨（bony）多肉（fleshy）常常只是点到而已，而中国的人化文评却能“精微地描绘出文章风韵，譬如有‘瘦硬通神’的清骨，有‘严家饿隶’的穷骨，有轻而浮薄的贱骨，有轻而超妙的‘自是君身有仙骨’。西洋人体譬喻的文评，比了中国人化文评，恰像西洋相人书比了中国《麻衣相法》一般的粗浅简陋”[①]。

钱钟书在文章中不厌其烦地列举西方学人的观点，并将其与东方学人的观点进行对照。西人的人文比喻中，有的将文辞与思想的关系比喻为遮羞的衣服与人身的关系。另有一种是将思想与文章对举：“假使文章是肉身，那么思想便是投胎的灵魂；假使文章是皮肉，那么思想便是骨血。”[②]肉体和灵魂之喻比衣服与身体之喻关系来得密切，但喻体和本体依旧平行分列。东方的人化文评“比此说深微得多。刘勰、颜之推认为文章一名词在概念（concept）上包括理论和气调”，文章的词采或外表只能“粘着思想或内容，并不跟思想或内容融贯一片，所以他们把文章（style）和文字（1anguage）二名往往”不加分别地使用。东西学人都会同

①钱钟书《中国固有的文学批评的一个特点》。

②同上。

意“文章是思想的表现”这个命题，但刘勰在使用这个命题时可能是要将“一”分析判断（analytics）为“二”，而华兹华斯等人在使用这个命题时却可能是要将“二”综合判断（synthetic judgment）为“一”。人化文评所谓“文章血脉或文章皮骨跟西洋人所谓‘文章乃思想之血’或‘文章乃思想之皮肉’全不相同”[①]。

钱钟书说："譬如我们说‘学杜得其皮’，我们并非说杜甫诗的风格只是皮毛，杜甫忠君爱国的思想怀抱才是骨髓；我们是说杜甫诗的风格本身就分皮毛和骨髓；李空同学杜仅得其皮，陈后山学杜便得其髓。"中国的人化文评“把论文当作看人”，所以，不需要像西洋人那样把文章割裂成内容外表。中国“论人论文所谓气息凡俗，神清韵淡，都是从风度或风格上看出来。西洋人论文，有了人体模型，还缺乏心灵生命”[②]。

人化文评既肯定内容的外表，又肯定外表的内容，这种文评懂得："思想的影响文笔不亚于文笔的影响思想。要做不朽的好文章，也要有不灭的大道理。"绘画的媒介是颜色线条，音乐的媒介是音调旋律，诗文的媒介当然是文字。但是，“假使我们把文字本身作为文学的媒介，不顾

① 钱钟书《中国固有的文学批评的一个特点》。

② 同上。

思想意义，那么一首诗从字形上看来，只是不知所云的墨迹；从字音上听来，只是不成腔调的声浪”。人化文评所持的观点是：“意义思想在文章里有极重要的地位”，传统中所谓“文以载道，并非为道，还是为文章，并非为内容，还是为内容的外表”。作文和做人一样，“要像个上等文明人，须先从学问心术上修养起，决非不学无术，穿了燕尾服（swallow tail），喝着鸡尾酒（cock tail），便保得住狐狸尾巴不显出野蛮原形的”[1]。

钱钟书“人化文评”的论文写成后，钱钟英帮助他将所引中国书籍原文核对了一遍，友人 K. J. Spalding 帮他将所引西文审定了一遍。朱光潜先生在发表这篇论文时特意加了一个“编辑后记”。他在肯定钱钟书论文的价值后又说：“人化之外，‘物化’或‘托物’也是中国文艺批评的一个特色。《史记》称相如词赋‘飘飘有凌云之气，扬子称‘圣人之辞，浑浑若川’，是‘物化’的最简单的例证。司空图的《诗品》是‘人化’与‘物化’的杂糅”，“看过钱先生的论文以后，我们想到如果用他的看法去看中国的文艺思想，可说的话还很多，希望他将来对于这问题能写一部专书”。

① 钱钟书《中国固有的文学批评的一个特点》。

离牛津又赴巴黎

读书是一种输入，著文是一种输出。钱钟书生来就是块读书著文的料。在国内，他既读中国书，又读外国书，但以读国学书为主；在国外，他既读外国书，也读中国书，但又以读外国书为主，既读欧美文学书，亦读欧美理论书。罗素、柏格森、康德、黑格尔、萨特、弗洛伊德、克罗齐、歌德、叔本华、朗吉诺斯、西塞罗等人的哲学、美学、心理学著作，他都一本一本捧着细读。西方现代派的各种作品，如T. S. 艾略特、D. H. 劳伦斯、詹姆斯·乔伊斯、马塞尔·普鲁斯特以及叶芝等人的诗歌和小说，钱钟书更是丝毫不会放过。“饱蠹楼”在1935年到1937年间多了一条东方“蠹虫”，这条蠹虫到底在这里蠹了多少书，他的夫人说不清楚，他自己也说不清楚。

钱钟书从1936年开始写学位论文，论文题目偏于实证性研究，名为《17、18世纪英国文学中的中国》。论文分为三部分：第一部分是17世纪英国文学中的中国，第二、第三部分是18世纪英国文学中的中国。论文逻辑严密，材料翔实，这是在阅读了大量英国文学原著以后方能够写出的一个题目，而“饱蠹楼”的这条蠹虫也因此获得了牛津大学的学位。

就在钱钟书获得学位的这一年，他还获得了最优等荣誉（First Class Horous）。此时，欧洲的生活对于他，已不单纯是读书、写文章和攻读学位，随着钱瑗来到人世，钱钟书又多了一份当父亲的责任。牛津大学决定聘任这条东方蠹虫担任中文讲师（readership），但钱钟书却另有打算。

在牛津公园里，浓密的树荫下，钱钟书夫妇一边宁静地散步，一边慢慢地商谈今后的去向。杨绛说：“庚款留学金的期限为四年，你就在这里再读两年吧！”钱钟书看着因劳累而略显清瘦的妻子说：“可你是专攻拉丁语言文学的，咱们的安排总不能都围着我考虑。”钱钟书本来就是个兴趣广泛的人，他想换个国度，特别是想到欧洲大陆走走，这种想法让钱杨二人果断转到法国巴黎大学。英国与法国仅一水之隔，但英法两国的文化氛围明显不同。巴黎咖啡馆的夜晚灯火明媚，气氛活泼，钱钟书在这里留下的诗句有：“绝怜浅笔轻颦态，难忖残羹冷炙心。开镜凝装劳屡整，停觞薄酒惜余斟。”[1] 喝罢咖啡，登上清音河上的小桥远眺，只见万点灯光大有遮夺月光之势，西月如此，东月何如？钱钟书不由得想起李白“抬头望明月，低头思故乡”的名句，心里泛起阵阵乡愁。有诗句为证：“电光撩眼烂生寒，撒米攒星有是观。但得灯浓任月淡，中天尽好付谁看。”[2]

在巴黎大学，钱钟书和杨绛在高年级班进修了一年。钱钟书还在索邦旁听过一些课程。意大利语、法语从某种意义上说，可称为现代拉丁语，钱钟书拉丁语系的文学和文化知识在巴黎得到了进一步的巩固和提高。在巴黎，中国的学子似乎比在伦敦的要多。比钱钟书低两届的清华校友王辛笛说：“1936 年我去英国爱丁堡大学进修，次年到巴黎短期度假，住在清华窗友盛澄华寓处。适巧钟书偕其夫人杨绛也由牛津来巴黎，同住在拉丁区，与盛处相去不远。澄华专攻纪德作品，并常就近向纪德本人请益（在抗战期间译出《伪币制造者》等），不同于一般留学生唯学位头衔是务，钟书对此颇有好感。大家在街头朝夕不期而遇，相视而笑，莫逆于心。”[3]

钱钟书与杨绛在巴黎结识了许多过去相识的或不相识的中国留学生，其中有许多后来被写进了《围城》。盛澄华

---

①《槐聚诗存》第 14 页。

② 同上。

③《君子之交，其淡如水》，见《记钱钟书先生》第 20 页。

很快发现钱钟书是一个博闻强记的天才，因为无论谈到哪一方面的文学话题，似乎都可以从钱钟书那里得到丰富的例证，这个作家是怎么说的，那个诗人是怎么讲的，条条道路通罗马，以致盛澄华对徐讦说："钱钟书说的话好像没有一句是他自己的。"[①] 徐讦并不喜欢钱钟书的这种思考问题和做学问的方法，徐讦的好朋友许思园亦不喜欢钱钟书的套路。许思园与钱钟书是无锡同乡，二人年龄相仿，都是在气盛火旺的青年时期，常常谈不上两分钟就争执起来。

做学问有两种方法：偏于继承者，从别人和前人的思想中生发自己的思想；直抒己见者，只顾叙说自己的思想。在许思园眼里，钱钟书的博闻强记只是借他人头脑思想，只是整理、介绍、抄袭他人的东西，而自己的思想似乎全让材料埋没了。许思园曾著《人性与人之使命》一书，此书被许思园的同路人景昌极、唐君毅誉为"该书一字一句都由作者内心生活体验中流出，都是作者自己直接经验的告白，充满深厚的实感"。[②] 钱钟书当然不能同意许思园的观点，他肯定会问对方，借他人的头脑来思想有什么不好？介绍他人的东西更不能被误会为抄袭，至于整理前人的思想，借用前人的思想，在整理和借用中生发出一些新的思想，这正是

① 徐讦《念人忆事》。

② 请参看李洪岩《钱钟书与近代学人》第 90 ~ 92 页，天津，百花文艺出版社，1998 年版。

人类文化发展之正道。

《围城》中有个哲学家叫褚慎明，据有关材料，褚慎明的形象中可能有许思园的一些影子，但“那个影子的真身比褚慎明更夸张一些呢”。杨绛曾经和“那个影子的真身”同乘火车从巴黎郊外进过一次城。“影子的真身”从口袋里掏出一张纸，上面开列少女选丈夫的种种条件，如相貌、年龄、学问、品性、家世等十七八项，逼杨绛一一批分数，并排列先后。“影子的真身”特别喜欢杨绛称赞他西服笔挺。[1]

杨绛认为，《围城》中的褚慎明是个复合体，小说中的那杯牛奶是褚慎明喝的，而在巴黎时的那杯牛奶是另一个人喝的。“那人也是我们在巴黎时的同伴，他尚未结婚，曾对我们讲：他爱天仙的美，不爱妖精的美。他的一个朋友却欣赏妖精的美，对一个牵狗的妓女大有兴趣，想叫一个局，把那个妓女请来同喝点什么谈谈话。有一晚，我们一群人同坐咖啡馆，看见那个牵狗的妓女进另一家咖啡馆去了。天仙美的爱慕者对妖精美的爱慕者自告奋勇说，我给你去把她找来。他去了好久不见回来，钟书说，别给蜘蛛精网在盘丝洞里了，我去救他吧。钟书跑进那家咖啡馆，只见天仙美的爱慕者独坐一桌，正在喝一杯很烫的牛奶，四围都是妓女，在

① 杨绛《钱钟书与〈围城〉》。

窃窃笑他。钟书救了他回来。”[①]

作为一个文人，钱钟书身上所固有的气质是中国人的勤奋，从牛津到巴黎，他渐渐又多了一份英国人的严谨和法国人的灵气。广义的文人既包括文学家，也包括哲学家。文学家重文体，哲学家重文心，钱钟书在巴黎时正在成就着寓文体与文心为一体的本领，他将攻读博士文凭一事也看得淡了。在后来的小说《围城》中，曹元朗和董斜川都是讲文体的，但曹元朗是偏于西方现代派的文体，而董斜川是同光派的文体。曹元朗和董斜川是钱钟书所精心塑造的人物，这两个人物之所以生动，是因为：一、钱钟书所经历过的人和事中包含着这种类型的艺术富矿，而且钱钟书牢牢地捕捉到了这种富矿；二、钱钟书有将这种富矿进行提炼加工的强烈冲动和能力。有人说曹元朗的原型是钱钟书的老师叶公超，正因为《围城》的出版才使得叶、钱师生关系变得紧张。

和文学家不同，哲学家是讲文心的。文心和人心是相通的，所以褚哲学家说：人没有身体，全是心灵更好。褚哲学家所谓“我”似乎不包括自己的肉体，而只指自己的心灵，他吃药的目的，只是想哄乖肉体，让其别和心灵捣乱。[②]

---

① 杨绛《钱钟书与〈围城〉》。

② 参见《围城》。

文体和文心都是钱钟书终生所追求的东西，如果说钱钟书在曹元朗这个形象上讽刺了叶公超[①]、在褚慎明这个形象上讽刺了许思园[②]，那么，我认为钱钟书在这两个形象中首先讽刺的是自己，而不是他的老师和他的同乡。

① 李洪岩《钱钟书与近代学人》第 43 页写道："我们有理由说：叶公超就是曹元朗的原型。后来叶公超与钱钟书关系恶化是否与此有关呢？"

② 夏志清在《重会钱钟书纪实》一文中写道："《围城》里给挖苦最凶的空头哲学家褚慎明就影射了钱的无锡同乡许思园，他把汪精卫的诗篇译成英文，汪才送他出国的。"夏文载 1979 年 10 月台北时报出版公司出版的《新文学的传统》一书。

逢战事毅然归国

钱钟书本想在欧洲再苦读几年，但世界形势的发展却与他的想法相抵触。1936年，在伦敦的钱钟书作了一首《新岁感怀适闻故都寇氛》："海国新年雾雨凄，茫茫愁绝失端倪。直须今昨分生死，自有悲欢异笑啼。无恙别来春似旧，其亡归去梦都迷。萦青积翠西山道，与汝何时得共携。"[①] 所谓"故都寇氛"，指1935年至1936年日本在华北的挑衅。钱钟书担心故都北平可能落入敌手，所以有"其亡归去梦都迷"之句。钱钟书和杨绛都曾在靠近北平西山的清华大学求学多年，1934年他们二人还同游了玉泉山，对那里的"萦青积翠"有着较深的感受，但是在日军步步进逼的情况

① 钱钟书《槐聚诗存》第6页。

下，钱钟书忧虑自己可能再也没有机会和杨绛“共携西山道”了。

此时，国内的抗战情绪正在高涨，但身在欧洲的钱钟书并不是一个可以投笔从戎的人。“闻吹夜笛魂犹警，看动风幡意自平。漫说此中难测地，好凭心画验心声。”[①] 在读书中修心，在做学问中养性，这是一个文化人的看家本领。读书著文“贵在虚静”，但何为“虚静”，学者有不同理解。《坛经》中有风动、幡动的争论，钱钟书亦有“看动风幡意自平”的诗句，我们从中似乎可以窥探到他此时所具有的“心画心声”。

《老子·十三章》云：“吾所以有大患者，为吾有身。及吾无身，吾有何患？”《围城》中褚慎明之所以服药，就是为了不让身给心添麻烦。钱钟书在牛津时写道：“息念无如撄物何，一波才动引千波；试量方寸玲珑地，饾饤悲欢贮几多。”“梦食饥人梦赦囚，睡难重觅醒难留，枕中槐下栖栖甚，身息心还未许休。”[②] 心非身外之物，心靠身来承载，文人学者虽畅谈心意，但从古至今，何曾有一个士人学子弃身存心。钱钟书身在异国，但心系中国，故有“身息心还未许休”之句。他那区区方寸之心，时时刻刻和祖国人民

① 钱钟书《此心》，见《槐聚诗存》第10页。

② 钱钟书《观心》，见《槐聚诗存》第10、11页。

同甘苦共患难，正所谓“饾饤悲欢贮几多”。

1935年12月，钱钟书刚到英国不长时间，便接到了石遗老人写的《寄默存贤伉俪》：“青眼高歌久，于君慰已奢。旁行书满腹，同梦笔生花。对影前身月，双烟一气霞。乘槎过万里，不是浪浮家。”两年以后，钱钟书从许大千信中得知，这位尊敬的老诗人因“疝气”逝世。他不由得“欷歔惝恍，为诗以哭”[1]：

几副卿谋泪，悬河决溜时。百身难命赎，一老不天遗。竹垞弘通学，桐江瘦淡诗。重因风雅惜，匪特痛吾私。

八闽耆旧传，近世故殊伦。蚝荔间三绝，严高后一人。坏梁逢丧乱，撼树出交亲。未敢门墙列，酬知见怆神。

《陈石遗先生挽诗》[2]

陈石遗在《题竹垞五言五十八韵》中，认为朱彝尊为一代诗人之冠。他也曾对钱钟书说，自己和朱彝尊生平有若干事相似，所以钱钟书有“竹垞弘通学”之语。钱钟书所

① 钱钟书《石语》第29页。

② 钱钟书《槐聚诗存》第16、17页。

谓“严高后一人”，“严”指的是南宋《沧浪诗话》的作者严羽，“高”指的是明代《唐诗品汇》的作者高棅，此二人和陈石遗一样，都是福建籍的学者。陈石遗虽和严羽是老乡，但他并不同意严羽“诗有别才，非关学也”的观点，而认为“诗也者，有别材而又关学者也”。[①] 钱钟书十分尊敬陈石遗，他总想着把这位老人的“志行学问”阐述出来，但因“中日战事寻起，而家而国，丧乱弘多，遂无暇传其人”[②]。过了十年后，钱钟书在书中写道：

> 陈石遗丈初作《罗瘿庵诗叙》，亦沿竹垞之讹；及《石遗室文》四集为审言诗作叙，始谓：沧浪未误，“不关学言其始事，多读书言其终事”。余按：读书以极其至，一事也；以读书为其极至，又一事也。二者差以毫厘，谬以千里。沧浪主别才，而以学充之；石遗主博学，而以才驭之，虽回护沧浪，已大失沧浪之真矣。[③]

钱钟书与陈石遗的诗交以陈石遗的“南归”正寝宣告结束，但是“西渡”的钱钟书也已不能继续他那“旁行书

---

① 陈衍《罗瘿庵诗叙》。

② 钱钟书《石语》巴黎叙记。

③ 钱钟书《谈艺录》第207页。

满腹”的事业。此时，欧洲上空战云密布，第二次世界大战一触即发，战争的铁锤粉碎着东方学子的读书城堡，钱钟书和杨绛也已经萌生出回国的念头，有诗为证：

将归远客已三年，难学王尼到处便。染血真忧成赤县，返魂空舆缺黄泉。蜉蝣身世桑田变，蝼蚁朝廷槐国全。闻道舆图新换稿，向人青祇旧时天。

结束箱书迭箧衣，浮桴妻女幸相依。家无阳羡笼鹅寄，客似辽东化鹤归。可畏从来知夏日，难酬终古是春晖。田园劫后将何去，欲起渊明叩昨非。[①]

此诗的上半部分写国难，下半部分写家劫。1937年卢沟桥事变后，日本侵略者的铁蹄很快将大半个中国践踏一空，赤县染血，桑田痛哭，朝政如蝼蚁，神州成槐国，中国的舆图有被改绘的危险。钱钟书“结束箱书”，携妻抱女欲回故乡，但此时的家园已遭劫难，钱基博现在浙江大学任教，钱钟书的母亲和弟妹已随叔父逃难到上海租界。在巴黎的钱钟书有诗写道：

置家枉夺买书钱，明发沧波望渺然。背羡蜗牛移

① 钱钟书《将归》，见《槐聚诗存》第21页。

舍易，腹输袋鼠挈儿便。相传复楚能三户，倘及平吴不廿年。拈出江南何物句，梅村心事有同怜。[1]

早在上大学时，钱基博曾希望儿子成为陶渊明式的人物。除非时光倒流，否则，中国是不会再出现第二个陶渊明了。钱钟书更不可能成为陶渊明，即便他性格中有几分陶渊明的气质。在国难家仇的痛苦中，他并非如杜甫那样沉浸其中不能自持，却能如陶渊明那样“看动风幡意自平”。正因如此，所以能有“背羡蜗牛移舍易，腹输袋鼠挈儿便”之幽默，但是，“田园劫后将何去，欲起渊明叩昨非”的诗句中依旧有一种悲凉的情调。吴楚和江南已被敌寇占领，何时能够“复楚”“平吴”，钱钟书想起明末清初时期自己的同乡诗人吴梅村，并诵读他晚年“遭逢丧乱，阅历兴亡，激楚苍凉”的诗句，一种同病相怜之意，油然而生。

和钱钟书家相比，杨绛家的遭遇更惨。苏州沦陷时，杨绛的母亲正患“恶性疟疾”无法医治。

杨绛的母亲去世后，父亲带着杨绛的两个姐妹四处逃生，他们的家早已成为废墟。为了避开日本兵的蹂躏，杨绛的姐妹不得不剃成光头藏身。而杨绛的姑母杨荫榆则惨死于日军之手。“国破山河在，城春草木深”，当一条条惨痛的

① 钱钟书《巴黎归国》，见《槐聚诗存》第22页。

消息传到巴黎时，钱钟书正在读杜甫那些沉郁的诗篇。他有一首《哀望》诗这样写道：

> 白骨堆山满白城，败亡鬼哭亦吞声。熟知重死胜轻死，纵卜他生惜此生。身即化灰尚赍恨，天为积气本无情。艾芝玉石归同尽，哀望江南赋不成。[①]

日本人尽管已经践踏了大半个中国，但他们只能守住一些战略要地和据点，中国人民并没有在强敌面前屈服，包括钱钟书和杨绛在内的留学生都坚信抗日战争一定能够胜利。1938 年 9 月末，钱钟书夫妇怀抱着只有一岁的女儿钱瑗，乘法国邮船“阿多士（Athos）号”，踏上了回国的路途。

---

① 钱钟书《槐聚诗存》第 20 页。

马赛港遇冒效鲁

钱钟书对交友的认识是，并非由于双方有意的拉拢，而是带些偶然，带些不知不觉的性质。钱钟书与冒效鲁的交往，恰好为他的这种认识提供了一个很好的例证。

冒效鲁，名景璠，别号叔子，年长钱钟书1岁。冒效鲁和钱钟书都出生于诗书世家，且年龄相仿。冒效鲁的远祖冒襄（字辟疆）是清初著名文学家，曾游于董其昌之门，治诗文书法之学；其古文“笔秀墨逸，玄旨微情，俱在有意无意、可想不可到之境”；其诗律深细、文采焕发，婉转以附物，惆怅而切情。冒效鲁的父亲冒广生，字鹤亭，号疚斋，是清末民初著名的学者。冒广生喜欢冒效鲁，正如钱基博得意钱钟书，其诗云：“我有五男儿，璠也得吾笔。”这里所谓“得吾笔”，是说冒效鲁能继承家学，像钱钟书能继承钱基博的父业一样。

钱钟书和冒效鲁都是江苏人，但二人并不相识。冒效鲁1930年毕业于北京俄文专修馆，后随颜惠庆出使苏联多年。“效鲁壮游域外，通百国之宝书；夙承家学，工六朝之韵语。”[①] 当钱钟书、杨绛乘船回国时，他亦结束外交官生涯，取道马赛回国，二人在“阿多士号”上不期而遇。

船到埃及亚历山大港，钱钟书和冒效鲁上岸在港口花园里散步。冒效鲁见落叶便起诗兴，立即作成一首。钱钟书岂甘落后，其和诗写道：“绿上枝头事已非，江湖摇落欲安归。诗人身世秋来叶，祝取风前一处飞。斓斑颜色染秋痕，剧似春花殒后魂。试问随风归底处，江南黄叶已无村。”[②] 此诗以叶喻人，用飘落的树叶比拟海外游子，浅中寓深。冒效鲁自感己作逊色。回到船上，“阿多士号”又开始朝红海方向航行，冒效鲁拉钱钟书坐在甲板上，相互海阔天空地聊起来。冒效鲁说，他在莫斯科曾读到过钱钟书写的英文文章，钱钟书说，他听陈衍先生说过一些有关冒效鲁父亲的事情。

冒效鲁少年成名，英气勃发；钱钟书才情横溢，神采飞扬。二人相互默契，越谈越投机，真是相见恨晚。冒效鲁作诗赞誉钱钟书说：“邂逅得钱生，芥吸真气类；行穿万马

① 钱钟书《给卢弼的信》，1962年。

② 钱钟书《亚历山大港花园见落叶冒叔子有诗即和》，见《槐聚诗存》第22页。

群，顾视不我弃。”“言诗有高学，造境出新意。”“君诗工过我，嘎嘎填难字。”

钱钟书后来写过一首诗追记此事：“前年携妇归，得子为同航。翩然肯来顾，英气挹有芒。谓曾识名姓，睹我作旁行。对坐甲板上，各吐胸所藏。”[①] 此诗中所谓“子”，就指冒效鲁。冒效鲁在诗篇中对钱钟书的描述更为生动：“去年八月渡红海，飞鱼发发如穿梭。远山裹雾欲障热，白鸟上下随扁舸。凭栏钱子睨我笑，有句不吐意则那。顾妻抱女渠自乐，丛丛乱发攒鸦窠。夜深风露不相贷，绿灯曼舞扬清歌。喧呶聚博惊座客，倾囊买醉颜微酡。”[②]

文人之间应该允许相互描述，而且相互之间应该有对讽刺性、夸张性，甚至漫画性描述的海量。冒效鲁写“凭栏钱子睨我笑”“顾妻抱女渠自乐，丛丛乱发攒鸦窠”，这是对钱钟书在“阿多士号”邮船上的真实写照。钱钟书对冒效鲁的赠诗，并不比冒效鲁写给钱钟书的诗来得少，他不但和冒效鲁和诗，而且将冒效鲁作为一个生活原型，写进了他的小说，并将其塑造成了一个栩栩如生的艺术形象。

《围城》中有两个不太重要但却写得很生动的人物都有真实的生活原型。一位是褚慎明，他的原型是钱钟书的无

---

① 钱钟书《得效鲁书却寄》，1940 年。

② 见《叔子诗稿·暑中怀客岁渡红海时情景，追记以诗，并怀同舟诸子》。

锡同乡许思园；另一位是董斜川，他的原型就是钱钟书在“阿多士号”上碰到的冒效鲁。杨绛说，这两个相识者在看了《围城》后都曾“对号入座了，一位满不在乎，另一位听说很生气”。[①]那位满不在乎的极有可能是冒效鲁，因为钱钟书和冒效鲁一直是关系亲密的朋友。《槐聚诗存》中收录了钱钟书一生中的绝大部分诗作，这本诗集中有十五六首是写给叔子的，即冒效鲁。

钱钟书和冒效鲁在“阿多士号”上各吐胸中所藏，“相与为大言，海若惊汪洋”。船过锡兰（即今斯里兰卡），钱钟书又有一首诗进账：“潭影偶留俄雁过，雪痕终化况鸿飞。难期后会忍轻别，芥饭椰浆坐落晖。”[②]冒效鲁一边赞叹，一边拿出自己父亲所著《后山诗笺》供钱钟书欣赏，并作诗以对。钱钟书翻看《后山诗笺》时想到，自己来欧洲之前，陈衍曾对他说过，冒鹤亭的诗有空疏的毛病。他有点怀疑陈翁的话是否准确，因为冒效鲁的父亲显然学风并不空疏，他对陈后山的诗做过精细的研究。钱钟书浮想联翩，又成《答叔子》一首：“篇什周旋角两雄，狂言顿觉九州空。一官未必贫能疗，三命何尝诗解穷。试问浮沉群僚底，争如歌啸乱书中。后山嘱望飞腾速，此意硁硁敢苟同。”诗能穷人，

① 杨绛《钱钟书与〈围城〉》。

② 钱钟书《槐聚诗存》第 23 页。

钱、冒二人都不是当官的材料，但这并不妨碍他们啸傲文坛，狂言诗语，以篇什周旋，一决雌雄。

冒效鲁指着“飞腾速”三字问：“你的意思难道是说后山是一个倾慕飞黄腾达的人？”钱钟书说：“后山虽不是一个喜欢飞黄腾达的人，但他赠少年人的诗中常常有‘飞腾飞扬’的话。”冒效鲁又指着“敢”字说：“此字用在这里似有不通。”钱钟书笑道：“陈后山诗中多用‘敢’字，但实际是‘不敢’的意思。”冒效鲁自负对后山诗有深刻的研究，听了钱钟书的话，他这才感到钱钟书对陈后山的研究并不在自己之下。

二人又谈到陈石遗。冒效鲁信口背出《青鹤》杂志上陈石遗所引的钱钟书的诗句，钱钟书心有愧意地说：“这些都是少年时的绮靡之作，实在不成样子。”冒效鲁笑道：“被渠谱入旁观录，五马如何挽得回？”钱钟书大笑，身旁杨绛也忍不住笑了。冒效鲁又说，“绮靡哀乐之作，我看也有用处，像你‘干卿底事一池水，送我深情千尺潭’，我敢保险，她肯定是喜欢的！”他朝杨绛那边努了努嘴。三个人又笑起来。

在《槐聚诗存》中，还收有钱钟书1938年所写的两首诗。一首是《再示叔子》：“卑无高论却成奇，出处吾心了不疑。未保群飞天可刺，且容独立世如遗。书供枕藉痴何害，诗托呻吟病固宜。今日朱颜两年少，宋王官职恐虚期。”另一首是《题叔子夫人贺翘华女士画册》：“绝世人从绝域还，丹青妙手肯长闲。江南劫后无堪画，一片伤心写剩山。”冒效鲁所娶的贺翘华女士正是著名画家之女。冒夫人女承父业，其画颇得家法。《围城》中董斜川说：“内人长得相当漂亮，画也颇有家法。”这和钱钟书所谓“绝世美人”“丹青妙手”的说法相同。这样说来，不但钱钟书和冒效鲁是棋逢对手的诗人，而且钱夫人和冒夫人也堪称旗鼓相当的才女。

赴西南联大教书

卢沟炮响，中日开战，平津各大学纷纷内迁西南西北。1937 年，北平大学、北平师范大学和北洋工学院迁往西安，翌年，又迁往陕南城固，名为西北联合大学。同年，清华大学、北京大学和南开大学迁至昆明，名为西南联合大学。西南联大有三个校长，南开的校长张伯苓不常在昆明，实际上只有两个校长在校。北大校长蒋梦麟负责对外，清华校长梅贻琦负责对内，处理日常事务。1938 年 7 月 25 日，清华文学院院长冯友兰致信校长梅贻琦，信中内容如下：

月涵先生：

钱钟书来一航空信，言可到清华，但其于九月半方能离法，又须先到上海，故要求准其于年底来校。

> 经与公超、福田商酌，拟请其于十一月底来或下学年第二学期来。弟前嘱其开在国外学历，此航空信说已有一信来，但尚未接到。弟意或可即将聘书寄去，因现别处约钱者有外交部、中山文化馆之《天下月刊》及上海西童公学，我方须将待遇条件先确定与说。弟意名义可与教授，月薪三百，不知近聘王竹溪、华罗庚条件如何，钱之待遇不减于此二人方好。[①]

钱钟书尚未动身回国时，已接到清华大学聘任他为教授的公函，冯友兰先生来信对他说，聘他为教授，“这是破例的事，因为按清华旧例，初回国教书只能当讲师，由讲师升副教授，然后升为教授”。[②]“阿多士号”邮轮到达香港后，钱钟书临时改变行程安排，决定只身从香港上岸，转赴昆明任教。当时，无锡和苏州已经沦陷，杨绛全家流落上海租界。和钱钟书分手后，杨绛携女儿钱瑗继续乘船前往上海探视父亲和姐妹。

钱钟书在西南联大外文系任教授，叶公超为系主任。1938年第四季度的一天，据当时联大学生王佐良回忆，叶公超亲自陪同钱钟书到任课的高级英语研修班，向同学们

① 谢泳《钱钟书与西南联大》引，载《太原日报》1996年9月2日。

② 杨绛《钱钟书与〈围城〉》。

介绍说:“钱先生是我的学生。你们真幸运，请到这样一位好教师!”在西南联大讲台上的钱钟书才28岁，“他戴一副黑边大眼镜，显示了博古通今的深度；手拿着线装书和洋装书，看得出学贯中西的广度。他常穿一套咖啡色西装，显得风流潇洒；有时换一身藏青色的礼服，却又颇为老成持重”。[①]

钱钟书所开的“大一英文”是西南联大一年级不分院系都要上的必修课。1939年3月31日是这门课第二学期的第一次上课。第一学期这门课由叶公超上，第二学期改由钱钟书上。钱钟书讲课时，“低头看书比抬头看学生的时候多，双手常常支撑在讲桌上，左腿直立，右腿稍弯，两脚交叉，右脚尖顶着地。他和叶先生不同，讲课只说英语，不说汉语；只讲书，不提问；虽不表扬，也不批评；脸上时常露出微笑。学生听讲没有压力，不必提心吊胆”。钱钟书操一口牛津英语，并向同学们讲解英国音和美国音的不同，还要求听课的同学学习标准的伦敦音。

4月3日，钱钟书所讲的课文是《一对啄木鸟》(A Pair of Woodpeckers)。“他用戏剧化、拟人化的方法，把这个平淡无奇的故事讲得有声有色，化科学为艺术，使散文有诗意。”钱钟书对课文中出现的一些词句，不但作感性分析，

① 许渊冲《一弦一柱思华年》，载《追忆逝水年华——从西南联大到巴黎大学》，三联书店出版。

而且作理性剖解。例如，英文中 Scepticism 这个字，他用英语“Everything is a question mark ; nothing is a full stop”作了言简意赅、一语破的的解释。4 月 17 日，讲爱伦·坡《一个凶手的自白》。有一个同学问：某个句子怎么没有动词？钱钟书回答，动词被省略了。4 月 21 日，讲欧文的《孤儿寡母》，课文中出现双重否定。钱钟书解释说：“双否定有时是负负得正，有时却是加强否定，具体情况需要具体分析。”4 月 28 日，讲《打鼾大王》（*The Champion Snorer*），故事情节是卧车上有人鼾声如雷，吵得旅客一夜不能入睡，大家怒气冲冲欲报复；不料清晨卧车门打开，走出来的却是一个千娇百媚的妙龄少女，大家顿时怒气全消，敌意变成笑脸，报复变成讨好。

从文体上看，4 月主要讲叙事文，5 月开始讲论说文。5 月 15 日讲《大学教育的社会价值》，说到大学教育的目的是“知人”，“知人”所遵循的原则是民主。5 月 22 日讲《自由与纪律》。大意是说，人应该做好事，如果不做好事而做坏事，就要受到纪律的制裁。6 月 12 日小考，要求在一小时内写成一篇英文作文，题目是《世界的历史是模式的竞赛》。

钱钟书教书，与叶公超和吴宓不同。例如，对于幽默的理解，叶公超认为“幽默是看出事物的矛盾，而钱钟书欣赏雅俗同赏的幽默”。叶讲课时说中文多，说英文少；问得多，讲得少；从不表扬，时常批评，这和钱钟书的讲课风格截然不同。吴宓讲课，喜欢直抒己见，总是斩钉截铁；钱钟书讲课，比较婉转，往往曲达其意。吴宓赞赏浪漫主义诗人拜伦，他甚至模仿拜伦的名诗《哈罗尔德公子》写了一篇中文长诗，足见其情感重于理智。钱钟书更赞赏古典主义哲人伏尔泰，《围城》序中所谓“人类具有无毛两足动物的基本特性”，就出于伏尔泰的讽刺小说。

钱钟书在西南联大还为外文系高年级学生开了两门选修课：一门是“欧洲文艺复兴”，另一门是“当代文学”。上过这两门课的学生有“许国璋、杨周翰、李赋宁、周珏良、王佐良、查良铮等，其中查良铮的成绩最为突出”。钱钟书所教的这些学生比钱钟书都小不了多少岁，他们后来都成了著名的外语教学和翻译方面的专家。比钱钟书小 5 岁的许国璋后来写出了风靡一时的全国英语通用教材，他在回忆文章中这样写道：“钱师讲课，从不满足于讲史实、析名作。凡具体之事，概括带过，而致力于理出思想脉络，所讲文学史，实是思想史。钱师讲课，必写出讲稿，但堂上绝不翻阅，既语句洒脱，敷陈自如，又禁邪制放，无取冗长。学生听到会神处，往往停笔默记，盖一次讲课，即是一篇好文章，一次美的感受。”“钱师，中国之大儒，近世之通人也。”（《外语教育往事谈》）

钱钟书在讲“欧洲文艺复兴”这门课时，“总是笑眯眯的，闪烁着一对炯炯有神的眸子，既严肃又幽默”。他流利地在黑板上书写英、法、德、意和拉丁文，口中又妙语连珠、引经据典、穷源溯流地分辨着各种材料的意义。“他把 14 世纪到 16 世纪西欧文艺复兴时期意大利、西班牙、法国、英国等的文学状况、想象和思想，讲得有声有色，如数家珍，真是引人入胜。他很少提问学生，总是滔滔不绝地讲着，仿佛一股不尽的智慧灵泉涓涓地从他嘴里奔流出来。”①

显然，由于教学工作的需要，钱钟书从文学的角度对欧洲文艺复兴时期的代表作家进行了精细的研究。这种研究对于后来钱钟书的文艺思想的深化起到了良好作用。钱钟书在评论薄伽丘的《十日谈》、塞万提斯的《堂吉诃德》和蒙田的《随笔》时，使用了十分丰富的材料，深入地分析了产生这些作家及其杰作的时代和背景。“他认为以上三个大作家，再加上莎士比亚，是整个欧洲文艺复兴时代的最高水平，思想和艺术的顶峰。”正是在讲“欧洲文艺复兴”这门课时，钱钟书滔滔不绝地谈到了蒙田的《随笔》第 3 卷第 5 章中关于婚姻和鸟笼的比喻。蒙田说：“婚姻好比鸟笼：人们看见外边的鸟儿们拼命要进去，而里面的鸟儿同样拼命地想出来。”后来，它出现在西南联大的课堂上，再后来，又被钱钟书写进小说《围城》中。

---

① 赵瑞蕻《岁暮挽歌——追念钱钟书先生》，载《文汇报》，1999 年 1 月 2 日。

冷屋随笔话文人

钱钟书在西南联大任教时，其寓所在昆明市文化巷11号，钱钟书命其为“冷屋”。之所以叫“冷屋”，与当时的凄苦生活有关。当时联大的学生，有的是随着三校来的，有的是在昆明录取的，学生们的家乡大多沦陷，因不愿忍受日本的统治，纷纷离开了故乡，到当时的大后方求学。战时生活清苦，学生们一边学习，一边打工维持生计。当教师的日子也不好过，通货膨胀日益严重，什么都值钱，就是钱不值钱，而教师所得到的，就是这种越来越不值钱的钱。

对于钱钟书来说，“冷屋”中还有另一种含义。自从他和杨绛结婚以后，虽然远渡重洋，但二人生活甜甜蜜蜜，一直没有分离。到昆明后，钱钟书十分思念妻女，其诗云：“万念如虫竞蚀心，一身如影欲依形；十年离味从头记，尔许凄凉总未经。”(《昆明舍馆作》)。钱钟书对“冷屋”作了这样的描述:“屋小檐深昼不明,板床支凳兀难平;萧然四壁埃尘绣,百遍思君绕室行。”

屋冷心热,文情如涌。除了授课之外,钱钟书在冷屋里一连写出四篇散文,先后发表在由西南联大教授集资办的刊物《今日评论》上。1月3日发表“冷屋随笔”之一《论文人》,2月5日发表之二《释文盲》,4月2日发表之三《一个偏见》,5月28日发表之四《说笑》。从这时开始,一直到后来的一两年内,钱钟书又写出《魔鬼夜访钱钟书先生》《窗》《论快乐》《吃饭》《读〈伊索寓言〉》和《谈教训》等六篇。这些文章构成了钱钟书的第一个散文集。1941年12月由上海开明书店出版。此书的扉页上清楚地写着“赠予季康”四字。钱钟书在此书的《小引》中写道:“这个集子里的文章,有几篇是发表过的,曾和孙大雨、戴望舒、沈从文、孙敏棠各位先生所主编或筹备的刊物有过关系”;“作者远客内地,由杨绛女士在上海收拾、挑选、编定”,“陈麟瑞、李健吾两先生曾将全书审阅一遍,并且在出版和印刷方面,不吝惜地给予了帮助”。

在《写在人生边上》这本散文集里,真真假假,钱钟书肯定什么、反对什么,读者应仔细分清。第一篇,钱钟书写“魔鬼”,但他所谓“魔鬼”并非一般人所说的魔鬼。第八篇为《一个偏见》,但钱钟书所谓“偏见”,多半可以看作“正见”。《释文盲》中写道：“有一位时髦贵妇对大画家威斯娄说：‘我不知道什么是好东西，我只知道我喜欢什么东西。’威斯娄鞠躬敬答：‘亲爱的太太，在这一点上太太所见和野兽相同。’”

西方古人偏于从科学的角度看人生，常常将人归于动物。亚里士多德将人定义为政治的动物，还没有忽视人的社会性，但当他说“人是唯一能笑的动物”时，便偏重于人的感情了。柏拉图说：“人者，无羽毛之两足动物也。”他以为自己说得客观实在，结果偏偏有一个人拿着一只拔了毛的鸡问他：“这是人吗？”柏拉图无言以对。西方还有人从性欲方面给人下定义的，例如猫，只是春季才有情欲的动物，而“人是不渴而饮，四季有性欲的动物”。

钱钟书在他的文章中的确经常提到人这个两足无毛、圆颅方趾动物，但钱钟书是要解析人这种特殊动物，解析人性，剖解人的文化本质，而不是简单地把人归入动物就算完事。“只有禽兽是天生就知行合一的，因为它们不知道有比一己嗜欲更高的理想。”“文明人类跟野蛮兽类的区别，就在人类有一个超自我的观点。因此，他能够把是非真伪跟一己的利害分开，把善恶好丑跟一己的爱憎分开。他并不和日常生命黏合得难分难解，而尽量企图跳出自己的凡躯俗骨来批判自己。”[①]

人生是一部大书，人们想好好地读完这部大书却并不轻松。吴宓曾经说过，他“一生处处感觉Love（所欲为）与Duty（所当为）的冲突”[②]，十分痛苦。作为吴宓的同路人，钱钟书更是敏锐地参透了人生，他说：“生来是个人，终免不得做几桩傻事错事，吃不该吃的果子，爱不值得爱的东西；但是心上自有权衡，不肯颠倒是非，抹杀好坏来为自己辩护。他了解该做的事未必就是爱做的事。这种自我的分裂、知行的歧出，紧张时产生了悲剧，松散时变成了讽刺。”[③]

人虽然是无毛两足动物，但人性依旧从心。《围城》中方遁翁的线装书中有这样的知识：“中国人品性方正所以说地是方的，洋人品性圆滑，所以主张地是圆的；中国人的心位置正中，西洋人的心位置偏左。”“依照生理学常识，人心位置，并不正中，有点偏侧，并且时髦得很，偏倾于左。古人称偏僻之道为左道，颇有科学根据。”[④]

钱钟书对偏见的解释是：“偏见可以说是思想的放假。它是没有思想的人的家常日用，而是有思想的人的星期日

---

① 钱钟书《释文盲》。

② 吴宓《徐志摩与雪莱》，见《吴宓集》第270页，上海文艺出版社，1998年。

③ 钱钟书《释文盲》。

④ 钱钟书《一个偏见》。

娱乐。假如我们不能怀挟偏见，随时随地必须得客观公平、正经严肃，那就像造屋只有客厅，没有卧室，又好比在浴室里照镜子还得做出摄影机头前的姿态。”[①] 钱钟书对“偏见”没有偏见，但人们对文人、文学却存在着偏见。所谓文人，本来是指“一切投稿、著书、写文章的人”，但事实上文人“只限于诗歌、散文、小说、戏曲之类的作者”，不包括“精通实学的社会科学与自然科学等专家”。中国古人将“词章家”称为“无用文人”，谓“一为文人，便无足观”。西人戈蒂埃在《奇人志》一书里说，“商人财主，常害奇病，名曰‘畏诗症’。病原如是：财主偶尔打开儿子的书桌抽屉，看见一堆写满了字的白纸，既非簿记，又非账目，每行第一字大写，末一字不到底，细加研究，知是诗稿，因此，怒冲脑顶，气破胸脯，深恨家门不幸，出此不肖逆子，神经顿呈变态。”[②]“畏诗症”不但来源奇特，而且富有传染性，遇到适当气候，就会像夏天的霍乱、冬天的感冒那样流传开来。治这种病的药方只有一个，这就是把古今中外诗文集都付之一炬，化灰吞服。

在偏见者的眼里，废物如牛粪可当柴烧，但文学不能当柴烧；竹头、木屑、牙刷、茅厕各有所用，但诗歌无法有

---

① 钱钟书《一个偏见》。

② 钱钟书《论文人》。

它们那样的用处；老妈子、小丫头、包车夫各有专用，惟文人最最无用。“文学是倒霉晦气的事业，出息最少，邻近着饥寒，附带了疾病。”文人中除了少数不可救药的以外，他们中的大部分人弄文学，“仿佛旧小说里的良家女子做娼妓，据说是出于不甚得已，无可奈何。只要有机会让他们跳出火坑，此等可造之才会废书投笔，改行从良”[①]。

钱钟书对文人的“偏见”是：“文人是可嘉奖的，因为他虚心，知道上进，并不拿身分，并不安本分。真的，文人对于自己，有时比旁人对于他还看得轻贱；他只恨自己是个文人，并且不惜费话、费力、费时、费纸来证明他不愿意做文人，不满意做文人。”扬雄是个十足的文人，但他在《法言》里亦说：“雕虫篆刻，壮夫不为。”“一切学者无不威风凛凛，神气活现，对于自己所学专门科目，带吹带唱，具有十二分信念；只有文人们怀着鬼胎，赔了笑脸，抱愧无穷。”“文学必须毁灭，而文人却不妨奖励——奖励他们不要做文人。”[②]诸如此类的言论中，智慧与矛盾在搏斗。这是一个乐观的文人在和他的悲观的文人论开玩笑。

---

① 钱钟书《论文人》。

② 同上。

魔鬼夜访钱钟书

在《写在人生边上》这本散文集里，赫然入目第一篇就是《魔鬼夜访钱钟书先生》。为了论述方便，本文中不带双引号的钱钟书和魔鬼表示现实中的钱钟书和普通人观念中的魔鬼，带双引号的钱钟书先生和魔鬼是钱钟书笔下所塑造的形象。《魔鬼夜访钱钟书先生》是一篇文学性散文，在这篇散文里，“魔鬼”演正角，“钱钟书先生”是跑龙套的，此二者唱双簧，钱钟书躲在背后当“书评家”。

在现实生活中，钱钟书是否受过魔鬼的引诱，我们不知道。但在《魔鬼夜访钱钟书先生》中，我们得知，“钱钟书先生”曾经受过“魔鬼”的引诱和试探，而且在文章一开始，作者就由“魔鬼”点明了这一点：“你受我引诱时，你只知道我是可爱的女人、可亲信的朋友，甚至是可追求的理想，你没有看出是我。只有拒绝我引诱的人，像耶稣基督，才知道我是谁。”

如果我们从可信的角度来理解“魔鬼”的话，那么，这篇文章应该是作于30年代末到40年代初的某个时候，因为“内地”“冷屋”“炭”这些词正是钱钟书此时文章中常常提到的。在现实生活中，肯定不会有魔鬼夜晚摸进钱钟书冷屋的事，但在这篇文章中，“钱钟书先生”的确当了一回东道主，他很客气地接待了这位不速之客。人间打醮祭鬼做斋事，“魔鬼”成了座上宾，正事干完，醉眼迷离错入“钱钟书先生”的冷屋，碰巧此屋黑洞洞的跟地狱一样，主人又好客，所以“魔鬼”便把畅心的话尽力朝外倾吐。

在《魔鬼夜访钱钟书先生》一文中，主角是“魔鬼”，而不是“钱钟书先生”。魔鬼（devil）又名撒旦，是西方文化中与上帝相对立的概念。魔鬼在犹太教、基督教圣经故事中是诱惑人犯罪的恶鬼。不过，钱钟书笔下的“魔鬼”并不是恶鬼。在写这篇文章时，钱钟书显然已经读了许多有关魔鬼的书，他对魔鬼有着丰富的知识。根据本文的十一条注，我们知道，他至少读了弥尔顿的《失乐园》、卡尔松与文匈合作的《魔鬼》、歌德的《浮士德》、但丁的《神曲》、柯勒律治的《魔鬼有所思》、骚赛的《魔鬼闲行》、勒萨日的《魔鬼领导观光记》、笛福的《魔鬼政治史》、马洛的《浮士德》、魏阿的《魔鬼威灵记》和《旧约全书·诗篇》等书。西方文化既是上帝文化，又是魔鬼文化；魔鬼和上帝在西方文化中同样重要，钱钟书对此了解得很清楚。

有了魔鬼的知识，并不是就能写好“魔鬼”，而且钱钟书写“魔鬼”，并不是为了宣传魔鬼的知识，而是要通过“魔鬼”来折射人类的灵魂。在钱钟书笔下，“魔鬼”比人更聪明伶俐，它访问“钱钟书先生”时，看到对方是个喜欢看文学书的人，就跟对方谈文学名著，使对方觉得自己不但是内行，而且是他的同好。假如对方是一个反对看书的时髦作家，“魔鬼”很快会转变谈风，说自己也觉得书是大可不必看的，只是除了“时髦作家”本人的书在外，因为看“时髦作家”本人的书还嫌人生太短，哪里还有工夫看别的什么典籍。“魔鬼”对“钱钟书先生”夸口说：“我会对科学家谈发明，对历史家谈考古，对政治家谈国际形势，展览会上讲艺术赏鉴，酒席上讲烹调。不但这样，有时我偏要对科学家讲政治，对考古家论文艺，因为反正他们不懂什么，乐得让他们拾点牙慧；对牛弹的琴根本就不用挑选什么好曲子！烹调呢，我往往在茶会上讨论；亦许女主人听我讲得有味，过几天约我吃她自己做的菜，也未可知。”

在钱钟书笔下，“魔鬼”和“钱钟书先生”形成了鲜明对比。“魔鬼”精灵得几乎什么都可以干，而“钱钟书先生”只会“惊奇”“惊异”“奇怪”，或者口里只说“承教得很”“你老人家”，平庸得有点可怜。

在西方文化中，伟大的作家常常从魔鬼那里获得灵感。以但丁的《神曲》为例，这部杰作的主题是灵魂的进修历程，看遍地狱中的罪孽和惩罚，到净界得到净化，终于升入天堂。在《神曲》的《地狱篇》，但丁称赞魔鬼善于思辨，而魔鬼亦自言为伦理学家。再如歌德的名著《浮士德》亦言及魔鬼，说它见闻极其广博，几乎无所不知。在钱钟书笔下，“魔鬼”亦对“钱钟书先生”坦言：“我颇像一个美丽的女人，自己并不写作，而能引起好多失恋的诗人的灵感，使他们从破裂的心里——不是！从破裂的嗓子里发出歌咏。像拜伦、雪莱等写诗就受到我的启示。又如现在报章杂志上常常鬼话连篇，这也是受我的感化。”钱钟书写“魔鬼”的优点时，都加注释，表明言之有据，并非任意吹牛。至于“鬼话连篇”云云，则是信笔写到，对现实进行鞭挞。

钱钟书是站在“书评家”的立场上来刻画魔鬼的，所以他总是善于借用西方作家的话题来进行发挥。在西方文化中，魔鬼和上帝一样有名，魔鬼并不甘心当魔鬼，曾经和上帝斗争，被打败后贬入寒冰地狱受苦，所以《魔女记》中说魔鬼的屁股火都烧不暖。“书评家”钱钟书导演“魔鬼”和“钱钟书先生”所演的第一出双簧被引出来了，“魔鬼”说：“人怕出名啊！出了名后，你就无秘密可言。什么私事都给采访者们去传说，通讯员等去发表。这么一来，把你的自传或忏悔录里的资料硬夺去了。将来我若做自述，非另外捏造点新奇事实不可。”“钱钟书先生”问：“这不是和自传的意义违反了吗？”“魔鬼”笑着说：“你的识见竟平庸得可以做社论。现在是新传记文学的时代，为别人做传记也是自我表现的一种；不妨加入自己的主见，借别人为题目来发挥自己。反过来说，作自传的人往往并无自己可传，就逞心如意地描摹出自己老婆、儿子都认不得的形象，或者东拉西扯地记载交游，传述别人的逸事。所以，你要知道一个人的自己，你得看他为别人做的传；你要知道别人，你倒该看他为自己做的传。自传就是别传。”

“魔鬼”已经参透了人类的本性。钱钟书已经预见到“你要知道一个人的自己，你得看他为别人做的传；你要知道别人，你倒该看他为自己做的传；自传就是别传”这段话肯定会被人引用，所以，他特地导演跑龙套的“钱钟书先生”问了一句：“你老人家允许我将来引用你这段话么？”

钱钟书导演“魔鬼”所说的话已经过去几十年了，但它的话至今仍在被人引用，而且“魔鬼”还教授“钱钟书先生”引用方式，这就是著名的“我的朋友某某说”之公式。“我配做你的朋友么？”钱钟书继续导演跑龙套的“钱钟书先生”来引发“魔鬼”的精明，果然，“魔鬼”又妙语连珠：“不是我瞧得起你，说你是我的朋友；是你看承我，说我是你的朋友。作文章时，引用到古人的话，不要用引号，表示辞必己出，引用今人的话，必须说‘我的朋友’——这样你才能招徕朋友。”

作为一个著名文学家，钱钟书对形式是非常敏感的：“财主有布袋似的大肚子，表示囊中充实；思想家垂头弯背，形状像标点里的问号，表示对一切发生疑问。”魔鬼的形状被西方作家勒萨日、笛福等人描述为跛足，“魔鬼”解释说：“这象征我的谦虚。”《旧约全书·诗篇》认为魔鬼有牛相，钱钟书导演下的“魔鬼”说：“是的，有时我也现牛相。这当然还是一种象征。牛惯做牺牲，可以显示‘我不入地狱，谁入地狱’的精神；并且世人好吹牛，而牛决不能自己吹自己，至少生理构造不允许它那样做，所以我的牛形正是谦逊的表现。我不比你们文人学者会假客气，有种人神气活现，你对他恭维，他不推却地接受，好像你还他的债，他只恨你没有附缴利钱。另外一种假作谦虚，人家赞美，他满口说惭愧不敢当，好像上司纳贿，嫌数量太少，原璧退还，好等下属加倍再送。不管债主也好，上司也好，他们终相信世界上还有值得称赞的好人，至少就是他们自己。我的谦虚才是顶彻底的，我觉得自己就无可骄傲，无可赞美，何况其他的人！我一向只遭人咒骂，所以全没有这种虚荣心。”

在《魔鬼夜访钱钟书先生》中，“钱钟书先生”不比“魔鬼”更出名，但却具有人类普遍容易沾染的通病。关于这一点，“魔鬼”看得最为清楚，所以，它对他说：“你到了我的地位，又该骄傲了。”“魔鬼”自谦自己是个地下鬼，所以不骄傲，有自知之明，由斗争到诱惑，愈变愈谦逊了。

钱钟书导演“魔鬼”和“钱钟书先生”所演的第二出双簧是由下面一段话引发出来的：“我正在奇怪，你老人家怎会有功夫。全世界的报纸，都在讲战争。在这个时候，你老人家该忙着屠杀和侵略，施展你的破坏艺术，怎会忙里偷闲来找我谈天。”说这句话的时候，钱钟书是可以和“钱钟书先生”画等号的。接下来“魔鬼”有一段很长的话，有思想的读者应该仔细去分析这段话，由于篇幅冗长本文暂不引这段话，特写如下论述帮助读者理解这段话。

世界上的两次世界大战都是由欧洲开始的，当第二次世界大战接踵而至时，西方文化再次以魔鬼的面目显露，所以人性被兽性代替，几千万人人头落地的悲剧正在上演。所以，“魔鬼”说：“在这个年头儿，不愁没有人请我吃饭，只是不让我用本领吃饭。”屠杀使得祭鬼增多，所以“魔鬼”不愁没饭吃，但“魔鬼”是做灵魂生意的，人类灵魂的一部分由上帝挑去后，其余都由“魔鬼”掌管。至19世纪中叶鸦片战争爆发以后，社会发生变动，“除了极少数外，人类几乎全无灵魂。有点灵魂的又都是好人，该归上帝掌管。譬如战士们是有灵魂的，但是他们的灵魂，直接升入天堂”，没有“魔鬼”的份儿。杀戮使得人类愈来愈变得没有灵魂了，做灵魂生意的“魔鬼”愈来愈感到有失业的危险，所以它抱怨时势不让它用本领吃饭。

钱钟书通过“魔鬼”之口对西方现代文明进行了无情的嘲讽和批判。古代人是有灵魂的，近代人变得没有灵魂了。即使个别有灵魂的，却又变得又脏又臭，“不是带着实验室里的药味，就是罩了一层旧书的灰尘，再不然还有刺鼻的铜臭”。古代的坏人有灵魂，近代的坏人“坏得没有性灵，没有人格，不动声色像无机体，富有效率像机械”。后来，钱钟书又导演方鸿渐在《围城》中给暑期学生做演讲，继续将这种嘲讽和批判上溯到明代：“海通几百年来，只有两件西洋东西在中国社会里长存不灭。一件是鸦片，一件是梅毒，都是明朝所吸收的西洋文明。”如果说科学和民主是上帝赐福于中国人民的，那鸦片和梅毒则是魔鬼给予中国人的。魔鬼能够引发灵感，由魔鬼所生发的鸦片、梅毒、战争亦能引发灵感，但钱钟书导演“魔鬼”所忧虑的是：人类正在渐渐地失去灵魂，这是每一个时代的人都应该思虑的问题。

书评一篇写完交卷

1939 年 2 月 18 日，钱钟书给《写在人生边上》这本散文集写了一篇序，此序是理解他所写散文的一套钥匙。这套钥匙共有两把。第一把是这样的，钱钟书说："人生据说是一部大书。假使人生真是这样，那末，我们一大半作者只能算是书评家，具有书评家的本领，无须看得几页书，议论早已发了一大堆，书评一篇写完缴卷。"

人生这部大书是一副有足够沉重感的担子，并不是任何一个人都能够将它挑起来。钱钟书已经对人生阅历了 29 个春秋，他依旧是个读书人。据书中引述，钱钟书所读的书有陶渊明的《归去来辞》、缪塞的《少女做的是什么梦》、歌德的《和爱克尔曼谈话录》、维尼的《诗人日记》、段成式的《酉阳杂俎》、戴君孚的《广异记》、所罗门的《先知书》、马拉梅的《海风》、诺凡利斯的《碎金集》、罗登巴赫的《禁锢的生活》、亚里士多德的《动物学》、白伦脱的《笑与死》、东方朔的《神异经》、荷兰夫人的《追忆录》、柏格森的《笑论》、拉伯雷的《巨人世家》、孔子的《论语》、拉罗斯福哥的《删去的格言》、王阳明的《传习录》、雪莱的《赠珍尼》、柯勒律治的《风瑟》、叔本华的《哲学小品》、哈德门的《伦理学》、圣佩韦的《月曜论文新编》以及《吕氏春秋》，等等。

如果说钱钟书所读的这些作品的作者都是在写“人生这部大书”，对人生承担着责任，那么钱钟书认为自己不属于这类作者，他只是一个轻松的“书评家”，“书评家”可以对“人生这部大书”有所超脱，所以他笔下的魔鬼没有人生的沉重感，却有美学意义上的幽默感。钱钟书对门窗的领悟更是让人叫绝，他说：“有了门，我们可以出去；有了窗，我们可以不必出去。窗子打通了大自然和人的隔膜，把风和太阳逗引进来，使屋子里也关着一部分春天。”[①] 门表示欲望，让我们走出去闯荡；窗表示顺生，让我们安坐着享受。陶渊明对此心领神会，所以，他常常“倚南窗以寄傲”，又在虚闲的夏日“高卧北窗之下”，享受清风的沐浴，“自谓羲皇上人”。

---

① 钱钟书《窗》。

窗有客观和主观两重意义。从客观方面看，窗是天屋相通之路。“门是人的进出口，窗可以说是天的进出口”;“门是住屋子者的需要，窗多少是一种奢侈”；“窗比门代表更高的人类进化阶段”。屋子就像“鸟窠兽窟”，是人本能的为了躲避自然灾害的产物，但人造之屋也容易隔绝人和自然的联系。“墙上开了窗子，收入光明和空气，使我们白天不必到户外去，关了门也可生活。”“一个屋顶里，窗引诱了一角天进来，驯服了它，给人利用，好比我们笼络野马，变为家畜一样。从此我们在屋子里就能和自然接触，不必去找光明，换空气，光明和空气会来找到我们。”[①]

从主观方面看，“窗可以算房屋的眼睛”，写人生大书的中外作家都是这么看的。刘熙说:“窗，聪也；于内窥外，为聪明也。”(《释名》) 凯罗说:“双瞳如小窗，佳景收历历。”(《晚歌》)“书评家”钱钟书说:“眼睛是灵魂的窗户，我们看见外界，同时也让人看到我们的内心；眼睛往往跟着心在转，所以孟子认为‘相人莫良于眸子’，梅特林克戏剧里的情人接吻时不许闭眼，可以看见对方有多少吻要从心里上升到嘴边。”[②] 钱钟书由屋子的眼睛说到灵魂的窗口，“窗子许里面人看出去，同时也许外面人看进来，所以在热闹地

① 钱钟书《窗》。

② 同上。

方住的人要用窗帘子，替他们私生活做个保障”。[1]但我们跟戴黑眼镜的人谈话，却总是捉摸不住他的用意，因为在他灵魂的窗户上也有眼镜这个黑帘子，使人看不出他的心境。

窗是比门更具有诗意的事物，小偷或小说里幽会的情人都喜欢爬窗子。钱钟书老同学曹禺的名剧《雷雨》中的许多戏就都安排在窗口。法国作家缪塞在诗剧中说，“父亲开了门，请进了物质上的丈夫，但是理想的爱人，总是从窗子出进的。换句话说，从前门进来的，只是形式上的女婿，虽然经丈人看中，还待博取小姐自己的欢心；要是从后窗进来的，才是女郎们把灵魂肉体完全交托的真正情人”。钱钟书在揭示窗的哲理时，并没有忘记从窗口引进一连串的幽默。

钱钟书对《吃饭》这个题目，也只是从“书评家”的角度发议论。在人生这部大书里，吃饭的重要性从来没有被古往今来的作者忽略过，“古罗马诗人波西蔼斯曾慨叹说，肚子发展了人的天才，传授人以技术。这个意思经拉柏莱发挥得淋漓尽致，《巨人世家》卷三有赞美肚子的一章，尊为人类的真主宰、各种学问和职业的创始和提倡者，鸟飞，兽走，鱼游，虫爬，以及一切有生之类的一切活动，也都是为了肠胃。人类所有的创造和活动（包括写文章在内），不仅

① 钱钟书《窗》。

表示头脑的充实，并且证明肠胃的空虚”。[①]

吃饭对每个人都十分重要，肚子一天到晚要人们将饭食向它进献，肚子是否就是人的上帝？钱钟书认为，肚子还有下流的一面，“一味容纳吸收，不懂得享受和欣赏”。而人生的复杂性也表现在吃饭上，吃一般的饭就是填饱肚子，“吃讲究的饭事实上只是吃菜，正如讨阔佬的小姐，宗旨倒并不在女人。这种主权旁移，包含着一个转了弯的、不甚素朴的人生观。辨味而不是充饥，变成了我们吃饭的目的。舌头代替了肠胃，作为最后或最高的裁判”。人生的不同从吃饭方面来看可以分成两种：第一种是“有了肠胃而要饭去充实的”，第二种是“有饭而要胃口来吃的”。第一种我们称它是吃饭的，第二种我们称它是吃菜的。“第一种人工作、生产、创造，来换饭吃。第二种人利用第一种人活动的结果，来健脾开胃，帮助吃饭而增进食量。所以吃饭时要有音乐，还不够，就有‘佳人’‘丽人’之类来劝酒；文雅点就开什么销寒会、消夏会，在席上传观书法名画，甚至赏花游山，把自然名胜来下饭。”[②]

钱钟书在读《伊索寓言》时，依旧发了一通“书评家”的意见。首先，他从人的年龄来洞察人性的弱点，分

---

① 钱钟书《吃饭》。

② 同上。

析人事上涉及年辈资格时的一种常见现象。其次，他从人的年龄联想到人类的年龄，“古代相当于人类的小孩子时期。先前是幼稚的，经过几千百年的长进，慢慢地到了现代。时代愈古，愈在前，它的历史愈短；时代愈在后，它积的阅历愈深，年龄愈多。所以我们反是我们祖父的老辈，上古三代反不如现代的悠久古老。这样，我们的信而好古的态度，便发生了新意义。我们思慕古代不一定是尊敬祖先，也许只是喜欢小孩子，并非为敬老，也许是卖老。没有老头子肯承认自己是衰朽顽固的，所以我们也相信现代一切，在价值上、品格上都比了古代进步。”①

钱钟书还说：“这部书差不多都是讲禽兽的，从禽兽变到人，你看这中间需要多少进化历程！我们看到这许多蝙蝠、狐狸等的举动言论，大有发迹后访穷朋友、衣锦还乡的感觉。但是穷朋友要我们帮助，小孩子该我们教导，所以我们看了《伊索寓言》，也觉得有好多浅薄的见解，非加以纠正不可。”② 钱钟书提到的九则寓言，或引申，或微讽，或发挥，或反串，议论风生，妙语连珠。例如，母蛙和牛比大，鼓腹时有爆肚的危险。钱钟书说，她不该和牛比大，应该和牛比小。世界上一切事物的缺陷都有补偿，

① 钱钟书《读〈伊索寓言〉》。

② 同上。

彼此各得其所，便会相安无事。再如，衔肉的狗在过桥时看见水里的影子也衔着肉，便和对方打架，结果把嘴里的肉都丢了。钱钟书说，据说每个人需要一面镜子，可以常常自照，知道自己是个什么东西。不过，能自知的人根本不需要照镜子；不自知的东西，照了镜子，其后果也只能像这只衔了肉的狗。

钱钟书对快乐的论述是从解析字义开始的。汉语中快乐或快活的快字从心，可见它和人精神有关，是感情的一种。英语中 happy 的字根为 hap，意为好运。法语中的喜乐（bonheur）一词字面含义是好钟点，德语中和快乐相对应的词是沉闷（Lange weile），字面直译是“长时间”的意思。东西方人对快乐的理解大致相同，欢娱嫌夜短，愁苦厌天长。天堂代表着快活，所以时间过得飞快，《西游记》中所谓“天上一日，下界一年”是也。地狱代表着痛苦，所以时间过得极慢，《酉阳杂俎》中所谓“鬼言三年，人间三日”是也。钱钟书认为，“永远快乐”只是一句荒谬得不能成立的空话，因为快乐意味着快过，“快过的决不会永久”，你要寻找永久，“你该向痛苦里去找。不讲别的，只要一个失眠的晚上，或者有约不来的下午，或者一课沉闷的听讲——这许多，比一切宗教信仰更有效力，能使你尝到什么叫做‘永生’的滋味，人生的刺，就在这里。留恋着不肯快走的，偏是你所不留恋的东西”。[1]

穆勒曾经将“痛苦的苏格拉底”和“快乐的猪”进行比较。“假如猪真知道快乐，那末猪和苏格拉底也相去无几了。猪是否能快乐得像人，我们不知道，但是人会容易满足得像猪。”人生是痛苦的，但人类并不悲观，因为人始终“抱着快乐的希望”，希望着死后有一天能够上天堂，在那里去“享受到永远的快乐”。人使用这种“精神的炼金术能使肉体痛苦都变成快乐的资料。于是，烧了房子，有庆贺的人；一箪食，一瓢饮，有不改其乐的人；千灾百毒，有谈笑自若的人”。因此，人生虽不快乐，人依旧能乐观地活着；人能够从痛苦中滤出快活来，在以苦为乐中走向明天。

① 钱钟书《论快乐》。

写在人生边上的话

钱钟书所在的清华大学有对人生问题进行思考的学术氛围。吴宓教授给清华学生开课讲授《文学与人生》，他引用冯友兰的话说："先持一种文学上的主义而欲写某种的文学，这个人一定不是真的文学家，他的作品，决不能成为上乘，一种哲学或文学之能有动人的力量，全靠他的作者的真知真情。"[①] 吴宓是钱钟书的良师益友，他们二人同属于教授型文学家。吴宓曾感慨朱君毅毁去长达十多年的婚约，弃毛彦文女士而另娶，曾多方寻取双方通信以为小说材料。钱钟书说："只有人生边上的随笔、热恋时的情书等，那才是老老实实、痛痛快快的一偏之见。世界太广漠了，我们圆睁两

---

①《吴宓集》。

眼，平视正视，视野还是偏狭得可怜，狗注视着肉骨头时，何尝顾到旁边还有狗呢？至于通常所谓偏见，只好比打靶的瞄准，用一只眼来看。”用一只眼是偏，但目的并非偏，而是“偏中正”[①]，剖解《写在人生边上》的第二把钥匙比第一把钥匙更关键。钱钟书写道：“世界上还有一种人。他们觉得看书的目的，并不是为了写批评或介绍。他们有一种业余消遣者的随便和从容，他们不慌不忙地浏览。每到有什么意见，他们随手在书边的空白上注几个字，写一个问号或感叹号，像中国旧书上的眉批，外国书里的 Marginalia。这种零星随感并非他们对于整部书的结论。因为是随时批识，先后也许彼此矛盾，说话过火。他们也懒得去理会，反正是消遣，不像书评家负有指导读者、教训作者的重大使命。”[②]

举个例子来说，《伊索寓言》中有一个驴子跟狼的故事，说驴见了狼，假装腿上受伤，对狼说：“我脚上有刺，请帮我拔去，免得你吃我时舌头被刺。”狼信以为真，专心寻刺，被驴踢伤逃走后叹道：“天派我做送命的屠夫，何苦做治病的医生呢！”钱钟书读了这则寓言后评论狼的话说：“这当然幼稚得可笑，他不知道医生也是屠夫的一种。”[③]说医生是屠夫的一种当然是“过火”的语言，但这种语言有存在的

① 钱钟书《一个偏见》。

② 钱钟书《写在人生边上》序。

③ 钱钟书《读〈伊索寓言〉》。

价值，可以写在人生边上。在另一个地方，钱钟书提出一个问题：世界上有这样多的挂牌医生，在实行“仁心仁术”，何以人类还有那么多疾病？钱钟书有一个“过火”的回答：“医生虽然治病，同时也希望人害病；配了苦药水，好讨辣价钱；救人的命正是救他自己的命，非有病人吃药，他不能吃饭。”[①] 钱钟书亦将这种“过火”的说法写在人生边上。

再譬如，不识字的人，当然就是文盲。但是，钱钟书偏偏要说，“认识字的人，未必不是文盲”。[②] 世界上识字最多的人应该是语言学家和文字学家，但有些文字语言学家，在看到文学作品时，往往只觉得眼前乌烟瘴气成一片灰色，说：“文学批评全是些废话，只有一个个字的形义音韵，才有确实性。”钱钟书听到这话后不由得想起格利佛在大人国瞻仰皇后的玉胸，只见汗毛孔，不见皮肤的故事。他说，假如苍蝇认得字，那它对文学的认识一定会和这位语言学家的看法相同。“眼孔生得小，视界想来不会远大，看诗文只见一个个字，看人物只见一个个汗毛孔。”钱钟书继续讽刺说：“说来也奇，偏是把文学当作职业的人，文盲的程度似乎愈加厉害。好多文学研究者，对于诗文的美丑高低，竟毫无欣赏和鉴别。但是，我们只要放大眼界，就知道不值得少见多怪。看文学书而不懂鉴赏，恰等于皇帝时代，看守后

---

① 钱钟书《谈教训》。

② 钱钟书《释文盲》。

宫，成日价在女人堆里厮混的偏偏是个太监，虽有机会，却无能力。”钱钟书亦将此写到了人生边上。

再如，中国古代有所谓“人籁”和“天籁”的问题。钱钟书说：“人籁是寂静的致命伤，天籁是能和寂静融为一片的。”[①] 中国古代诗人已经体会到，“禽兽风涛等一切天籁能和寂静相安相得”，而人事嘈杂常常破坏寂静。叔本华说得更彻底：“思想家应该耳聋”，“因为耳朵不聋，必闻声音，声音热闹，头脑就很难保持冷静，思想不会公平，只能把偏见来代替”。人们从“天籁”那里比从“人籁”那里更能获得灵感。道德教训是“人籁”的一种。钱钟书说：“道德教训的产生也许正是文学创作的死亡”，“义正词严的叫喊，有时是对人生绝望的恼怒，有时是改变职业的试探，有时是中年人看见旁人还是少年的忌妒”。[②]

钱钟书对道德教训所发的最精彩的议论是下面一段话：“头脑简单的人也许要说，自己没有道德而教训他人，那是假道学。我们的回答是：假道学有什么不好呢？假道学比真道学更为难能可贵。自己有了道德而来教训他人，那有什么稀奇；没有道德而也能以道德教人，这才见得本领。有学问能教书，不过见得有学问；没有学问而偏能教书，好比无本钱的生意，那就是艺术了。真道学家来提倡道德，只像店家

① 钱钟书《一个偏见》。

② 钱钟书《谈教训》。

替自己存货登广告，不免自我标榜；绝无道德的人来讲道学，方见得大公无我，乐道人善，愈证明道德的伟大。”这些写在人生边上的话似乎比写在人生正中的话更富有警策和启示性。

钱钟书对吃饭的议论依旧表现出他独有的轻松和幽默。传说，在青年时期，年长他一二十岁的文化名人胡适和郭绍虞都请钱钟书吃过饭，这显然是一件很赏面子的事。但钱钟书的笔锋并不只停留在吃饭的联络感情和社交功能上，而是由吃饭入手挖掘烹调的哲理意义。音乐和烹调是人世间两件最和谐的事物。钱钟书写道："一碗好菜仿佛一支乐曲，也是一种一贯的多元，调和滋味，使相反的分子相成相济，变作可分而不可离的综合。"[①] 哲学要讲调和，西哲莱布尼茨已经说过；音乐要讲调和，儒家典籍中也有明言。所以，"完美的人格，以一贯之的吾道，统治尽善的国家，不仅要和谐得像音乐，也该把烹饪的调和悬为理想"。中国古代的哲学家厨师伊尹就将人世间比喻成做菜的厨房，把伟大的统治哲学讲成惹人垂涎的食谱，《尚书·顾命》也说宰相的工作正如"和羹调鼎"，老子也说"治大国若烹小鲜"。钱钟书由吃饭一直谈到烹调哲学，又由烹调哲学谈到统治哲学。

《写在人生边上》的另一篇东西是《说笑》。"笑是最

① 钱钟书《吃饭》。

流动、最迅速的表情，从眼睛里泛到口角边。”[1]东方朔的文章中写东王公投壶不中，天为之笑；张华说，天笑就是闪电。西人薛德尼·斯密史亦说，电光是天的诙谐。柏格森说，一切可笑都起于灵活的事物变成呆板，生动的举止产生出机械动作。钱钟书在写这些话时，依旧像个书评家在引用材料，但当他的话题从说笑转入幽默以后，辛辣的嘲讽便出现了："一般人并非因有幽默而笑，是会笑而借笑来掩饰他们的没有幽默"，"本来是幽默丰富的流露，慢慢地变成了幽默贫乏的遮盖。于是你看见傻子的呆笑，瞎子的趁淘笑"，"自从幽默文学提倡以来，卖笑变成了文人的职业。幽默当然用笑来发泄，但是笑未必就表示着幽默。刘继庄《广阳杂记》云：驴鸣似哭，马嘶如笑。而马并不以幽默名家，大约因为脸太长的缘故"。一经提倡的幽默，"自然流露的弄成模仿的，变化不居的弄成刻板的。这种幽默本身就是幽默的资料，这种笑本身就可笑"，"所以，幽默提倡以后，并不产生幽默家，只添了无数弄笔墨的小花脸，挂了幽默的招牌，小花脸当然身价大增，脱离戏场而混进文场"。冒牌小花脸使幽默的品格降低，一大半文艺变成了"游艺"，小花脸也使我们笑，这种笑与真有幽默者绝然不同。"真有幽默的人能笑，我们跟着他笑；假充幽默的小花脸可笑，我们对着他笑。"

---

① 钱钟书《说笑》。

为作中国诗画讲稿

钱钟书在西南联大任教授未满一年，连开三门课，教学工作可谓尽心尽力，授课效果有口皆碑，但这并不意味着他可以痛痛快快地把工作干下去。人事关系的紧张正在消磨着他的神经，我们从下面的一段话里也许能品到一点蛛丝马迹：“比我们年轻的人，大概可以分作两类。第一种是和我们年龄相差得极多的小辈；我们能够容忍这种人，并且会喜欢而给以保护；我们可以对他们卖老，我们的年长只增添了我们的尊严。还有一种是比我们年轻得不多的后生，这种人只会惹我们的厌恨以至于嫉忌，他们已失掉尊敬长者的观念，而我们的年龄又不够引起他们对老弱者的怜悯；我们非但不能卖老，还要赶着他们学少，我们的年长反使我们吃亏。这两种态度是到处看得见的。譬如一个近三十的女人，对于十八九岁女孩子的相貌，还肯说好，对于二十三四的少女们，就批判得不留情面了。所以小孩子总能讨大人的喜欢，而大孩子跟小孩子之间就免不了时常冲突。一切人事上的关系，只要涉到年辈资格先后的，全证明了这个分析的正确。”①

1939 年前后在西南联大外文系执教的有吴达元、杨业治、温德、叶公超、吴宓、陈福田、陈定民、陈铨、雷夏、吴可读、李金堂、莫泮芹、冯承植、闻家驷、卞之琳、柳无忌等人。在这些人中间，当然免不了会有一些芥蒂，有时也会发生所谓“大孩子与小孩子之间的冲突”。在这种冲突中，钱钟书所扮演的多半是那种执拗不驯的“小孩子”的角色。有人传言钱钟书曾经说过如下的话：“西南联大外文系根本不行，叶公超太懒，吴宓太笨，陈福田太俗。”②不管怎么说，钱钟书还是辞去了西南联大的教职。

钱钟书在昆明时，结识了一位好朋友。此人姓滕名固，字若渠。滕固是德国柏林大学研究艺术史的博士，1932 年回国，1938 年任国立艺术专科学校校长。西南联大在昆明时，国立艺专亦迁入昆明市南的晋宁县。钱钟书离开昆明前，滕固设宴与他饯别，赠诗云：“十九人中君最少，二三子外我

---

① 钱钟书《读〈伊索寓言〉》。

② 周榆瑞《也谈费孝通和钱钟书》。

谁亲。”钱钟书赋诗赠答：“相逢差不负投荒，又对离筵进急觞；作恶连朝先忽忽，为欢明日两茫茫。归心弦箭争徐急，别绪江流问短长；莫赋囚山摹子厚，诸峰易挫割愁芒。”[①]

钱钟书和杨绛“双燕飞归自海西，双飞归燕不同栖”[②]。在昆明时，钱钟书“空思故国春相逐，苦认前巢路竟迷”。夫妻分离的生活即将结束，钱钟书归心似箭，与滕固饯别后，他去邮局给杨绛发电报，并成诗一首：“预想迎门笑破颜，不辞触热为君还；毅然独客归初伏，远矣孤城里乱山。”[③] 1939年夏，钱钟书回到上海。这年秋天，他应滕固之邀，为国立艺术专科学校作讲稿，写成《中国诗与中国画》一文。

诗和画号称姊妹艺术，正因为如此，所以，人们惯常的说法是“诗是无形画，画是有形诗”，诗画“异体而同貌”，“异迹而同趣”。钱钟书认为，当人们这样谈论诗画时，如果他们是说诗画具有共同的艺术性，那当然是正确的。遗憾的是，好多人在这样谈论诗画时，并不是说的这种意思，而是认为“在中国传统里，最标准的诗风和最标准的画风是一致的”，即中国旧诗和中国旧画同属于倾慕于神韵的“南宗”。这种看法是不符合历史事实的。钱钟书的

① 钱钟书《滕若渠饯别有诗赋答》。

② 钱钟书《双燕》。

③ 钱钟书《发昆明电报绛》。

立论观点是："神韵派在旧诗传统里公认的地位不同于南宗在旧画传统里公认的地位，传统文评否认神韵派是标准的诗风，而传统画评承认南宗是标准的画风。在'正宗''正统'这一点上，中国旧诗画不是一律的。""中国传统文艺批评对诗和画有不同的标准：论画时重视王世贞所谓'虚'以及相联系的风格，而论诗时却重视所谓'实'以及相联系的风格。"[①]

中国画史上最有代表性、最主要的流派是"南宗"，此派起源于唐代。唐代禅家分为北宗的神秀和南宗的惠能，画家亦分为北宗的李思训和南宗的王维。"北宗李思训父子着色山水，流传为宋之赵干、赵伯驹、伯骕以至马、夏辈。南宗则王摩诘始用渲淡，一变钩斫之法，其传为张璪、荆、关、董巨、郭忠恕、米家父子以至元之四大家。"[②] 王维是唐代诗画界的一个重要人物，他既是南宗禅最早的一个信奉者，又是南宗画的创始人，还是神韵诗派的一个头面人物。在王维身上，禅、诗、画三者是一脉相承的，所以，苏轼说，"味摩诘之诗，诗中有画；观摩诘之画，画中有诗"。[③] 王维绘画，将桃杏芙蓉莲花同置一景，将芭蕉置于雪景中，画物不问四时，画人不拘形似。王维的诗歌，所使用的亦是

---

① 钱钟书《中国诗和中国画》。

② 董其昌《容台别集》卷四。

③ 苏轼《东坡题跋》卷五。

大写意手法，不着一字，尽得风流。王维笔下的诗画，是同一艺术原理在两门不同艺术里的体现。

站在“神韵派”的立场上看，“写景工密的诗、叙事流畅的诗、说理痛快的诗都算不得‘风骚流别’里的上乘”。例如，谢灵运和柳宗元的风景诗都是刻画细致的，白居易的诗叙事说理兼备，他们在神韵派眼里，可能都算不得上乘。但是“王右丞、韦苏州澄淡精致，格在其中”，不妨于遒举，此二人是神韵派诗人中的佼佼者。钱钟书认为，“神韵派在旧诗史上算不得正统，不像南宗在旧画史上曾占有统治地位。唐代司空图和宋代严羽似乎都没有显著的影响”，明清两代亦未形成主流。王维虽然是大诗人，而且诗与画“异迹而同趣”，但他在旧画里坐第一把交椅，却不能在旧诗里坐第一把交椅。“中唐以后，众望所归的最大诗人一直是杜甫”，“王维和杜甫相比，只能算是‘小的大诗人’，而他的并肩者韦应物可以说是‘大的小诗人’”。[①] 神韵诗派中亦有人认为，“摩诘不宜在李、杜下”，但这一派诗人对李、杜等正宗派诗人，公开抗议的不多，口不应心地附议者居多。

在“画品”中，北宗吴道子没有南宗王维高。“但是，比较起画风和诗风来，评论家把‘画工’吴道子和‘诗王’

① 钱钟书《中国诗和中国画》。

杜甫归在一类。换句话说，画品居次的吴道子的画风相当于最高的诗风，而诗品居首的杜甫的诗风相当于次高的画风。”西洋文评家谈论中国诗时，“把词气豪放的李白、思力深刻的杜甫、议论畅快的白居易、比喻络绎的苏轼都给神韵淡远的王维、韦应物同化了”，所以他们在鉴赏中国诗时，往往仿佛是在鉴赏中国画。和西洋诗相比，“中国旧诗大体上显得情感不奔放，说话不唠叨，嗓门儿不提得那么高，力气不使得那么狠，颜色不着得那么浓。在中国诗里算是‘浪漫的’，和西洋诗相形之下，仍然是‘古典的’；在中国诗里算是痛快的，比起西洋诗，仍然不失为含蓄的。我们以为词华够鲜艳了，看惯纷红骇绿的他们还欣赏它的素淡；我们以为‘直恁响喉咙’了，听惯大声高唱的他们只觉得是低言软语。同样，束缚在中国旧诗传统里的读者看来，西洋诗里空灵的终嫌着痕迹、费力气，淡远的终嫌有烟火气、荤腥味，简洁的终嫌不够惜墨如金。这仿佛国际货币有兑换率，甲国的两毛零钱折合乙国的一块大洋。西洋人评论不很中肯，那可以理解。他们不是个中人，只从外面看个大概，见林而不见树，领略大同而忽略小异”。我们中国人不应这样，我们应分清楚中国诗画中的细枝末节。

在评论中国的诗书画时，宋代苏轼具有承前启后的作用。苏轼在《书吴道子画后》《王定国诗叙》《书唐氏六家书后》诸文中既反复推重杜甫为古今诗人之首，同时又将杜甫诗、韩愈文、颜真卿书、吴道子画相提并论，“这是平常的正统见解”，但苏轼在《书黄子思诗集后》一文中又流露出异端情绪。“苏轼论诗似乎到头来也倾向神韵派，和他论画很早就倾向南宗，标准渐渐合拢了。”

钱钟书站在中西合璧的立场上说：“对一个和自己的风格绝然不同或相反的作家，爱好而不漠视，仰企而不扬弃，像苏轼对司空图的企慕，文学史上不乏这类事。”在中国，白居易向往李商隐，陆游向往梅尧臣；在外国，歌德向往斯宾诺莎，波德莱尔向往雨果、巴尔扎克，马拉美向往左拉。这样的例子还可以举好多。古希腊人说：“狐狸多才多艺，刺猬只会一件看家本领。”如果把人的才能分为狐狸型和刺猬型两种，那“莎士比亚、歌德、巴尔扎克等属于狐狸型，但丁、易卜生、陀思妥耶夫斯基等属于刺猬型，而托尔斯泰是天生的狐狸，却一心要作刺猬”。中国也有许多狐狸型和刺猬型作家，苏轼是典型的狐狸型作家，但到了后来，他却渐渐地企羡刺猬型作家了。

《中国诗与中国画》是一篇严整的论文，滕固本来要将它收入《中国艺术论丛》第 2 辑，但书未及成，滕固却于 1941 年 5 月病逝。钱钟书到湖南国立师范学院任教时，将其发表在 1940 年 2 月出版的《国师季刊》第 6 期上。《国师季刊》印刷量很少，后来，顾颉刚又将此文刊载于齐鲁大学国学研究所主办的《责善》半月刊上。

赴湖南“国师”任教

1939年秋，钱钟书从昆明回到上海，其诗云：“初凉似贵人，招请不肯致。及来不待招，又似故人至。颇怪今年秋，未挟雨张势。但凭半夜风，隔日如判世。”[①]秋凉送走了夏热，但随着日寇的步步入侵，中国人的日子并不好过。抗日战争初期，国民政府筹建了六所师范学院，其中的一所就是湖南师范大学的前身——湖南国立师范学院。1938年11月，钱基博应老朋友廖茂如的邀请，成为这所学院国文系的第一位系主任。钱基博有意让钱钟书也到国师任教，理由是自己老病交加，父子同校可以相互照应。廖茂如为此亲来上海，聘请钱钟书担任外文系主任。

① 钱钟书《杂书》。

去还是不去，钱钟书一度犹豫不决。有诗为证："勿喜暑全收，反忧假过半。妇不阻我行，而意亦多恋。所愿闭门居，无事饱吃饭。惯与伴小茶，儿戏浑忘倦。""自笑一世豪，狎为稚子玩。"在西洋古代，每逢有人失踪，大家会说，这人不是死了，就是教书去了。对于钱钟书来说，这次湘行"教书是坏运气的一部分"，所以他"对于远行有说不出的畏缩，能延宕一天是一天"。[①] 但命运已经注定了钱钟书非得去湘西不可，因为作为文学家的他不能缺少这一段阅历。钱钟书湘行前，友人冒效鲁以诗相赠："岂不欲子留，饥驱不容缓。独此方寸心，不与境俱远。回思谈艺欢，抗颜肆高辩。""去去好铸人，大我邦国本。不尔勤著述，砭俗振疲软。慎毋为乡愿，随众效姝暖。得暇倘寄书，慰我别后眼。"[②]

钱钟书以诗奉答："勤来书札慰离情，又此秋凄犯险行。远出终输翁叱犊，漫游敢比客骑鲸。巳丁乱世光阴贱，转为谋生性命轻。与子丈夫能壮别，不教诗带渭城声。"[③] 钱钟书10月份已预订好了上海至浙江宁波间的船票，但因日寇封锁港口，一切船只严禁通行。二十几天后，他才得到轮船起航的通知。临行前，钱钟书和杨绛对月待旦："一叹夜阑宁

---

① 钱钟书《围城》第134页。

② 冒效鲁《叔子诗稿》。

③ 钱钟书《叔子赠行有诗奉答》。

秉烛，免因圆缺惹愁欢。”[①]“市籁咽寒方待日，曙光蚀黯渐欺灯。困情收拾聊申旦，驼坐披衣不语僧。”[②]

1939 年 11 月初，钱钟书从上海出发前往湘西，同行的有徐燕谋、邹文海等人。徐燕谋，江苏昆山人，钱基博的学生，钱钟书就读桃坞中学时的同学。钱钟书读清华时，徐燕谋已执教于光华附中，钱钟书到光华大学任讲师时，徐燕谋亦已在光华大学任教。这次湘行，是钱钟书和徐燕谋第二次共事英语教学。邹文海亦是钱钟书的江苏老乡，儿时曾和钱钟书同读于东林高小，后来又成为清华校友。日寇肆虐，中国的大学已不能在大城市存身，湖南的两所大学都迁入偏僻的湘西。湖南国师存身于安化，湖南大学存身于辰溪。邹文海是赴辰溪执教。

轮船先达宁波。作为唐宋以来重要的对外贸易港口，宁波还保存有我国现存历史最久的藏书楼“天一阁”，钱钟书没有工夫参观这处名胜，但却顺路游览了宁波郊外的雪窦山，其诗云：“天风吹海水，屹立作山势。浪头飞碎白，积雪疑几世。”[③]钱钟书由山峦的蜿蜒高低想到了海水的波浪起伏。“乃知水与山，思各出其位。譬如豪杰人，异量美能备。固哉鲁中叟，只解别仁智。”雪窦山一副太古的面容，瀑布在

① 钱钟书《对月同绛》。

② 钱钟书《待旦》。

③ 钱钟书《游雪窦山》。

其中不舍昼夜地奔流，“辛酸亦有泪，贮胸敢倾吐”。“相契默无言，远役喜一晤。”“衷曲莫浪陈，悠悠彼行路。”游雪窦山时，钱钟书心情尚好，看“田水颇胜师”，观“寺梅若可妻”，视“新月似小女”，但到了后来，情况就慢慢变了。

从宁波到溪口，钱钟书一行先乘汽油船，后乘黄包车，足足走了一天。此后全部乘长途汽车，每站都得停留三天五天，不是买不到票，就是等待行李到达，没有一站是顺利通过的。开始时他们还利用等车的时间就近寻险探幽，之后因步步为营，心境愈来愈恶劣，慢慢懒得动弹了。车到江西宁都县，这里在清代初年产生了三个散文家：魏祥、魏禧和魏礼，文学史上并称“宁都三魏”。钱钟书在宁都夜梦女儿，其诗云：“汝岂解吾觅，梦中能再过。犹禁出庭户，谁导越山河。汝祖盼吾切，如吾念汝多。方疑背母至，惊醒失相诃。”[①] 从宁都到吉安，又逢阴雨，“听雨居然此亦楼，潇潇心上合添秋”。“眼前风物无堪恋，强挽诗人七日留。”[②] 一停又是七天，但路程仅仅过半。

从江西的吉安到湖南的耒阳，要穿过罗霄山岭；从耒阳到安化县蓝田镇，亦是一路坎坷艰难。“十里断炊烟，荆棘未剪伐。”“车行历崎岖，疾徐漫无节。上坡蜗缘墙，下坡鹿惊筈，时或折其轴，时或脱其辖。人处车厢中，若指之受

---

① 钱钟书《宁都再梦圆女》。

② 钱钟书《吉安逆旅作》。

搒。男履错女舄，痴突互填轧。衣襟污呕吐，行李纷撞捽。壮夫烂漫睡，张口出小鳜。老弱伛偻立，缩头入瓮鳖。”[1]这是徐燕谋用诗笔留下的文字。再看钱钟书用文笔所做的描写,《围城》第五部分显然更为详尽，更带有某种艺术真实。

徐燕谋的诗偏于记行，钱钟书的小说则从衣食住行诸方面全方位描述。他们在沿途所吃的东西是“大碟子里几块半生不熟的肉，原是红烧，现在像红人倒运，又冷又黑。旁边一碟馒头，远看也像玷污了清白的大闺女，全是黑斑点，走近了，这些黑点飞升而消散于周遭的阴暗之中，原来是苍蝇。这东西跟蚊子臭虫算得小饭店里的岁寒三友，现在刚是深秋天气，还显不出它们的后凋劲节”。[2]他们所睡的地方蚤虱臭虫猖獗，常常咬得人体无完肤，抓得人指无余力。“每一处新鲜明确的痒，手指迅雷闪电似的捺住，然后谨慎小心地拈起，才知道并未捉到那咬人的小东西，白费了许多力，手指间只是一小粒皮肤屑。好容易捺死一个臭虫，宛如报了仇那样舒畅，心安虑得，可以入睡，谁知道杀一并未儆百，周身还是痒”，到后来只得学如来佛“舍身喂虎的榜样，尽那些蚤虱去受用”，可是早上醒来，“居然自己没给蚤虱吃个精光，收拾残骸剩肉还够成个人，可是并没有成佛”。

① 郑朝宗《续怀旧》引徐燕谋《纪湘行》，载《随笔》1987年第2期。

② 钱钟书《围城》第166页。

在前往湖南“国师”任教的征途中，钱钟书等人“逢树便逢停村便宿，与牛同寝豕同兴。昨宵蚤会今宵蚤，前路蝇迎后路蝇”，“形羸乃供蚤饱，肠饥不避蝇余”，“每至人血我血，搀和一蚤之腹；彼病此病，交递一蝇之身”。[①] 奇怪的是，在如此恶劣的征途中，钱钟书却依旧能“怡然自得，手不释卷”。同行的邹文海凑上前看他看的是什么书。“咦！原来是一本索然寡味的英文字典！”这玩意儿怎么可以在手中翻弄一月，邹文海心中不解。钱钟书说：“字典是旅途中的良伴，上次去英国时，轮船上惟以约翰生博士的字典自随，深得读字典的乐趣，现已养成习惯。”邹文海说：“我最讨厌字典，看书时宁可望文生义地胡猜，也不想啰唆地查字典。”钱钟书笑道：“你这种不求甚解的态度只可以用于泛读，不能用之于精读。而且旅途中不能作有系统的研究，惟有随翻随玩，遇到生冷的字，固然可以多记几字的用法。更可喜者，前人所著字典，常常记载旧时口语，表现旧时的习俗，趣味之深，有不足为外人道者。”[②]

---

① 钱钟书《谈艺录》第184页。

② 邹文海《忆钱钟书》，载1962年台北《传记文学》创刊号。

湘西空谷净魂灵

经过一个多月的长途跋涉，到达湖南耒阳时已是1940年初，清晨起来，钱钟书成诗一首："破晓鸡声欲彻天，沉沉墟里冷无烟。哦诗直拟陶元亮，误落尘中忽卅年。"[1]就庭训家教而言，钱基博是希望钱钟书能够成为像陶元亮（渊明）那样的人物，实际上三十初度的钱钟书身上已有了陶渊明的一些气质。这次赴湘虽路过陶渊明所居省份江西，但却没有经过陶渊明所居的浔阳柴桑。陶渊明像钱钟书这么大时起家为江州祭酒，而钱钟书此行则是去"国师"拟任外文系主任。从上海至湘西，钱钟书沿路都在给杨绛写信，而且，沿路所经，都有诗作。到了蓝田，他的诗稿已经积满一

① 钱钟书《耒阳晓发是余三十初度》。

册。钱基博的助教吴忠匡，小钱钟书6岁，他将这册诗稿拿到小镇上仅有的一家小印刷所用折子本印了二百份。这就是后来的所谓《中书君近诗》。

钱钟书任教的这所学院位于湖南省安化县蓝田镇（今名涟源）西北一里许的“李园”。“李园”的主人即近代史上湖南安化籍名人李燮和。李燮和早年叱咤风云，1915年和杨度、严复、刘师培等人为洪宪帝（袁世凯）效劳，晚年在老家修建府第。将“国师”的院址定在蓝田镇“李园”是很有眼光的，因为这里“绝非战略上必争之地，日本人唯一豪爽不吝啬的炸弹不会浪费在这个地方”。[①] 开始时，学院图书馆“通共不上一千本书，老的、糟的、破旧的中文教科书居其大半，都是因战事而停办的学校的遗产”[②]。后来，学院“接收来部分山东大学和安徽大学的图书，又用巨款典借自长沙迁运来小镇上的湖南南轩图书馆全部藏书，举凡《四部丛刊》《备要》《四库珍本》《丛书集成》以及明清名家诸集刻本”[③]，也还算应有尽有。

湖南“国师”的教师，有许多都是从上海光华大学过来的，其中院长廖世承，字茂如，江苏嘉定人，清华大学毕业后在美国布朗大学获哲学博士，钱钟书入读清华前，他已

① 钱钟书《围城》第195页。

② 同上，第203页。

③ 吴忠匡《记钱钟书先生》。

是上海光华大学副校长。教授和教师中，钱基博、汪梧封、储安平、钱钟书、徐燕谋等人都曾在光华大学任教。钱钟书到校后，于1940年1月8日在“国师”的第35次纪念周上作了一次讲演，2月3日，他又在英语学术会上讲演“美国的英文”，6月11日，廖院长聘请钱钟书等人担任统一招生委员会委员。

“国师”所在地面积约百亩，左为锡矿山，右为光明山，校园内方塘曲溪，林秀木翠，空气清新，风景宜人。在国民党军队从中国各大城市节节败退、共产党所领导的军队深入敌后开展艰苦卓绝的抗日战争的当日，能够有这么一块安静的教书育人环境，的确是很难得的。即使是在国家断续存亡之际，也不可能让所有人都上前线抛头颅、洒热血。钱家父子在湘西空谷中埋头教书育人，他们是在教育和文化领域“抛头颅、洒热血”的人。从湖南“国师”出来的学生，如郭晋稀、彭祖年等人，后来都成了中华人民共和国大学的教授。

在湖南“国师”，钱氏父子的故事流传甚广。儿子钱钟书很高傲，有一次，他又在课堂上用批评西南联大外文系教授那样的口吻批评他的父亲：“家父读的书太少。”有的学生听了他的话不以为然，将钱钟书的话转述给钱基博先生，钱基博笑道：“钟书说得对，我是没有他读的书多。首先，他懂得好几种外文，我却只能看林琴南译的《茶花女遗事》；

其次，就是中国的古书，他也比我读得多。”[1]

钱基博是一个孜孜不倦的学者，他从上海来到湘西，协同廖世承创建“国师”，在院门的两边，留存着他所书写的墨迹：“山对光明，毋玩日曷月；士希圣贤，好由义居仁。”在院大礼堂的门框上，亦有钱基博书写的对联：“河山诚大好，衡岳陵，湘水清，匡庐秀，赣流长，钟南州灵淑之谓材，陶铸群伦归我范。问学亦何常，屈原骚，濂溪易，永叔文，陆子理，以景行合两省圣贤，从容中道作人师。”钱基博还为“国师”制院训，作院歌，其主题都是所谓“仁爱精勤”。钱基博在国文系的讲演报告是《为人师者何以处国难》。国难当头，钱基博又拾起《孙子兵法》之旧业，并应李默庵将军邀请，赴南岳抗日干部训练班演讲。钱基博在“国师”期间，还编著了《近百年湖南学风》一书，后收入储安平编辑的“袖珍文库”。

钱钟书和乃父不同，他对“何以处国难”这样的应急题目不感兴趣，也不喜欢空泛地谈论“仁爱精勤”，他在本质上仍是一位读书人，志在创作。钱钟书一直在观察和思考人性问题，《围城》中写道：“天生人是教他们孤独的，一个个该各归各，老死不相往来。身体里容不下的东西，或消化，或排泄，是个人的事；为什么心里容不下的情感，要找

① 刘世南《记默存先生与我的书信交往》，载《记钱钟书先生》一书，大连出版社，1995年版。

同伴来分摊？聚在一起，动不动自己冒犯人，或者人开罪自己，好像一只只刺猬，只好保持着彼此间的距离，要亲密团结，不是你刺痛我的肉，就是我擦破你的皮。”同性相违，所以“男人跟男人在一起像一群刺猬”；三闾大学范小姐与孙小姐同住一个屋子，其关系“照例不会要好”。异性相吸，所以，方鸿渐在回国的船上就与鲍小姐有所勾搭，在去三闾大学后，又糊里糊涂地与孙柔嘉结了婚。一个男人与两个女人在一起，就会产生一种既相斥又相吸的关系。“方鸿渐正抽着烟，鲍小姐向他伸手，他掏出香烟匣来给她一支，鲍小姐衔在嘴里，他手指在打火匣上作势要为她点烟，她忽然嘴迎上去，把衔的烟头凑在他抽的烟上一吸，那支烟点着了，鲍小姐得意地吐口烟出来。”方、鲍二人的动作使得“苏小姐气得身上发冷，想这两个人真不要脸，大庭广众竟借烟卷来接吻”。三闾大学李梅亭教授的观点是“男女同事来往不宜太密”，“中西文明国家都严于男女之防，师生恋爱是有伤师道尊严的，万万要不得，为防患未然起见，未结婚的先生不得做女学生的导师”。赵辛楣教授反讽说：“假使不结婚的男先生训导女学生有师生恋爱的危险”，那么，“结了婚的男先生训导女生更有犯重婚罪的可能”。赵辛楣对借书的恋爱作用更阐述得细致入微：“女人不肯花钱买书，大家都知道的。男人肯买糖、衣料、化妆品，送给女人，而对于书只肯借给她，不买了送她，女人也不要他送。这是什么道理？借了要还的，一借一还，一本书可以做两次接触的借口，而且不着痕迹。这是男女恋爱必然的初步。”

在苦读精勤这一点上，蓝田“国师”的这一对教授父子可谓一脉相承。除了教书授课以外，钱基博每天自清晨到深夜，总是端坐在他的大书案前无间息地、不倦怠地著书立说，编撰中国文学史，写读书日记。钱钟书亦是整天埋头苦读，足不出户。一般午前的时间，他都用来阅读外语书籍，大部分是他从国外带回来的。阅读间歇时，他阅碑帖、临写草书，大都是苏、褚、二王的字，还有近人张裕钊的楷书。午后和夜晚的时间，他都用来翻检所能到手的中国四部古籍，或是伏案写作。钱钟书是一个公认的博闻强记者。“凡经他浏览过的典籍，几乎过目不忘，一些名家的大集不说，某些杂记小说和小名家诗文，你只要考问他，他也能够穷源溯流，缕述出处，甚至一字不漏地背诵出来。”①

由于学院地处湘西空谷中，刚建院后一段时间，全院师生都用灯芯草桐油盏照明，稍后改用植物油灯。冬季严寒，屋内都用木炭盆生火取暖。钱钟书读书写作至午夜，常用废旧纸包裹鸡蛋，用水湿透，投进炭火，煨熟作夜宵。小屋内一灯晶莹直到午夜以后。钱钟书作诗说：“昔游睡起理残梦，春事阴成表晚花。忧患遍均安得外，欢娱分减已为

① 吴忠匡《记钱钟书先生》。

奢。宾筵郁郁冰投炭，讲肆悠悠饭煮沙。笔砚幸堪驱使在，姑容涂抹度年华。”[①] 人的本能是追求欢娱，但重重的忧患已将欢娱剥蚀殆尽，仅余的一点已成为生活的奢侈品。摆下一桌筵席请这些大都市来的教授赴筵，但赴筵者如冰投炭，心情郁郁不欢。讲完课所吃的是掺着沙粒的米饭，生活虽然凄苦，但笔墨纸砚书籍俱在，对于一辈子钟情于书的钱钟书来说，湘西空谷中的生活就是这样走过来的。

① 钱钟书《燕谋、忠匡相约作诗遣日，余因首唱》，见吴忠匡《记钱钟书先生》一文。又见《槐聚诗存》中的《笔砚》。

心事流萤光自照

钱钟书在本质上是一个纯粹又纯粹的学者，在令人眼花缭乱的书海中，他可以乘风破浪，上天入地，自由翱翔。系主任这个职位，对于他的天性而言，似乎不太合适；尽管如此，他依旧尽心尽力地操劳着。外文系的教师只有十人左右，除了承担本系的课，还要负责全院的外语教学。经过光华大学和西南联大的锤炼，教书对于他来说，已经不是什么问题，但钱钟书还承担着全系的管理工作，除了教书、讲演外，遇有生病的老师，他亦得代其上课。

在湖南“国师”这个百来人的教师队伍中，无论年老还是年少，出外都喜欢提根手杖，“一些当上了教授的和想望当教授而俨然以教授自居的，在同伙和学生面前，每好装模作样地表现自己，或是隐藏起一些什么东西，显得十分可笑”。钱钟书对人类的虚荣心有足够的警惕，他对“这些来自三家村学究式的种种自欺欺人的生活态度，自然看不上眼”；“在某些场合，他总是尽可能地躲开他们”，若是迎面碰上躲不开时，“他总是低着头，旁若无人似地径自走去”[①]。这显然是一种极其单纯的、书生气的为人处世作风。在书本以外的日常生活领域，钱钟书也常常闹出一些异乎常情的笑话，人们嘲笑他书生气，他对此缺乏足够的自觉。“譬如，他每次上街，走着走着就迷失了方向，找不回自己的宿舍了。他也不会买东西，买了贵东西，还以为便宜。可他从不甘心承认自己的书生气，他常辩说自己最通晓世上的人情和世故，说自己从书本中早已经省识了人生和社会上的形形色色。”[②]

钱钟书天才横溢，才逾八斗，腹笥无不有，“如海收百川，万怪尽函负”[③]，听他“侃大山”最能引人入胜。在湘西僻壤教书，没有文化娱乐和消遣，能够称得上最开心的活动，就是晚饭后，三五好友聚在一起聊天。“每到这一时刻，钱钟书就显得容颜焕发，光彩照人，口若悬河，滔滔不绝。”“他才思敏捷，富有灵感，又具有非凡的记忆力和尖锐的幽默感”，其音色圆润，语调极富吸引力。“当他评

① 吴忠匡《记钱钟书先生》。

② 同上。

③ 同上。

论某一古今人物时，不但谈论他的正面，也往往涉及他们的种种荒唐事，譬如袁子才（枚）、龚定庵（自珍）、魏默深（源）、曾涤生（国藩）、李越缦（慈铭）、王壬秋（闿运）等，他都能通过他们的遗闻轶事，表露得比他们的本来面目更为真实。”[①] 契诃夫说：“书是音符，谈话才是歌。”许多人都读过钱钟书的书，但和钱钟书谈过话的人却不多。吴忠匡在湘西时，多次亲聆钱钟书“侃大山”，他认为钱钟书的清谈，其证据出入无方，大似老吏断狱，听他说话，不只是尽情地吞噬和分享丰富的知识，还可以享受他所独有的音质感和色泽美。有一次，吴忠匡和钱钟书在晚饭后到徐燕谋所住的金盆园寓所闲聊，一些同人围上前来助兴，钱钟书“上下古今，娓娓不倦，到激情处，他挥着手杖，手舞足蹈”[②]。兴尽告别时，人们才发现徐燕谋先生的蚊帐已被戳破了好几个窟窿。

钱钟书赴湘西任教时，西南联大方面并没有停止对于他的争论。1940 年 3 月，联大外文系没有聘用钱钟书，吴宓为此愤愤不平，但吴宓的好友陈寅恪先生劝吴宓说：“不可强合，合反不如离。”这年 11 月，聘用钱钟书的事又在会上被提出，“忌之者明示反对，但卒通过”。[③] 1940 年暑期，

① 吴忠匡《记钱钟书先生》。

② 同上。

③ 吴宓《雨僧日记》1940 年 3 月 12 日、11 月 4 日。

钱钟书和徐燕谋结伴回上海探亲，道路不通，半途折回。1941年暑假，钱钟书取道广西经由越南海防“搭海轮到上海，准备小住几月再回内地。西南联大外语系主任陈福田先生到了上海特来相访，约他再回联大”。[①] 钱钟书《春怀昆明作》云：“愁喉欲割终难觅，春脚未除看又临。自有生来摧老至，断无地往避忧侵。且任积毁销吾骨，只觉多情累此心。微抱芳时同待尽，瞢腾眠食送光阴。”[②]

哲人活在世上并不轻松。因为哲人的生活除了和一般人的“眠食”同样外，他还有不同于一般人的向往。过分地斥责世俗使得一般人觉得他太狂，“积毁”跟着到来。钱钟书所谓“且任积毁销吾骨，只觉多情累此心”，其上句表明他能冷峻地对待世俗舆论，下句则关系到他作为一个诗人、文人的身份。在湖南“国师”的山斋里，从己卯除夕到庚辰除夕乃至以后，钱钟书一直没有间断写旧体诗。在他的笔下，既无难状之景物，亦无不可达之情怀；钱的诗笔，既能化腐朽为神奇，又能使一些抽象的理念具象化、形象化。在钱钟书的诗文中，人们能够看到他那“满头脑的聪明和灵感，满腹的精神和文采，还有全身的技巧和解数”（吴忠匡语）。且看他所写的两首除夕诗，第一首是：“别岁

---

① 杨绛《钱钟书与〈围城〉》。

② 此诗《槐聚诗存》未收。本文转引自范明辉《钱钟书与〈围城〉》笺证稿。

依依似别人，脱然临去忽情亲。寸金那惜平时值，尺璧方知此夕珍。欲藉昏灯延急景，已拚劫火了来春。明朝故我还相认，愧对熙熙万态新。”[①] 第二首是：“曾闻烧烛照红妆，守岁情同赏海棠。迎送由人天梦梦，故新泯界夜茫茫。污卮敝屣行将弃，残历寒炉黯自伤。一叹光阴离乱际，毋庸珍惜到分芒。”[②]

同是咏除夕，第一首写寸阴寸金，意在珍惜此夕；第二首慨叹光阴乱离，大可不必尺尺寸寸地顾惜。作为诗人和文人，愁情总是以“剪不断，理还乱”的态势缠绕着他，但钱钟书却能比较幽默地看待这种愁情：“愁挟诗来，诗伴愁至”；“有愁宁可无诗好，我愿无愁不作诗。”[③] 然而，愁多了也并非都是好事。当钱钟书有半年多时间未见到杨绛时，他不由得愁情满怀，恨不得立刻回到上海去。但是，兵荒马乱，道路阻隔，他并不能想回去就回去。钱钟书只有借诗遣愁了：“归计万千都作罢，只有归心不羁马。青天大道出偏难，日夜长江思不舍。乾愁顽愁古所闻，今我此愁愁而哑。口不能言书不尽，万斛胸中时上下。恍疑鬼怪据肝肠，绝似城狐鼠藏社。鲠喉欲吐终未能，扪舌徒存何为者。一叹窃比渊明琴，弦上无声知趣寡。不平物犹得其鸣，独我忧心诗莫

① 钱钟书《己卯除夕》。
② 钱钟书《庚辰除夕》。
③ 钱钟书《愁》。

写。诗成喋喋尽多言，譬痒隔靴搔亦假。”[1]

钱钟书的许多诗，都是写自己的愁情，遣自己的愁怀。钱钟书把写作旧体诗作为自己生活的一个部分，让激情在愁怀中徜徉，让意念寻找语言的配偶，让哲理去融会审美之朦胧。傍晚观残照昏鸦，其诗云：“野塘水漫浮牛鼻，古道尘旋没马头。亟待清风屠宿暑，便能白露沃新秋。出门有碍将奚适，落日无涯尽是愁。百计不如归去好，累人瞑色倚高楼。”[2]晚步归来，微风习习，满目丛竹，又是一个清凉的夜晚：山斋凉夜，孤萤隐竹；山斋晚坐，百虫浴露；山斋不寐，蛙鸣成市。如此诗意般的生活，还真有点陶渊明的味道，但陶渊明“结庐在人境，而无车马喧”的心态今人并不能企及，钱钟书深谙于此，所以他对自己“诗成喋喋尽多言，譬痒隔靴搔亦假”的作风进行无情的自嘲。

本时期更有名的一首诗是由湘西山谷中的萤虫引发的。萤火虫是湘西空谷中一种常见的小虫，当黑夜来临时，点点光亮引起钱钟书的无限联想。其诗说：“孤村乱山攒，着春地太少。春应不屑来，新正忽夏燠。日落峰吐阴，瞑色如合抱。墨涅输此浓，月黑失其皎。守玄行无烛，萤火出枯草。孤明才一点，自照差可了。端赖斯物微，光为天地保。流辉

① 钱钟书《遣愁》。

② 钱钟书《晚步》。

坐人衣，飞熠生木杪。从夜深处来，入夜深处杳。嗟我百年间，譬冥行长道。未知所税驾，却曲畏蹉倒。辨径仗心光，明灭风萤悄。二豪与螟蛉，物齐无大小。上天视梦梦，前途问渺渺。东山不出月，漫漫姑待晓。”[①]

有关萤火虫，《围城》中他写道：“天空早起了黑云，漏出疏疏几颗星，风浪像饕餮吞吃的声音，白天的汪洋大海，这时候全消化在更广大的昏夜里。衬了这背景，一个人身心的搅动也缩小以至于无，只心里一团明天的希望，还未落入渺茫，在广漠澎湃的黑暗深处，一点萤火似的自照着。”山间的萤虫“从夜深处来，入夜深处杳”，“孤明才一点，自照差可了”。宇宙间的“萤虫”又会是什么样子？在数也数不清的星空中，人类所居栖的地球不正是一只小萤虫吗？“上天视梦梦，前途问渺渺。东山不出月，漫漫姑待晓。”由此联系到如梦之人生，钱钟书慨叹道：“嗟我百年间，譬冥行长道”，“辨径仗心光，明灭风萤悄”。黑暗笼罩着宇宙，笼罩着世界，同时亦笼罩着人的心灵。“心事流萤光自照，才华残蜡泪将干。”[②]在强大的客观外在面前，人的能力是十分渺小的。但只要人心不死，他就要流萤发光。《围城》中描写人与人之间的暌隔说：“仿佛黑牢里的禁锢

① 钱钟书《新岁见萤火》。

② 钱钟书《刘大杰自沪寄诗问讯和韵》。

者摸索着一根火柴，刚划亮，火柴就熄了，眼前没看清的一片又滑回黑暗里。譬如黑夜里两条船相迎擦过，一个在这条船上，瞥见对面船舱的灯光里正是自己梦寐不忘的脸，没来得及叫唤，彼此早距离远了。这一刹那的接近，反见得暌隔的渺茫。”人性尽管有暌隔，但人文却可以融合。钱钟书孜孜不倦地进行人文写作不只是揭示人的暌隔，而同时亦是在打通这种暌隔。

怀忧抱患《谈艺录》

在钱钟书的学术著作中，有一部名著叫《谈艺录》。此书与《围城》是钱钟书在40年代铸就的双璧。《谈艺录》写作的起根发苗可以追溯到1939年夏。钱钟书“雅喜谈艺，与并世才彦”多有结交，相互间聊起这方面的话题，总有脍炙人口之余味。从西南联大回到上海后的一天，和钱钟书一样“言诗有癖”的冒效鲁说：“吾人谈诗多有妙语，只可惜咳唾之间，就随风飘去了，还是应写一部诗话为好。”诗友的话说得钱钟书心里直发痒，从此以后，钱钟书便开始了《谈艺录》的写作。

在写作《谈艺录》前，钱钟书已有谈论诗文的学术文章多篇，散见于国内各刊物。他原来的打算是想将这些论文“汇成一集”，作为内篇，再写诗话一部，作为外篇，使二者“表里经纬”浑然一体。此意萌生之初，他不得不去湘西“国师”任教，穷山中“悄焉寡侣，殊多暇日”，兴会到来之时，他便写出数则，前后没有连贯。书写“用的是小镇上所能买到的极为粗糙的直行本毛边纸。他每晚写一章，二三天以后又修补，夹缝中，天地上，填写补缀得密密麻麻”。[①] 每写完一章，钱钟书都交给好友吴忠匡阅读。最先写成的是“陶潜、李长吉、梅圣俞、杨万里、陈简斋、蒋士铨等章节”。1941 年夏，钱钟书离开湘西前，已尽力将整个稿件清誊一遍，并在原稿本上大笔一挥，写下“付忠匡藏之”五个大字。然而，湘西所完成的部分，仅仅是《谈艺录》的一半，《谈艺录》的另一半，是回到上海时写成的。

1941 年，一个酷热的夏天，钱钟书带着誊录好的《谈艺录》文稿和徐燕谋结伴自湘西返沪。他们吸取 1940 年阻兵未归之教训，“迂道广西郁林至湛江，乘货轮渡海”[②]，辗转回到上海。1942 年，钱钟书赠诗给徐燕谋说：“去年六月去湖南，与子肩舆越万山。地似麻披攒石皱，路如香篆向天弯。只看日近家何远，岂料居难出更难。差喜捉笼囚一处，

---

① 吴忠匡《记钱钟书先生》。

② 参见《徐燕谋诗草》和钱子泉 1941 年 7 月 26 日《与郭晋稀书》。杨绛《钱钟书与〈围城〉》说“由广西到海防”与徐说不同，待查。

伴鸣破尽作诗悭。”[①]

无锡沦陷后，钱钟书的母亲、叔父等家人住在上海法租界的辣斐德路（今名复兴中路），杨绛一家和她的姑母也同在上海居住。钱钟书原计划在上海小住一段时间便回内地教书，此时西南联大外文系主任陈福田特来上海约钱钟书再回昆明。《槐聚诗存》中《又将入滇怆念若渠》一诗当作于此时。若渠即前文所述之滕固，是一位年长钱钟书10岁的艺术史专家。滕固去云南时，其诗云：“回首昆明湖水畔，繁花高柳尚留人。”钱钟书回到上海时，得知滕固病逝的噩耗，不由得抚棺痛哭，悲摧肺肝，作成五言诗六十二句三百一十字。

在钱钟书所接触的文人中，滕固乃知音之一。钱钟书所想不通的是，滕固不应该只有41岁的寿命：“子寿讵止此，止此宁天悭。”[②]天未免太吝啬了，给了他的好友如此短促的寿命。钱钟书愤愤不平于天命之专横，使人在寿命面前“自主乃无权”；后死的人不能甘心如此，假如魂灵界有司法部，人们有朝一日定会“叩天讼其冤”。“故乡陷豺虎”，人命不若纸。鬼魂庶能归，友灵实难还。“哭子今有作，诗成子不见”；“感旧怆人琴，直须焚笔砚”。焚毁了笔砚又

---

① 钱钟书《示燕谋》。

② 钱钟书《哀若渠》。

能怎么样，过了好几天，钱钟书这才觉得活在世上的人并不比死去的友人更轻松。友人死去，就可以一切不做，而活在世上的自己还得考虑今后去哪里工作，并且有责任把友人没有完成的事业继续下去。再不能怆然落泪了，但依旧提笔成诗说："城郭重寻恐亦非，眼中人物慭天遗。学仙未是归丁令，思旧先教痛子期。沉魄浮魂应此恋，坠心危涕许谁知。分看攀折离披了，阅水成川别有悲。"① 这是钱钟书怀念滕固的最后一首诗。

1941 年 12 月 7 日，日本突袭美国珍珠港，美国对日宣战，上海全部陷入日本人之手，让本可以回湘西教书，或回昆明任教的钱钟书寸步难行。走不出去了，就不出去了，但未竟的事业不能丢弃。"人事丛脞"，无暇顾及；狼烟四起，"海水群飞，淞滨鱼烂"，祖国人民的抗日战争进入最艰苦，也是最关键的时期。

钱钟书并不是那种拿起枪杆子走向前线的人，作为诗人型学者，他没有闻一多那样振笔怒斥的气质；作为作家型教授，他也没有朱自清那样冲上前去的气节。钱钟书有钱钟书的气度，这种气度是从钱子泉先生那里继承来的，但比钱子泉先生更雍容大度。

《谈艺录》一书，"始属稿湘西，甫就其半；养疴返沪，

---

① 钱钟书《又将入滇怆念若渠》。

行箧以随”。[1]无论世界如何变化，钱钟书的脸上都挂着文学性的微笑，默默地握着笔杆，在书桌上耕耘。在上海写《谈艺录》的后一半时，钱钟书“侍亲率眷，兵罅偷生，如危幕之燕巢，同枯槐之蚁聚。忧天将压，避地无之，虽欲出门西向笑而不敢也”。钱钟书的一家以及钱钟书本人，和绝大多数的中国人一样，过着最为凄苦的悲惨生活。所不同的是，不管环境多么险恶，气氛多么阴冷，钱钟书始终没有离开书斋生活。他在赏析诗文中，忧世伤生，“销愁舒愤，述往思来，托无能之词，遣有涯之日”。钱钟书的信念是：只要人心不死，诗文当然辄存；抬手扪舌犹在，谈艺之文亦将永不绝灭。

中国人论文说诗之作，多冠以斋室美名，以此表示撰述之得地也。同时也“赏奇乐志”，自娱“两美能并”。现代学者亦沿此习，例如冯友兰名己斋为“三松堂”，郭绍虞名己斋为“照隅室”。钱钟书自谓“身丁劫乱，赋命不辰；国破堪依，家亡无托；迷方著处，赁屋以居。先人敝庐，故家乔木，皆如意园神楼，望而莫接。少陵所谓：‘我生无根蒂，配尔亦茫茫’”。[2]钱钟书本来就好像一个中国籍的世界公民，再加上日寇使其故乡浩劫，所以，拟定斋室在他看

① 钱钟书《谈艺录》序。

② 钱钟书《谈艺录》第1页。

来大可不必。《谈艺录》一书径直使用明代学者徐祯卿的书名，“不加标别。非不加也，无可加者”。钱钟书在上海租屋于“立锥之地”，头顶茅椽，皆非他有。如此不加标别的《谈艺录》，寄托着作者“见鹤空归，瞻乌爰止；兰真无土，桂不留人”之意。钱钟书认为，知情者当然会晓得“言外有哀江南在”，而作者大可不必自比为“昭代婵娟子也”。

在钱钟书写《谈艺录》后半部分的日子里，晚上常常能听到日本士兵沉重的军靴声。钱杨的卧房是个亭子间，在半楼梯处，小书桌上堆了一摞手稿，“稿子上涂改修补着细细密密的字，又夹入许多纸条，多半是毛边纸上用毛笔写的”。[1]杨绛看着默存多少个日日夜夜煎熬成的这些心血，担心这些稿子“经不起敌人粗暴的翻检，常为此惴惴不安”。果然，有一天，日本人来了。不过，杨绛很机警，她先请他们坐下，借着上楼倒茶的工夫，把稿子收拾稳妥藏好，躲过了日本人的眼睛。

在上海辣斐德路，最先看见《谈艺录》手稿的除杨绛外，还有钱钟书的清华学友郑朝宗。一次，好友们在一起聚会，谈到英国文学界的现状，钱钟书“把萧伯纳、威尔斯二位著名作家狠批了一顿。他说：萧翁的伎俩是袭取新出

① 杨绛《客气的日本人》。

的学说，生吞活剥地硬塞到自己的作品里去，借以欺世盗名；威尔斯则总抱着几个老调弹个不休。他俩的病痛，一言以蔽之，就是：学无根底”。[①] 在这次聚会中，郑朝宗见到了正在撰写的《谈艺录》稿本。自此以后的一年半中，郑朝宗与钱钟书每星期至少见面一次，所谈的无非是书本上的问题，郑负责发问或故意提出异议，钱负责专门解答。1945年8月，郑朝宗在文章中写道："我有幸拜读他的《谈艺录》手稿，那是一部精心结撰的杰作，主要评论我国的旧诗，实际却触及古今中外与诗有关的文学理论。书中的每一则几乎都可发展成为一部专著，单凭这点已足雄视千古，而其文词之美尤为有诗话以来所仅见。当我离沪时，他已将此书修改了三次。去年十月接到来信，说《谈艺录》第六次修改稿不日即可誊清付印。我相信此书的面目跟我以前所见的必定大大不同了。他不仅对大部作品如此认真，即便对一篇白话散文也肯花力气去精心修改，《写在人生边上》据说每篇都曾磨了他一星期的工夫。'闭门觅句陈无己，对客挥毫秦少游'原是两种不同的才调，如今竟并见于一人的身上了。"

---

① 郑朝宗《忆钱钟书》。

交游于上海文坛

困居上海辣斐德路期间，是钱钟书平生最为凄苦的时期。堂堂一个知名教授，竟然一时找不到一个教职，无奈之下岳父杨荫杭便把自己在震旦女子文理学院授课的工作让给他。授课之余，钱钟书还兼做补习教师，私授了不少学生。这些工作姑且可以糊口，同时钱钟书有了什么好吃的，总先送给岳父吃。杨荫杭得意地说：钟书爱妻敬丈姆。

虽然是沦陷期间，但上海毕竟是大都市，可以唱和的文人较多，这种氛围显然是钱钟书所喜欢的。此时“同光派”诗人陈衍、陈三立和郑孝胥等已经去世，但后起的李宣龚、夏敬观、陈病树等人尚在上海。尽管这些人的年龄比钱钟书的父亲年纪还大，但钱钟书依旧喜欢和他们交游。早在 1939 年，老诗人李拔可（宣龚）衰病在床，钱钟书和冒效鲁来访，其年轻人固有的朝气感动了他，其诗云：“一雨真成五日凉，顿忘欹枕梦何乡。蝉声在树压复起，竹影当窗斜更长。衰病始知孤学苦，忧疑弥信寡言臧。大难二妙能相访，令我犹生八九狂。”① 李宣龚先生拿出他所保存的师友来信给钱钟书看，林琴南、陈衍、严复、康有为这些大名一下子将钱钟书的眼光勾住了。

钱钟书翻开两大本《林畏庐先生手札》，只见一封信这样写道：“……前年我七十贱辰，石遗送联：‘讲席推前辈，画师得大年。’于吾之品行文章，不涉一字。[石遗]来书云：‘尔不用吾寿文。……故吾亦不言尔之好处。’”② 钱钟书脑海里蓦然浮现出陈衍老的面容。八九年前，在苏州胭脂巷陈翁住宅，老人曾对他说：“琴南最恼人家恭维他的翻译和画。我送他一副寿联，称赞他的画，碰了他一个钉子。康长素送他一首诗，捧他的翻译，也惹他发脾气。”钱钟书想，这封信的内容，不就是陈衍老碰的那个钉子吗？他又继续朝后翻看。另一封信提到严复：“……然几道生时，亦至轻我，至当面诋毁。”③

钱钟书在苏州时因急于听陈石翁评论他所交往的名士，竟没有来得及询问康长素送给林琴南的到底是哪一首诗，

① 李拔可《喜钟书效鲁见过》，此诗载《硕果亭诗》中。

② 转引自钱钟书《七缀集》第102页。

③ 同上。

但他后来终于查找到了这首诗登载在《庸言》第1卷7号上。原来林琴南有一幅《万木草堂图》为康有为所喜，康有为致书林琴南，索要此图。林琴南题诗其上，寄赠康有为。康有为收到此图后，赋诗答谢："译才并世数严林，百部虞初救世心。喜剩灵光经历劫，谁伤正则日行吟。唐人顽艳多哀感，欧俗风流所入深。多谢郑虔三绝笔，草堂风雨日披寻。"陈石遗所谓康有为的诗，惹得林琴南发脾气，说的正是这首诗。

钱钟书将陈衍的话转述给李宣龚，并问他林琴南为何对这首诗犯病。李宣龚说："康有为一句话得罪两个人。严复一向瞧不起林纾，看见那首诗，就说康有为胡闹，天下哪有一个外国字都不认识的译才，自己真羞与为伍。至于林纾呢，他不快意的有两点。诗里既然不紧扣图画，都是题外的衬托，那末首先该讲自己的古文，为什么倒去讲翻译小说？舍本逐末，这是一。在这首诗里，严复只是个陪客，难道非用'十二侵'韵不可，不能用'十四盐'韵，来它一句'译才并世数林严'么？"[①] 后来钱钟书又和夏敬观谈起这件事。夏敬观和李宣龚，还有冒效鲁的父亲冒广生三人并称为"甲午三诗人"。夏敬观告诉钱钟书，他的《忍古楼诗》卷七《赠林畏庐》也说："同时严几道，抗手极能事。"好在

---

① 钱钟书《七缀集》第103页。

他人微言轻，不曾引起纠纷。23年后，钱钟书在谈到林纾的翻译时，依旧讲到这件事。他说："文人好名，争风吃醋，历来传作笑柄，只要它不发展为无情、无义、无耻的倾轧和陷害，终还算得'人间喜剧'里一个情景轻松的场面。"[①]

1941年，李拔可招集文友于犹太巨商别业，钱钟书赠诗云："闭置秋光许一寻，闲持茗碗对疏林。几人真有登高兴，半日聊酬避世心。丛菊霜残殊自傲，薄云风聚不成阴。海滨此会应难再，那得横流免陆沉。"[②]李拔可亦有《赠钱钟书》《和钱钟书》相答。1942年酷暑时节，钱钟书与李拔可再次相会，他依旧记得三年前拔翁诗中的"竹影蝉声"之句，诗兴袭来，又成两首。其中一首云："独来瞻对若为情，碎影疏声世已更。抢地竹怜生节直，过枝蝉惊举家清。如翁足吐诗人气，剩我应专热客名；不假汗淋嘲学士，北窗凉共有谁争。"[③]李拔可出身书香世家，早年中举，官江苏候补知府，后来担任上海商务印书馆董事及经理，待人忠厚，颇有诗名。1944年李拔可又赠诗钱钟书，钱钟书随后雨中往访，不遇，其和诗收于《槐聚诗存》。1945年李拔可七十大寿，钱钟书和诗云："老去松心见后凋，危时出处故超超。一生谢跳长低首，五斗陶潜不折腰。工却未穷诗自瘦，闲非因病

① 钱钟书《七缀集》第103页。

② 钱钟书《重九日李拔可丈招集犹太巨商别业》。

③ 钱钟书《大伏过拔可丈，感成呈丈》。

味尤饶；推排耆硕巍然在，名德无须畏画描。”[1]七十老翁如松柏之超超，诗名使人联想到谢朓、陶潜，诗味丰饶，“耆硕巍然”，“名德”流芳。钱钟书说自己“当年客座接风仪，乱后追随已恨迟”[2]。何以说追随老诗人太迟了，因为和他在一起吟诗实在太令人快活了。

冒效鲁的父亲冒广生与夏敬观乃诗友，钱钟书和冒效鲁亦常与夏敬观交游。夏敬观《忍古楼诗续》卷二有三首和钱钟书的诗。《次韵和默存》：“遭时不幸似关荆，吾意宁能俗意迎。丘壑在天缘亦啬，文章掷地哑无声。”《答钱钟书》：“老年衰飒似穷秋，差喜逢君许俊游。小坐谈深成史料，一笺誉溢走诗邮。浪吟未屑承香匾，能事何曾解铁钩。兵罅相期遮眼过，书边灯檠慰吾俦。”另外一首是写给冒效鲁和钱钟书的，说钱冒“二子胸中有主张”，自己可以和他俩“共持茗粥瀹诗肠”。但是说到中西会通的学问，老诗人便感到“衰飒穷秋”很难有所作为了：“善沟夷夏谈何易，如带风骚道未亡。此事正须英彦力，吾曹老学已寻常。”[3]

在钱钟书交结的老辈诗人中，陈病树是最穷困潦倒的一个。陈病树，字祖壬，陈三立的弟子，能诗善画，久寓沪上，居无定所，不以此为忧，反戏取刘伶《酒德颂》中

① 钱钟书《拔丈七十》。

② 同上。

③ 夏敬观《孝鲁茗座论诗兼示默存》。

“居无室庐”以名其庐，并绘成《居无庐图》，嘱钱钟书题诗。钱钟书大笔一挥，成一首七律：“上岸牵船事已违，田园归计亦悠哉。月明乌鹊无依止，日夕牛羊欲下来。觅句生憎门莫闭，看山窃喜壁都开。他年流布丹青里，通老移家惹俗猜。”[①] 以船为家，但“上岸牵船”就不合适了；以田园为归，心情自然悠闲。夕阳西下，牛羊已归圈歇息，可诗人还像乌鹊一样，找不到一个安栖之处。“闭门觅句陈无己”，诗人虽非陈无己，但他依旧知道“觅句”时“闭门”的好处。没有房子，何以闭门，但四壁与诗人完全通达，又令人暗暗高兴。明明是“居无庐”，但“丹青”里却画着楼，后人若仅凭此图考索诗人，“俗猜”冥推，说不定还认为你是个大富豪呢。

陈病树并没有自甘于一辈子“居无庐”，他后来终于有了自己的居室，钱钟书又赋诗庆贺：“高词险语拓心胸，一笑掀髯教主同。佳客幽栖过杜甫，傍人敝宅认扬雄。书探囊底谈无了，酒罄樽中坐不空。倘有邻居酣叫者，胡床来听舌生风。”[②]“居无庐”固然有刘伶的风雅，但有了房子毕竟是一件喜事。钱钟书忘了自己尚在租房居住，由衷地想象老诗友的“一笑掀髯”，也许是因为他们又有了一个会集狂吟

---

① 钱钟书《陈病树丈居无庐图属题》。

② 钱钟书《贺病树丈迁居》。

的场所，诗朋文友当然应该欢呼雀跃；邻居有来助兴者，亦可以坐在“胡床”上听诗人“舌底生风”。

在钱钟书所结交的文人中，不只是老辈文人，亦有同辈和晚辈文人。钱钟书困居上海后，又与宋淇交识。宋淇小钱钟书 9 岁，但他以 Boswell 自居，待钱钟书如约翰生博士。钱钟书是非常健谈的人，有这样一位中西学问都不错的青年不时向他请教，当然心里高兴。宋淇的父亲宋春舫先生所藏西文图书丰富，宋淇亦好学，向钱钟书索观《谈艺录》。钱钟书以诗相赠：“微言妙质得谁知，年少东来信起予。将母呕心休觅句，绍翁剖腹肯留书。人癯恰办竹兼肉，文古能穷柳贯鱼。疏凿诗中惭出手，君家绪有茗香余。”[①] 钱钟书用元遗山先人临终剖腹留书之嘱来赞颂宋淇的家学渊源，而宋淇亦青出于蓝胜于蓝。“海内文章孰定评，观书月眼子能明。年来渐似欧阳九，不畏先生怯后生。”[②]

郑朝宗亦是此时和钱钟书结识并有过一段交游。钱郑二人，“清华昔共学，踪迹竟相左”[③]，至抗日战争后期始相聚于上海。钱钟书说郑朝宗“时时过陋室，书乱与争坐；俨然意如山，道义克负荷”。[④] 从钱钟书“子乡严又陵，才

① 钱钟书《赠宋悌芬淇，君索观谈艺录稿》。

② 钱钟书《答悌芬》。

③ 钱钟书《赠郑海夫》。

④ 同上。

辩如炙輠"[①]的诗句中，我们得知郑朝宗是福建人。钱钟书希望郑朝宗应继承严复的"才辩"，"毋使先型坠"[②]。

郑朝宗后来回忆说，在他所亲炙过的学人中，能始终保持同一印象的，只有钱钟书一人。"有些名声卓著的学者，一见面就使你失望，也有的头几次给你极好的印象，以后便跟下水船似的直落下去。这些人好比湖沼，只堪瓢饮，却不能放着长鲸去狂吸。钟书君的宏博在大学时代就已惊人，有些以大师自命的学者，因为被他抓出话柄，竟以'钱某专读冷僻书'的话来解嘲。当你坐在他面前听他纵谈时，你会觉得自己很渺小。有时你不免惊奇，像他那样弱不禁风的人，怎么能吞进那样多的东西。"[③]博与专常常会成为两不相容的东西，但钱钟书却能兼而有之。他从来不说一句人云亦云的老生常谈，"他的话跟他的诗一样富有独创性。你不一定肯相信他的话都是至理名言，但你却不得不承认这些话都是经过千思百虑然后发出来的。一切浮光掠影式的皮相之谈，他决不肯随便出口。""他是个绝顶聪明的人，无论怎样艰深的书，他读起来都不怎么费力，这就可见他的悟性。他的记性尤不可及，当他在高谈阔论时，忽然想起一位古罗马作家的名言，他只伸手向书架上抽出一本有关的书，认真

① 钱钟书《赠郑海夫》。
② 同上。
③ 郑朝宗《忆钱钟书》。

翻了几下，立刻便能找到原文。世间一切给记忆力差的人准备的‘引得’之类的东西，对他似乎全无用处。他在大学时发表的英文论文，奇字之多颇使一般教师感到难读，而他所作的旧体诗，用的典故有些连老前辈都不知出处。这些不一定可取，但也可见他的记性之强。”[①]

① 郑朝宗《忆钱钟书》。

长夜漫漫何时旦

抗日战争晚期，钱钟书和杨绛在上海苦苦度日。除了继续和在沪的文友交往外，写诗作文亦是他生活的主要内容。1940年到1942年，每年除夕，钱钟书都有诗进账。“老饥驱去无南北，永夜思存遍死生。”① 辛巳除夕依旧是在饥寒思存的战乱中度过的。同年10月末的一天，钱钟书“清晨起读报”②，突然在报角中看到了张荫麟死去的消息，不由得哀涕失声。张荫麟，笔名素痴，年长钱钟书5岁，1921年16岁时考入清华学堂，苦学8年后，名震学坛。吴宓招年轻学人在藤影荷声馆用饭，钱钟书和张荫麟相识，当时钱钟

① 钱钟书《辛巳除夕》。

② 钱钟书《伤张荫麟》。

书有“同门堂陛让先登，北秀南能忝并称”的诗句。张荫麟从清华毕业后赴美留学时，钱钟书才入清华不久。钱钟书从清华毕业时，张荫麟已留学归来。卢沟桥事变后，张荫麟曾相继任教于西南联大、浙江大学。“子学综以博，出入玄与史；生前言考证，斤斤务求是。”[①]这样一位知名的历史学家，本以考证精审出名，但沪报在报道他逝世的消息时，却将他的名字印错了，“乍死名乃讹”，“翻成校雠资，待人辨疑似”。[②]只怕再过若干年，人们又得考证这位考证学者的名字了。

1942年3月，日军攻占了仰光，切断了滇缅公路的入口，应英国政府要求，国民政府派遣了数万官兵在缅甸境内与日军激战。一个乡下人的儿子“从军没缅甸，其家未得耗，叩诸乩，神降书盘曰：归去来兮，胡不归？”乡人找到了钱钟书，请求他作一篇《哭儿记》。钱钟书挥笔写道：“一篇破体写哀呻，泪墨模糊两不分。空谶归来陶令句，莫知存殁李华文。茫茫入梦应迷向，恻恻吞声竟断闻。四万义军同日尽，世间儿子漫纷纷。”[③]“斯世非吾世，何乡作故乡”，“论才敢论斗，愁固斛难量”。[④]1943年，钱钟书处

① 钱钟书《伤张荫麟》。

② 同上。

③ 见《槐聚诗存》。

④ 钱钟书《斯世》。

于内忧外患之中。无锡依旧在沦陷区，“故园同谁话劫灰，偷生坯户待惊雷。壮图空说黄龙捣，恶谶真看白雁来。骨尽踏街随地痛，泪倾涨海接天哀。伤时浑托伤春惯，怀抱明年倘好开。”[1] 国破家破，亲亡友逝，满目疮痍，钱钟书自谓“偷生坯户”，“壮图空说”，等待着“惊雷”，但“惊雷”何时才能出现呢？

《谈艺录序》所谓“养疴沪寞”，说的正是这个时候。不过，病归病，写诗依旧不能丢。《病榻闻鸠》：“报晴吭滑一鸠呼，卧榻昏腾醒病夫。绿润意根生草木，清泠胸境拓江湖。”[2] 身困病榻，诗心不泯，病情稍痊，便下床走动，又成诗一首，名《病起》：“芳时屡负挽难回，扫地东风杖起才。一病经春如有例，百花从此不须开。蔷薇吹老堆庭刺，桃李飘残满院苔。输与寒郊能得意，长安看尽紫红来。”病身与病榻为伍，久不与人交结，钱钟书用“袷衣寥落卧腾腾，差似深林不语僧”[3] 来为自己画像。

钱钟书 35 岁那年日本还未投降，“缠天兵气惨难春”，但新年元旦依旧按部就班地来了，“稍慰哀情闻吉语，强开恶抱答佳辰。才名薄俗宜遭贼，世味贫家最识真。不肯教闲

---

① 钱钟书《故国》。

② 见《槐聚诗存》。

③ 钱钟书《古意》。

书胜笔，偶拈题句已如神。”[①] 又在战乱中过了一年，当第二个元旦再次如约而至时，钱钟书忧时感事的心境并未改变："倍还春色渺无凭，乱里偏惊易岁勤。一世老添非我独，百端忧集有谁分。焦芽心境参摩诘，枯树生机感仲文。”[②]

钱钟书抚时感世，写下了许多扣人心弦、引人共鸣、催人泪下的诗篇。他并没有发表这些诗篇，但诗篇记录了他的心路感情。钱钟书“在诗篇中憧憬着自由，想望着奋飞，希冀着有一天能‘尽复汉唐故地’”。他这一时期的诗作，“很少有少作的浪漫情调和理想色彩，总是那么肃括，那么凝重。用内心的独白，抒发自己的希望、忧伤和痛苦”。诗作中“忧患意识和时代感受极为深刻，极为强烈，有诗史的不朽价值”[③]。

从 1942 年到 1945 年，钱钟书一直担任上海震旦女子文理学院教授。主管这所学院的，是英国的一个中年修女，名叫 Mother Thornton，钱钟书的女儿唤她作“方凳妈妈”。当时，杨绛的妹妹杨必就在这所学院上学，钱钟书后来又介绍陈麟瑞来震旦任教，陈麟瑞是柳亚子女儿柳无非的丈夫。钱杨夫妇和陈柳夫妇同住一条街，相距只有 5 分钟的路。钱、陈二人都是书虫，性格近似，但陈麟瑞是“少有

① 钱钟书《甲申元旦》。
② 钱钟书《乙酉元旦》。
③ 吴忠匡《记钱钟书先生》。

的忠厚长者，谦和君子”。曾经和陈麟瑞学写过剧本的杨绛说，他“是最随和、最宽容的一位朋友”。陈曾笑呵呵指着钱钟书对杨绛说：“他打我踢我，我也不会生他的气。”陈麟瑞“对朋友，有时像老大哥对孩子那么纵容，有时又像小孩子对老大哥那么崇敬”。[①]

授课和著述之余，钱钟书喜欢和文友聚会。一次，在宋淇家里，钱钟书和傅雷相识。原来傅雷和他家相距很近，后来，他和杨绛就经常去傅雷和朱梅馥夫妇家夜谈。在钱钟书的文友中，陈麟瑞和傅雷都严肃，但二人的严肃有所不同，陈的严肃中透着随和，而傅的严肃中渗出孤傲。傅雷“不轻易笑，可是他笑的时候，好像在品尝自己的笑”。有人说傅雷“孤傲如云间鹤”，但傅雷在钱钟书和杨绛面前却自比为“墙洞里的小老鼠”。朱梅馥称傅雷为“老傅”，“傅”“虎”“鼠”音近，钱钟书和杨绛私下里开玩笑，到底是“老傅”“老虎”，还是“小老鼠”呢，杨绛认为，傅雷的话并“不是矫情，也不是谦虚”，“他只是道出了自己的真实心情”，因为“他对所有的朋友都一片至诚”。[②]

然而，钱钟书总喜欢和傅雷开一些风雅的玩笑，他甚至敢当众打趣傅雷，有些摸“老虎”屁股的意味，但傅雷

---

① 杨绛《怀念石华父》。

② 杨绛《忆傅雷》。

对此似不在意。在志同道合的文友中，陈西禾亦是一个富有“深情雅致”的人。《文汇报》创刊笔会时，陈西禾请钱钟书题写了刊名；钱钟书亦引荐陈西禾到震旦女子文理学院授课。陈西禾亦是常去傅雷家聚会的文友。“一次钟书为某一件事打趣傅雷，西禾急得满面尴尬，直向钟书递眼色。事后他犹有余悸，怪钟书‘胡闹’。可是傅雷并没有发火，他带几分不好意思，随着大家笑了。”傅雷知道自己不善于在仕途上圆转周旋，但他相信自己可以守住书斋。有时“他也像老鼠那样，只在洞口窥望外面的大世界。他并不像天上的鹤，翘首云外，不屑顾视地下的泥淖”。“傅雷爱吃硬饭。他的性格也像硬米粒儿那样僵硬、干爽；软和懦不是他的美德，他全让给梅馥了。朋友们爱说傅雷固执”，但钟书建议傅雷临什么字帖，“他就临什么字帖；钟书忽然发兴用草书抄笔记，他也高兴地学起十六帖来，并用草书抄稿子”。傅雷“有事和钟书商量，尽管讨论得很热烈，他并不固执。他和周煦良同志合办《新语》，尽管这种事钟书毫无经验，他也不摈弃外行的意见”。

钱钟书支持傅雷办刊物，《新语》在抗战胜利后创刊，共出五期。一、二期上连载了钱钟书的短篇小说《灵感》，四、五期上则连载了钱钟书的《小说识小》。

谈中西小说会通

1945年秋天，傅雷主编《新语》，向钱钟书索稿，钱钟书因忙于写《围城》，“索稿无以应，刺取札记中涉稗官者二十许事报命。郑西谛先生见而谬赏，嘱其继录”，钱钟书又“爬梳得十事”[①]。这三十余事分成四个部分，统名为《小说识小》。前两个部分发表于《新语》，后两部分发表于《联合日报》副刊。钱钟书幼童时就囫囵吞枣地阅读中国小说，中学时又恣意泛览外国小说，大学时更是尽情饱读中外典籍。1930年钱钟书20岁时就在《清华周刊》上发表过一篇《小说琐征》，15年后他又写成《小说识小》，这两篇文章一脉相承，其中前者的一些内容在后者中深化了。

---

① 钱钟书《小说识小》（三）。

《西游记》是明代吴承恩对传统题材进行改造后写成的作品，学者们多有论及。钱钟书在读书时发现，早在700多年前的《旧唐书》中，就有一些《西游记》中“比丘怜子遣阴神”的蛛丝马迹。其文说：郑注为金丹，需小儿心肝，下令捕小儿，锁于房内。唐人张渭《宣室志》说：杨叟病心垂危，有陈生言食活人心可以医治，一时间不能得到。杨叟的儿子一日入山给僧人送饭，见一胡僧，老而枯瘠，身着褐色袈裟，自言姓袁，世居巴山，独好浮屠，常慕歌利王割截身体，及菩提投岩以饲虎。独恨未能充虎狼之腹。杨叟的儿子告知其自己父亲的病情，说你与其舍身于豺虎以救其馁，倒不如授命于人以惠其生好了。胡僧答应了，愿一饱而死。食毕，跃于树上，厉声问：“你所求我的为何？”答曰：“愿得心以疗父疾。”僧曰：“我已答应你了，请你先说《金刚经》的奥义。《金刚经》云：‘过去心不可得，未来心不可得’，你若要取我心，亦不可得矣！”说罢，跳跃大呼，化为一猿飞去。钱钟书认为：“《西游记》事，疑从此出，即所谓‘骨都都滚出一堆心’者，亦自《金刚经》语，踵事增华者也。”[①] 后来钱钟书读刘克庄《大全集》，看到了“取经烦猴行者，吟诗轮鹤阿师”之诗句，他由此断言说：“《西游记》事见南宋人诗中，当自后村始。”[②]

① 钱钟书《小说琐征》。

② 钱钟书《小说识小》（一）。

钱钟书对中西小说的会通非常的敏感。《西游记》第七十五回唐僧师徒四人走到狮驼洞，太白金星报告妖精拦路。孙行者想邀猪八戒相随打妖，说："兄弟，你虽无甚本事，但好歹也是个人，俗云'放屁添风'，也可壮我些胆气。"由"放屁添风"他又想到了西文典籍中的"撒尿海中以添水"的说法。中国曹子建有"挥泪增河"之语，《淮南子·诠言训》也说"忧河水之少，泣而益之也"，而古罗马戏剧家泼洛脱斯则言及某人欲挥泪增水而浣濯。《西游记》第八十二回，唐僧被金毛白鼠精摄入无底洞，和妖精同游果园。孙行者化为红桃，妖精采而食之，行者一骨碌，滚入妖精肚内。妖精害怕道："长老啊，这个果子利害，怎么不容咬破，就滚下去了？"三藏道："娘子，新开园的果子爱吃，所以去得快了。"

钱钟书从上述对话中拈出体会入微的"爱吃"二字，说："食物之爱人吃者，几不须齿决"。所以韩愈"羡君齿牙牢且洁，大肉硬饼如刀截"不能表示"爱吃"之旨，而海涅所谓"极乐世界中，惟哺啜是务，汤酒开河，糕点遍野，熟鹅口衔蘸汁之碟，飞来飞去，以被吃为喜，这才是'爱吃'之意"。

在中国，人们常常听的是"大雄宝殿"，但《笑林广记》中却有所谓"大穷宝殿"，《伏虎韬传奇》中的悍妇又造出"大雌宝殿"。以"穷"代"雄"，取其音同；以

“雌”代“雄”，取其义反。钱钟书认为，这都符合弗洛伊德《论俳谐》所谓代换原则。《笑林广记》中有一则故事说：南北二人，均惯说谎，彼此钦慕，不辞远道相访，恰遇中途，各叙寒温。南人对北人说：“听说贵地极冷，不知所冷如何？”北人说：“北方冷时，道中小便者需带棒，随溺随冻，随冻随击，不然人与墙冻在一处。听说尊处极热，不知其热如何？”南人说：“有赶猪的在道上走，走慢了些，猪成烧烤，人化灰尘。”西方《孟巧生奇遇记》写旅行俄国时，天寒吹角，声冻角中，以角悬灶畔，声得热而融，自出角中。英诗《罗杰士语录》中说，一印度人请客，骄阳如灼，主妇口渴难耐，就在席上化为焦灰一堆；主人司空见惯，不动声色地对侍者说：“把簸箕扫帚拿来，将太太扫去。”这等笔墨，比《笑林广记》，更为诙谐。

在现实生活中，人对于自己的才能本领，常常感到自负，每做一事，成一文，辄喜津津自道。《西游补》中孙行者被老人救出，老人忽合于己体，乃知是自己真神，“慌忙唱个大喏，拜谢自家”，写的就是这种情况。明代蔡羽以善《易》自负，人称他“易洞先生”。《明诗纪事》写蔡羽置大镜南面，遇著书得意，辄正衣冠面镜拜誉其影说：“易洞先生，尔言何妙，吾今拜先生矣！”西籍中记载，柯勒律治认识一人，乐道己善，敬畏自己，每及“我”字，辄脱帽鞠躬为礼，此人较之“易洞先生”更为甚矣。

钱钟书对医生也有嘲讽，其散文中说："医生虽然治病，同时也希望人害病：配了苦药水，好讨辣价钱；救人的命正是救他自己的命，非有病人吃药，他不能吃饭。"（《谈教训》）在谈到《伊索寓言》时，他更是嘲谑着说："医生也是屠夫的一种。"钱钟书的这种思想有其阅读根源，《小说识小》中所爬梳的故事提供了一些线索。法国作家勒帅治《跛足魔鬼》中说：有兄弟二人皆行医，晚上各做了一个扫兴的梦。兄梦见官府颁布法令，凡医生未将病人治愈，不得索取诊费。弟梦见官府颁布法令，凡病人死于医生手下的，其出殡下葬时，医生应披麻戴孝哭送。中国小说中也有类似的情况。《广笑府》中说：一个庸医误用医药，令患者死亡。死者家属令医生和家人唱挽歌抬棺木出葬。庸医唱道："祖公三代做太医"；其妻唱道："丈夫做事连累妻"；其幼子唱道："这亡灵怎么这么重"；长子唱说："以后只拣瘦的医。"施惠《拜月亭记》中亦说医生治死了人，本应被押解至衙门，经人劝解，于是由医生出资买棺入殓烧化；又叫不起人来扛棺材，便与其妻、儿、儿媳四人同扛。

17 世纪德国一小说家在书中说："在病人心目中，医生有三种变相：有病初见时为天使相，诊病时为上帝相，病愈开发时为魔鬼相。"拉丁文中的古谚语也说：医生索取诊费时，宛若魔鬼。司各特在小说《主持僧》中让一个医生感叹道："病人想叫我们看病，把我们当成天使；当我们索取诊费时，我们变成了魔鬼。”一次，钱钟书去公立医院，却看见才开始治病，一个医生就对贫苦病人狰狞叱咤，一派魔鬼凶相。钱钟书旁窥此态，百思不得其解。

医生每有致人死命的，但读书却有能治病的。《跛足魔鬼》中写一子爵夫人失眠六夜，医为处方，夫人置之不理，说只要看一名作家的书，病即可痊愈，命人取阿才罗译本，展读不到三页，便入梦乡。孟德斯鸠《鱼雁发微》写一乡间人，失眠35天，医生命服鸦片，此人不肯，却向书肆者探问有无宗教书。医生领悟了他的意思，另处方剂，药味是亚里士多德《伦理学》三页，泼洛丁《六书九章》如数。乡间人用此方剂后，立刻酣眠。中国典籍中说陈琳之檄，可愈头风；杜甫之诗，能驱疟鬼；美神养性，催眠引睡，书籍亦可堪当此任。钱钟书曾读到美国教授史奈特的《催眠诗论》，说“诗之意义浮泛，音节平和，多重复词句，具有催眠之功能”。[①]

钱钟书所爬梳的若干故事中有一些是奇闻趣事。《负曝闲谈》里有一则烹饪奇闻，说言府里的一种菜是这样的:“有一只鹅，鹅里面包着一只鸽子，鸽子里面包着一只黄雀，味道鲜得很!”古罗马彼德罗尼厄斯在《讽刺小说》中写暴发户三乐宴客，有一道菜和上述烹饪相似：烤野猪

① 钱钟书《小说识小》（二）。

腹中塞一牝鹿，鹿腹中塞一野兔，兔腹中塞一竹鸡，鸡腹中塞一夜莺。《十日谈》中写一养马人和王后私通后出宫返回歇息处，国王追赶到这里，见有许多养马人，不知哪一个是自己要抓的人。于是，便扪摸各位的心和脉搏，忽觉得有一人怦怦然异于常，一经查问，果然是私通者。此书中另一故事说，一愚夫自信有孕，惊慌失措，对他的妻子说："我怎样生得下肚里的孩子？这孽障找什么路出来？"《西游记》第五十三回猪八戒误饮子母河水，哼道："爷爷呀！要生孩子，我们却是男身，哪里开得产门？如何脱得出来！"口吻逼肖。

冯梦龙《广笑府》中说：有一人命其子说，你一言一动都应当效法你的老师。儿子遵命，侍奉老师吃饭，老师吃他也吃，老师喝他也喝。老师打喷嚏，学生打不出，向老师作揖说：老师此等妙处，学生实在难学呀！《法苑珠林》引《百喻经》说，过去有一人，想得王意，问其余人说，怎样才能得到。有人说给他，如想得意，必须仿效。此人见王眼眨动，自己也效仿着眨眼。王问他："你是否生病了，眼抽风吗？"这人说："我没生病，也不抽风，只是效仿你而已！"王听后非常生气。洪文敏《容斋续笔》中说：杨愿善奉承人，动作全部仿效秦桧，秦桧因打喷嚏失笑，杨愿突然也喷饭而笑，左右皆哂。钱钟书由中国人的诙谐谈到西方人的幽默，如此勾连，妙手偶得，非通人不能道。

写作演讲中国诗

钱钟书 30 岁前后时，诗欲旺盛，创作势头强劲。《槐聚诗存》中大部分诗作，都是此时期写成的。杜甫诗云："为人性僻耽佳句，语不惊人死不休。老去诗篇浑漫兴，春来花鸟莫深愁。""焉得思入陶谢手，令渠述作与同游。"(《江上值水如海势聊短述》) 日寇侵华的前两年，钱钟书身在欧洲，心系故园，《槐聚诗存》中《哀望》《读杜诗》等篇使人想到了安史之乱时杜甫所作的《春望》《哀江头》诸篇。"国破山河在，城春草木深。感时花溅泪，恨别鸟惊心。"杜甫所哀，哀在长安，"少陵野老吞声哭"，痛哭国都沦陷，城池残破。"漫将填壑怨儒冠，无事残年得饱餐，饿死万方今一概，杖藜何处过苏端。”[①] 钱钟书所哀，哀在江南，“白骨堆山满白城，败亡鬼哭亦吞声”，[②] 在痛哭中依旧要回到祖国。

5 年后，钱钟书又写道：“少陵自言性癖耽佳句，有触余怀”，于是，磨墨挥毫，成诗一首：“七情万象强牢笼，妍秘安容刻画穷。声欲宣心词体物，筛教盛水网罗风。微茫未许言诠落，活泼终看捉搦空。才竭只堪耽好句，绣鞶错彩赌精工。”[③] 杜甫“为人性僻耽佳句，语不惊人死不休”，在文坛上有口皆碑。钱钟书触怀于杜甫，耽于佳句，则有此为证：在《北游纪事诗》里，钱钟书对雨僧师“未甘术取任缘差”爱不释手，特加诗注，此是一例；再如，王士禛《寄漫堂》中“当日朱颜两年少，王扬州与宋黄州”两句，本算不得太好的佳句，但青年钱钟书显然非常喜欢它，在《再示叔子》一诗中，他将其活用成“今日朱颜两年少，宋王官职恐虚期”。在钱钟书的诗中，所谓“朱颜两年少”，实指他自己和冒效鲁，两个人都书生气十足，不是当官的料，所以说“宋王官职恐虚期”。

钱钟书用诗句描述创作过程，可以和陆机的《文赋》、刘勰的《神思》对读。“六情底滞”时不可写作，“七情万

① 钱钟书《读杜诗》。
② 钱钟书《哀望》。
③ 钱钟书《少陵自言性癖耽佳句、有触余怀、因作》。

象”总是要冲出牢笼。“出门一笑对长江，心事惊涛尔许狂。”[①] 在“心事惊涛”面前，痴癖于佳句已退居其次。创作是以声宣心，以词体物，但这都必须有对生活的深刻体验，没有后面这个基础，创作必然会在“筛水罗风”中捉搦成空。“滂沛挥刀流不断，奔腾就范隘而妨。”[②] 作家追求“滂沛”的境界，所以陆机说“函绵邈于尺素，吐滂沛乎寸心。”刘勰说:“登山则情满于山，观海则意溢于海。”但“滂沛”的境界总不如愿来临。作者尽可以“参取逐波随浪句”，[③] 而思维定式在奔腾中依旧常常使作者妨碍就范。

钱钟书对中国诗有着深刻的体认。1945 年 12 月 6 日，他在上海美军俱乐部作过一次演讲，听讲的全是美国军人。这次讲演对于他来说，乃是小菜一碟，但如何能用美国语言讲清楚中国诗，这依旧不是一件容易的事。有些艺术是超越国界的，它们所用的材料也具有普遍性。例如，绘画用颜色、线条表达，人们一看就能获得印象。再如，音乐用声音、旋律表达，人们一听就能感觉到音调。所以，“最寡陋的中国人会爱听外国音乐，最士气的外国人会收藏中国绘画和塑像。也许他们的鉴别并不到家，可是他们的快感是真

① 钱钟书《少陵自言性癖耽佳句、有触余怀、因作》。

② 钱钟书《少陵自言性癖耽佳句、有触余怀、因作》。

③ 钱钟书《少陵自言性癖耽佳句、有触余怀、因作》。

正的。”[1]但是，文学不是这样，它“不肯把它的秘密逢人便告。某一种语言里产生的文学就给那种语言限制了，封锁了”。

中国诗是用中国语言写成的，中国语言也许是一切语言中最难学的语言，正因为如此，所以从事中国文化工作的人里才会有那么多文理不通的人。在法国人写的一部中篇小说里，有这样一则故事，说的是一个风华绝世的巴黎女郎在她爱人的口袋里偷到一封中国公主给他的情书，便马不停蹄地坐车拜访法兰西学院的汉学教授，请他翻译。那位学者把这张纸颠倒纵横地看，秃头顶上的汗珠吧嗒吧嗒地往下流，最后抱歉说:“中文共有八万个字，我到现在只认识四万字，这封信上的字恰在我没有认识的四万字里。”

钱钟书在讲了这个幽默故事以后，便接着谈中国诗和英美人的关系。他认为，“西洋文学批评里最早的中国诗讨论，见于1589年出版的泼德能所选《诗学》。泼德能在当时英国文坛颇负声望，他从一个到过远东的意大利朋友那里知道中国诗押韵，篇幅简短，并且可安排成种种图案形。”在现代，美国的庞德大胆地将翻译和创作融贯，根据中国诗的蓝本来写自己的作品。第一首译成中文的西洋诗是郎费罗的《人生颂》，英国公使威妥玛将这首美国诗译成中国散

---

① 钱钟书《谈中国诗》。原载《大公报》1945年12月26、27日。

文，中国尚书董恂又将其写成绝句。

钱钟书在讲演中说，据一些文学史家的意见，诗的发展是先有史诗，次有戏剧诗，最后有抒情诗。“中国诗却不然，中国没有史诗，中国人缺乏伏尔泰所谓‘史诗头脑’，中国最好的戏剧诗，产生远在最完美的抒情诗以后。纯粹的抒情诗的精髓和峰极，在中国诗里出现得异常之早。所以，中国诗是早熟的，早熟的代价是早衰。”在中国绘画里，“客观写真的技术还未发达，而早已有‘印象派’、‘后印象派’那种‘纯粹画’的作风；中国的逻辑极为简陋，而辩证法的周到，足使黑格尔羡妒”。中国人仿佛不受地心引力影响，他们既能脚踏实地，又能一跳就高升上去。“梵文的《百喻经》说一个印度愚人要住三层楼而不许匠人造底下两层，中国的艺术和思想体构，往往是飘飘凌云的空中楼阁”，这是中国人特有的聪明。

听讲的美国人中到底有多少人懂汉语，有多少人喜爱中国诗，有多少人可以稍微欣赏中国的旧体诗，钱钟书心中没数，但他在演讲中尽可能地缩小自己与这些白皮肤、蓝眼睛人之间的距离：“贵国爱伦·坡主张诗的篇幅愈短愈妙，‘长诗’这个名称压根儿是自相矛盾，最长的诗不能需要半点钟以上的阅读。他不懂中文，太可惜了。中国诗是文艺欣赏里的闪电战，平均不过二三分钟”；比起西洋的中篇诗，中国的长诗在声韵方面也仅能算一只轻快的小燕子；比起“西洋的诗人，中国诗人只能算是樱桃核与二寸方块象牙的雕刻者。不过，简短的诗可以有悠远的意味，收缩并不妨碍延长，仿佛我们要看得远些，便每每把眉眼颦蹙。”西人魏尔兰提出的论诗条件是：“那灰色的歌曲，空泛联接着确切。”用中国人的话来说，就是“状难写之景，如在目前；含不尽之意，见于言外”，写诗应“言有尽而意无穷”，“用最精细确定的形式来逗出不可名言、难于凑泊的境界”，这就是一般西洋读者所说的中国诗的暗示特征，钱钟书更幽默地称它为“这是一种怀孕的静默”。在这种静默里，“说出来的话比不上说不出来的话，它只影射着说不出来的话”。

英国浪漫主义诗人济慈说：“听得见的音乐真美，但那听不见的更美”，用中国诗人的话来说就是：“解识无声弦指妙”，“此时无声胜有声”。诗人把你引诱到语言文字的天涯海角，接下来却是神秘的静默：“此中有真意，欲辩已忘言”，“淡然离言说，悟悦心自足”。有时诗人又不了了之，但实际上你的情绪已跟着他走向遥远的惆怅：“美人卷珠帘，深坐颦蛾眉。但见泪痕湿，不知心恨谁。”“松下问童子，言师采药去。只在此山中，云深不知处。”钱钟书说：你仔细品味品味，此“不知”来得多么撩人。中国诗以如此疑问语气结束的，有好多好多。例如：“壮士皆死尽，余人安在哉”；又如“阁中帝子今何在，槛外长江空自流”；

又如“同来玩月人何在，风景依稀似去年”；又如“今年花落颜色改，明年花开人谁在”；又如“侬今葬花人笑痴，他年葬侬知是谁”。这类例子，都是“问而不答，以问为答”，给人一个回肠荡气的没有下落、吞言咽理的没有下文，在静默中让人去深挚于涕泪、品味叹息。

钱钟书站在中西融通的基础上演讲中国诗。他对美国军人说，“中国诗里有‘西洋的’品质，西洋诗里也有所谓‘中国的’成分”。“可是，中国诗的‘比重’确实低于西洋诗”，这正像蛛丝网相对于钢丝网一样。中国古诗人对于叫嚣和呐喊素来评价很低，“西洋诗的音调像乐队合奏，而中国诗的音调只像独吹的芦管”。读外国诗常常会有一种他乡遇到故人的喜悦，这种喜悦又会诱导人回到本国诗。“人生不过是家居，出门，回家。我们一切情感、理智和意志上的追求或企图不过是灵魂的思家病，想找着一个人，一件事物，一处地位，容许我们的身心在这茫茫漠漠的世界里有个安顿归宿，仿佛病人上了床，浪子回到家。出门旅行，目的还是要回家，否则不必牢记着旅途的印象。研究中国诗会使诸位对本国诗有更高的领会，正像诸位在中国的小住能增加诸位对本国的爱恋，觉得甜蜜的家乡因远征变得更加甜蜜了。”①

---

① 钱钟书《谈中国诗》。原载《大公报》1945年12月26、27日。

上帝之梦难如愿

20 世纪 40 年代初，钱钟书写过一篇散文，题名《魔鬼夜访钱钟书先生》。过了几年以后，他又写了一篇小说，题名《上帝之梦》。魔鬼和上帝都是人创造的偶像，它们实际上折射出人性的两面。“上帝只是发善心时的魔鬼，肯把旁的东西给我们吃，而魔鬼也就是使坏心时的上帝，要把我们去喂旁的东西。他们不是两个对峙的东西，是一个东西的两个方面、两种名称，好比疯子一名天才，强盗就是好汉，情人又叫冤家。”[①]

在希伯来《圣经》故事中，上帝造就天地万物之后，决定造人，让他们管理全部的生灵，并从中得食。于是上帝

---

① 钱钟书《上帝之梦》，见《人兽鬼》第 16 页。中国华侨出版社，1999 年出版。

按自己的形象用泥土捏成一个人，把生气从他鼻孔吹入，使他有了生命和灵性，这就是亚当。在亚当沉睡时，上帝又从他身上取下一条肋骨，造成一个女人，这就是夏娃。在西方文化中，亚当和夏娃是人类的始祖。

不过，钱钟书所写上帝在开始时不是造人之物，而是演化之物。“时间空间演化出无机体；无机体进而为动植物；从固定的植物里变出文静、纠缠住不放的女人；从活泼的动物里变出粗野、敢冒险的男人。”但是，“当天演的力量，经过数不清的年头，创化出一位上帝时，人类已在这世界里绝迹了。”“正在深夜，古旧的黑暗温厚地掩覆住衰老的世界，仿佛沉重的眼皮盖在需要休息的眼睛上。上帝被天演的力量从虚无里直推出来，进了时空间，开始觉得自己的存在。”[①]从这时开始，人类又有了一个新主儿。

在钱钟书笔下，上帝是在人类灭绝之后若干年里演化出来的，这是他独一无二的想象和创造。上帝演化出来后，他开始惊奇自己力量的强大，他不要黑暗，黑暗就会消失；他眼睛一睁开，光明就会迎合着他的目光出现。上帝也有人的性情和脾气，喜欢世界顺从自己，有了权力就滥用。“以前人类赞美万能创世的歌声，此时在上帝意识层下似乎又颤

① 钱钟书《上帝之梦》，《人兽鬼》第2页。

动着遗音和回响。"[①] 进化出来的上帝与原始人根本不同，后者初发现宇宙时充满了迷信和敬畏，前者只"保持着文明人唯我独尊的自信心。野蛮人随时随地相信有神道，向它屈服拜倒。上帝只发现了自己的伟大，觉得能指挥万物，无须依赖任何人。世界随他的视线蜿蜒地伸出去；脚走到哪里，地会跟到哪里，只有地平线向后退，这也表示它对自己的畏怯。一切都增进他的骄傲，培养他的虚荣"[②]。

到底是上帝创造了人，还是人创造了上帝，对于梦境而言，这个问题并不重要。上帝从思想滑进了睡梦，"这驯服的世界也跟随他到梦境里来。他梦里依然是荒山野水，水里照见自己的形象。""在这广漠的世界里，一个人待下去怪乏味的，要一个伴侣来解闷儿。"[③] 上帝要按自己的心愿来创造伴侣，他认为这个伴侣应该满足下列两个条件：

第一，能对自己了解。不过，这种了解只能像批评家对天才创作家的了解，能知而不能行。他的了解不会使他如法创作来和自己竞赛，只够使他中肯地赞美，妙入心坎地拍马。第二，能满足自己的虚荣心。他该对自己无休歇地、不分皂白地颂赞，像富人家养的清客，被收买的政治家，受津贴的报纸编辑。不过，自己并没有贿赂他，这颂赞是出于他

---

① 钱钟书《上帝之梦》，见《人兽鬼》第 3 页。

② 钱钟书《上帝之梦》，见《人兽鬼》第 4 页。

③ 钱钟书《上帝之梦》，见《人兽鬼》第 5 页。

内心的感激悦服。[①]

上帝如愿以偿地创造出一对男女。他第一个创造出来的是男人，由于泥坯太粗，手法不熟，其模样看来实在不顺眼。第二个女人“是上帝根据第一个模型而改良的制造品。男人只是上帝初次的尝试，女人才是上帝最后的成功。这可以解释为什么爱漂亮的男人都向女人学样，女人要更先进，就发展成为妖怪。”[②]上帝为他的这一对男女费尽心思地创造出各种家畜、家禽、水果、蔬菜供其享用。这一对男女亦齐声歌颂：“慈悲救世的上帝！”但令上帝不快的是，日子长了，这一对男女看惯了他的奇迹，颂赞的声音便不如以前高朗，俯首帖耳得亦不如以前温顺，上帝对这种现象进行了科学的分析。

他发现：“每涉猎到男女关系的时候，‘三’是个少不了而又要不得的数目。假使你是新来凑上的第三者，你当然自以为少不了，那两人中的一人也会觉得你少不了，还有余下的一人一定认为你要不得，你更以为他或她要不得。假使你是原来的而退作第三者，你依然觉得自己少不了，那两人却都以为你要不得，你也许对两人中的一人还以为她或他少不了，对余下的一人当然以为她或他要不得。”[③]上帝就这个

① 钱钟书《上帝之梦》，见《人兽鬼》第5页。

② 钱钟书《上帝之梦》，见《人兽鬼》第7页。

③ 钱钟书《上帝之梦》，见《人兽鬼》第8页。

令人困惑的问题让科学家发表意见。数学家说："一只三角形里不能有两只钝角。不过，在男女三角形的关系里，总有一只钝角。"①

上帝说："如此说来，这钝角不是那粗坯男人，正是我自己。我当初造女人，并非要为男人添个伴侣。我不知趣地监护他们、满足他们，谁知道他俩要好起来，反把我撇在一边。为何这女人对巍巍在上的造物主敬而远之，倒和那泥土气的男人亲密！"物理学家说："这是因为地心有吸引力，一切东西都趋向下面。所以世界上下等人多，上等人少，而且上等人也常有向下层压迫的趋势。青年人容易堕落，世道人心容易每况愈下，你作为上帝整日高高在上，未必参透了这些人情物理。"

上帝悔恨自己的伟大成了障碍，反而使人不容易接近。"造了这一对男女，反把自己的寂寞增加了，衬着他们的亲密，自己愈觉被排斥的孤独。"② 更令人讨厌的是，此男女有不能满足的需要时，又会来求情讨好，上帝成了他们听候使唤的用人。一天，女人独来向上帝请安，献上一身的巧笑媚眼："我只恳求你再造一个男人，不完全像现在的他，比他坯子细腻些，相貌长得漂亮些。"上帝问她："为什么？"

---

① 钱钟书《上帝之梦》，见《人兽鬼》第 8 页。

② 钱钟书《上帝之梦》，见《人兽鬼》第 9 页。

“我的男人需要个朋友，他老和我在一起，怪闷的。你再造一个男人，免得他整日守着我，你说对不对？”

“也免得你整夜守着他，是不是？”上帝痛恨女人对一切东西都贪多，浪费，甚至对于男人，在指定配给以外，还要奢侈品。另一天，男人来向上帝说：“我求你为我另造一个女人！”上帝生气地说：“你女人前天向我提过同样的要求。”

“是呀，她觉得生活单调，希望有个同性的人来伴她解闷！”

“你错了，她求我另造个男人，比你这蠢物长得好的男人。”上帝慨叹自己何以造出这样不成器的一对男女，这两个人坏得这样均衡，简直就像两句骈文或一联律诗。男人怕上帝把他的请求告诉女人，女人不知道上帝已经把她的请求告诉了男人，所以，他们同时对上帝产生怨恨。男人说：“我们日用的东西也将就得过了，可以不必去找上帝。”女人说：“他本领也使完了，再求他，他也变不出什么新花样来，倒去看他的脸，真讨厌。”男女同声说：“我们都远着他，别理他，只当没有他。”于是，上帝和人的关系越来越疏远。

钱钟书在通过梦境来塑造上帝形象时存在着许多困难，上帝之梦难如愿。“天下事固不能尽如人意，人间事也未必尽如天意。”[①]譬如，上帝的本意是让人间和睦幸福，但在人与人相斗时，甲要求上帝灭乙，乙要求上帝杀甲，上帝左右为难。在两个民族相斗争时，甲族虔诚地求上帝惩罚乙族，乙族真挚地希望上帝毁灭甲族，上帝感到左右为难。上帝本来是要满足人世间男人和女人的各种愿望，但无限满足的结果却走到了上帝本意的反面。上帝感到，不能让人间“生活太容易了，要让他们遭遇些困难和痛苦”。[②]于是，世界上除了具有“宁人吃我，我只吃草”的牛、羊、猪等素食动物外，又出现了不但夺人肉食，而且还以人肉为食的狮、虎、豹等吃荤的动物。上帝讨厌人们生活过得太舒适，他还造出虱子、跳蚤、蚊子和苍蝇来骚扰人。所以，人们不得不抱怨上帝所具有的魔鬼性，但是，人们也应该反省自己，因为上帝本来不具有魔鬼性，正是因为人类本身的恶性，才造成了上帝的魔鬼性。

① 钱钟书《上帝之梦》，见《人兽鬼》第 17 页。

② 钱钟书《上帝之梦》，见《人兽鬼》第 14 页。

淘气猫与第三者

在人世间，男女关系是一种最基本的关系。但是，每涉及男女关系的时候，“三”是个少不了又要不得的数目。在钱钟书的小说《猫》里，一个名叫“淘气”的猫亲眼看见了这一切。如果说《上帝之梦》所写的是“鬼”，那《猫》所写的当然是“兽”了。只是这“兽”仅仅是道具，《猫》里所写的依旧是人。这篇小说里首先要提到的人物是李太太、李先生以及被雇用的书记员齐颐谷。在这里，除了钱钟书的文笔不乏味以外，生活对于他们三人都是够乏味的。先说李太太，她从小对自己的面貌有两点不满意：皮肤不是上白，眼皮不双。尤其对于第二点，她觉得是极大的缺陷，“内心的丰富没有充分流露的工具，宛如大陆国没有海港，物产不易出口”[①]，所以，李先生向她求婚，她提出许多条件，第十八条就是蜜月旅行到日本修改眼皮。从此以后，“在一切有名的太太里，她长相最好看，她为人最风流豪爽，她客厅的陈设最讲究，她请客的次数最多，请客的菜和茶点最精致丰富，她的交游最广。并且，她的丈夫最驯良，最不碍事”。所以，“她是全世界文明顶古的国家里第一位高雅华贵的太太”。[②]

次说李先生。李先生本来是他父亲的儿子，自从有了漂亮夫人，他就全副精神做他太太的丈夫。做李太太的丈夫是一项终身事业、专门职务，“比做大夫还要忙，比做挑夫还要累，不容许有旁的兴趣和人生目标”。李先生“对太太的虚荣心不是普通男人占有美貌妻子、做主人翁的得意，而是一种被占有、做下人的得意，好比阔人家的婢仆、大人物的亲随，或者殖民地行政机关里的土著雇员对外界的卖弄。这种被占有的虚荣心是做丈夫的人最稀有的美德，能使他气量大，心眼儿宽”。[③]但是，有一次，他却无意中受了刺激。这是在宴会上，一位剧作家和他夫妇同席，那剧作家把全部注意力都集中到李太太身上，而没有和他敷衍一句。后来那剧作家又来找李太太，李先生发了孩子劲，躲在客堂外面

① 钱钟书《猫》 见《人兽鬼》第26页。

② 钱钟书《猫》，见《人兽鬼》第23、24页。

③ 钱钟书《猫》，见《人兽鬼》第28页。

听。那剧作家只恭维李太太，赞美睡在沙发上的猫。剧作家说自己“最爱猫，猫是理智、情感、勇敢三德全备的动物：它扑灭老鼠，像除暴安良的侠客；它静坐念佛，像沉思悟道的哲学家；它叫春求偶，又像抒情歌唱的诗人”。[①] 李先生觉得自己还不如一只猫，他从此下决心改造自己的生活，而不只是围绕太太转。

再说齐颐谷。既然李先生想通过著作来改造自己，但他又不是能著作的人，于是齐颐谷这个未毕业而想赚钱的大学生就被雇用承担了这项工作。正如李太太很早就有了一只心爱的猫，李先生此时也有了一个中意的书记，他之所以中意，就因为齐颐谷“内心和智力绝配不上他瞳子的深沉、灵活”，自从有了颐谷以后，李先生的“自尊心像插进伤寒病人嘴里的温度表，直升上去”[②]，因为他一生还没有碰见任何人肯让他不断发言而自己只顾耐心地听讲。而在齐颐谷方面，却渐渐地看到了李先生的“无聊、虚荣、理智上的贫乏”，而开始忽视李先生的为人和待人的好处。他感谢李先生“肯出相当高的价钱雇自己来干这种不急之务”，他又恨李先生“倚仗有钱，牺牲青年人的时间和精力来替他写无意义的东西”。[③] 但齐颐谷从本质上只是一个幼稚、怕羞、

① 钱钟书《猫》，见《人兽鬼》第 29 页。

② 钱钟书《猫》，见《人兽鬼》第 32 页。

③ 钱钟书《猫》，见《人兽鬼》第 34 页。

拘谨的男孩子，一个娃形未变但却对男女之事在心里蠹搅着的男孩子。

粗眼一看，我们不由得为钱钟书担心，这样平庸的三个人之间，究竟能够有什么东西可写。但是，看到最后，我们终于明白了，钱钟书所要告诉我们的是一个黑色的幽默故事。李太太本来已经有了一只猫和一群围绕在她周围的中年男人，但她的领地还在不住地扩展，当她请颐谷为自己写请帖的时候，李先生已经很不高兴；到了她叫颐谷代看小说时，李太太和李先生的矛盾便公开了。在齐颐谷这里，自从他和李太太接触以后，“他的泛滥无归的情感渐渐收聚在一处”，到了第二星期以后，他“已经肯对自己承认爱上李太太了”。“一个十八九岁没有女朋友的男孩子，往往心里藏的女人抵得上皇帝三十六宫的数目，心里的污秽有时过于公共厕所。同时他对恋爱抱有崇高的观念，他希望找到一个女人能跟自己心灵契合，有亲密而纯洁的关系，把生理冲动推隔得远远的，裹上重重文饰，不许它露出本来面目。”①“对于一个毫无恋爱经验的男孩子，中年妇人的成熟的姿媚，正像暮春天气或鸭绒褥子一样泥得人软软的清醒不来，恋爱的对象只是生命的利用品，所以年轻时痴心爱上的第一个人总比自己年长，因为年轻人自身要成熟，无意中挑有经验的对

---

① 钱钟书《猫》，见《人兽鬼》第 74、75 页。

象，而年老时发疯爱上的总是比自己年轻，因为年老人自身要恢复青春。”颐谷每听见李太太的声音，心就跳，脸就红，这些都未逃过李太太的眼睛。

李太太未必真的就爱上了齐颐谷。但是，当她得知丈夫和一个小女孩在一起的消息后，她委屈得哭了，突然，她问颐谷：“你爱我不爱？”齐颐谷被她脸上的杀气吓呆了，只想逃之大吉，但被李太太拉到了身边。齐颐谷刚坐下去，就“啊呀”跳起来。原来李太太的猫并不允许他和李太太亲近，抓了他一把。“我知道，你爱着我！”李太太把猫捉放到自己腿上后对齐颐谷说。

齐颐谷哭丧着脸胡扯道：“这猫虽然不是人，我总觉得它懂事，好像是个第三者，当着它有许多话不好讲。”李太太让颐谷把猫扔出去，赶快带上门，而颐谷关门时，夹住了猫尾巴，引起一串刺耳的尖叫。李太太走过去，顺手给齐颐谷一个耳刮，拉开门，放走猫说：“去你的，你这个大傻瓜！”

其实，在钱钟书的这篇小说里，最有资格充当“第三者”的并不是齐颐谷，而是围绕在李太太周围的一群年近四十、久已成名的人。这些“有身家名望的中年人到李太太家里来”究竟是充当了第三者或者是将要充当第三者，我们还没有看清楚，也许“淘气”已经看清楚了，但是它不能告诉我们。只有作者这样告诉我们，他们来到这位漂亮的女人家里，“是他们现在惟一经济保险的浪漫关系，不会出乱子、不会闹笑话、不要花费，而获得精神上的休假，有了逃避家庭的俱乐部”。[1]对于李太太来说，她和这些人在一起已经习惯了，“相与了五六年，知己知彼，呼唤得动，掌握得住，她也懒得费心机更培养新习惯”。但是，这些人“彼此在一起吃醋得厉害，只肯在一点上通力合作：李太太对某一个新相识感到兴趣，他们异口同声讲一些巧妙中听的坏话”。

例如，李太太已经到了愿有人记得她生日而不愿有人知道她生年的时期，做生日那天，她对围在周围的这群客人说自己老了，大家都说：不老。其中一个客人别出心裁地说：“快该老了，否则年轻的姑娘们都给您比下去了，再没有出头的日子啦。”[2]这种话显然是李太太愿意听的，而这种话显然也只有揣透了女人心理的人才能说得出。围绕在李太太周围的这群知识分子，一个比一个能说出更俏皮的话。例如，陈侠君迟到了，袁友春便借众人之口委婉地批评说：“你这艺术家的习气是在法国拉丁区咖啡馆学来的吧，法国人根本没有时间观念，所以‘时间即金钱’那句话还得向英文去借，这是大家的看法。我的意见不同，我想你生来这

① 钱钟书《猫》，见《人兽鬼》第46页。
② 钱钟书《猫》，见《人兽鬼》第48、49页。

迟到的脾气，不，没生出来就有这脾气，你一定十月满足了还赖在娘胎里不肯出世的。”大家都笑了。陈侠君还没回答，傅聚卿冷冷地说：“这幽默太笨重了，到肉铺子里去称一下，怕斤两不小。”袁友春脸上微红，睁眼看傅聚卿道：“英国人用磅做单位的，不讲斤两，你露出冒牌英国佬的马脚来了。”

上面这些话，从“第三者”方面想，可能会被认为是这些知识分子在向李太太献媚。但是，李太太如果只是一个像“淘气”一样的宠物，那这些知识分子就完全没有必要被看成“第三者”，实际上，科学家郑须溪就拿“淘气”来比李太太。在宠物的意义上，李先生也可以算得上一个，不过，客人们对此有不同看法。郑须溪说环境能感化性格，陆伯麟便讲了一个笑话说，佛门的臭虫，据和尚说，不吃荤血，因为受了菩萨感应。郑须溪附和说，此笑话中有真理，智力高的动物能够传染主人的脾气。主人爱说笑话，他养的狗也会有幽默。陆伯麟胡扯说：“狗的这种事没见过。不过，我喜欢书，我家的耗子也沾染了这种习气，常对书嗜好，有时甚至把它咬坏。”

袁友春说：“何必举狗与耗子的例子，你看淘气那婀娜刚健的腰身，不就像李太太么，特别是它伸懒腰的姿态，完全是受李太太感化后学来的。”陈侠君道：“你把话说反了，并非淘气学李太太的姿态，而是李太太学了淘气的姿态，神而明之，自成一家。埃及的古风是女人愈像猫愈美。在朋友的太太里，首推李太太穿衣最称身，称身得不像是衣服配了身体做的，倒像是身体适应着衣服生长的，这不是学了淘气的一身皮毛么！”[①]

钱钟书在一次演讲时曾引用希腊神秘哲学家的话说，“人生不过是家居，出门，回家。”[②]人们都知道，一个温馨的家对人生太重要了。但人们可能不知道，逃避家庭对一些人也是必不可少的。正因为如此，李太太周围才会有这么一些人，他们在这里尽情说笑、斗嘴，从而获得了精神上的休假。

① 钱钟书《猫》，见《人兽鬼》第 62 ～ 64 页。

② 钱钟书《谈中国诗》。

书信供稿储安平

储安平，江苏宜兴人，年长钱钟书1岁，和钱钟书同生于太湖之滨，20世纪40年代初，和钱钟书同在湖南国立师范学院任教。后来，储安平在上海主编《观察》周刊，分析时事，发表政论，抨击党争，呼吁民主，内容广及文化和文艺。储安平以特约撰稿人的身份，将上海的文化名人都团结在《观察》周围，钱钟书和杨绛当然不能例外。

1945年12月17日，中华全国文艺协会上海分会成立，钱钟书和杨绛参加了成立大会，并都成了这个协会的会员。在这期间，杨绛的四幕喜剧《称心如意》在上海公演，获得成功。杨绛和钱钟书的名字经常见诸报刊，其中，《大公报》编者向钱钟书提出三个问题，钱钟书分别做了回答。第一个问题："你的第一本书是什么？"钱答："一部五七言旧诗集。”第二个问题：“它是怎样出版的？”钱答：“几个同做旧诗的朋友怂恿我印的，真是大胆胡闹。内容甚糟，侥幸没有流传。”第三个问题：“你下一本书是什么？”钱答：“《谈艺录》，用文言写的，已在开明书店排印中。”①

此时，钱钟书已应邀聘任南京国立中央图书馆编纂，同时兼任暨南大学外文系教授。储安平多次书函钱钟书催稿，钱钟书因编务、教务繁忙未能应约。1946年9月10日，钱钟书给储安平的回信说：“《观察》两期奉到，感谢感谢！拙文承惠许延期，真如债主宽限，大慈大悲；具见大编辑笔政不苟，钦佩何极！”在这封信里，钱钟书提到了刊登在《观察》上的长辈——清华学人潘光旦先生的文章。在《观察》上发表文章前的几个月，潘光旦先生已在重庆出版了自己的译著《性心理学》。潘先生和钱钟书都是对人性有深刻兴趣的学者，虽然潘先生是以科学看人性，钱钟书是以文学眼光看人性，但科学的人性和文学的人性在人性上并不截然分开，所以潘、钱二人不愁没有共同语言。钱钟书称赞潘先生的文章，“语重心长，重载不为过”，信笔写去，钱钟书又谈到了物质文明和人性的关系：

十九世纪科学大昌，西方思想家已焦思苦虑及此。

① 钱钟书《答编者问》，1947年12月11日《大公报》，上海。

> 浪漫主义者主张屏弃物质文明，亦误以为物质文明能使人性堕落，不知物质只是人性利用厚生之工具，病根在人性，不在物质文明。石斧石箭杀人之效果不如原子弹，然用石斧石箭之原始人与用原子弹之文明人，其存心一也。苏格拉底谓知识即道德，培根谓知识即权力；如何使权力之应用不违于道德，此乃古来文化及教育之大问题，于今尤急需解决而无法解决者。古人有言，“明体达用”，用之学问（所谓 technology），日进千里，体之学问（humanities），仍守故步，例如亚里士多德之《物理学》，无人问津，而亚里士多德之《伦理学》，仍可开卷有益。此事极耐寻思。何日面晤，当一细谈。[①]

钱钟书后来是否和储安平详细地谈到了这个问题，我们尚不知道。但是，对于储安平来说，他有一双慧眼，敏锐地观察着眼前的一切。难道还需要等待吗？上面的一段不正是他要寻找的文字吗？于是，他干脆就把钱钟书的书信发表在自己主编的刊物上。

在中国哲学里，从先秦两汉到魏晋六朝，再到隋唐佛学、宋明理学，“体用”一直作为一对根本范畴存在着。到

---

① 钱钟书《致储安平》，载 1946 年 9 月 21 日，上海《观察》周刊第 1 卷第 4 期。

了近代，洋务派思想家张之洞将“体用”观念结合于中西思想融会中，提出了“中学为体，西学为用”的著名论断。但究竟何者为体，何者为用，学者们议论纷纷。钱钟书在给储安平的信中明确地将“体”理解为humanities，将“用”理解为technology，这种理解便凿通了中西思想。在一封信中，无意中流露出了一个重要思想，这对于钱钟书来说并不奇怪，因为生活对于他来说，无非就是读书、教书、写书。

1947年，暨南大学的学生终于结识了一位博学的教授，他懂得几门西欧语言，口里滔滔不绝，笔下妙趣生花。“他酷嗜读书，课间休息的十分钟也不放过”；在系主任的办公室里，“工友给他泡一杯清茶，他喝口茶润润喉咙”，便开始“阅读他从家里带来的书”。[①]

在这一时期钱钟书所阅读的外文书中，肯定有以下三种书：Dorothy Carrington 的《游历者的眼睛》，Ivor Brown 的《咬文嚼字》以及 George Orwell 的《英国人民》。因为钱钟书为这三本书分别写了书评，其中《游历者的眼睛》这篇书评就发表在储安平所主编的《观察》周刊上。钱钟书在看了这本书后说，游历的人当然应该具有眼睛，但是只有眼睛是不够的，游历的人应该有“猪的嘴，鹿的腿，老鹰的眼睛，驴子的耳朵，骆驼的肩背，猴子的脸，外加饱

---

① 林子清《钱钟书先生在暨大》。

满的钱袋。”在上述诸条件中，猪嘴与驴耳比其他条件更重要，因为真正的旅游就应该“听得懂当地的语言，吃得惯当地的烹饪”。但是，许多在中国观光的洋人却不是这样，他们“饮食起居，还牢守着自己本国的方式，来往的只是些了解自己本国话的人”。钱钟书幽默地说：“这种游历者只像玻璃缸里游泳的金鱼，跟当地人情风土，有一种透明的隔离”，随他眼睛生得再大，眼睛睁得再开，也无济于事。钱钟书风趣地分辩说，游历和游记不同：“游历是为了自己，而游记是为旁人写的；为己总得面面周到，为人不妨敷衍将就。”“许多游记的作者，除掉饱满的钱袋以外，并无鹰眼驴耳等等，只有爱尔兰一位散文家所谓马蹄似的手指，能够笔不停挥，在又光又白的稿纸上日行千里。”①

18世纪时，一个英国旅游者在法国吃馆子，因嫌女侍者端来的菠菜不干净，一怒之下，把碟子连菜扣在女侍者头上，替她“加冕”。到了19世纪末叶，法国小说家龚古尔兄弟在日记中依旧写道：“做了法国人在法国旅行真是倒霉。一起吃饭的时候，鸡身上最好吃的一部分老是给英国人吃去。”② 所以，读《旅游者的眼睛》这本书，给钱钟书的印象是：英国游历者的眼睛多半都是长在头顶上的。然而他搞不

① 钱钟书《游历者的眼睛》，载1947年9月27日《观察》第3卷第5期。

② 同上。

清楚到底是大英帝国的骄横造就了英国旅行家的骄横，还是英国旅行家的骄横助长了大英帝国的骄横。

储安平所发表的钱钟书的另外一篇文章涉及“回家”问题。他说：“中国古代思想家，尤其是道家和禅宗，每逢思辨得到结论，心灵的追求达到目的，就把‘回家’作为比喻。”[①] 围棋中的“回家”是指某个或某些棋子和大本营连接，哲学意义上的“回家”是指归本通体，与 humanity 联在一起，而不是仅在技术层面上游离。我们可以肯定这个思想在钱钟书的头脑里徘徊了很长时间，因为它着实太重要了。钱钟书认为，上述“回家”的比喻“在西洋神秘主义里也是个基本概念。新柏拉图派大师普洛提诺斯把探讨真理的历程分为三个阶段：家居，外出，回家”。黑格尔亦认为思想历程是圆形的，首尾回环。诺梵立斯认为，“哲学其实是思家病，一种要归居本宅的冲动。”[②]

钱钟书由此生发开来，大谈“回家”的哲理、心理以及道理。“疑难以解决为快，情感以发泄为快，欲望以到达为快。思想的结束是不复思想，问题有解答就不成问题，怀疑克服了而成信仰，或者坐实了而成怀疑主义。”“心的基本要求是尽量增加无所用心的可能，获得暂时的或某方面的

---

① 钱钟书《说“回家”》，载 1948 年 3 月 6 日《观察》周刊第 4 卷第 2 期。

② 同上。

安稳。”“人心遭遇困难而感觉不安，就用种种方法，消除困难的感觉以便回复到心安理得。”一个本来很平常的“回家”，钱钟书从东方讲到西方，从思辨讲到了思想。“回家”仅仅是个比喻，不可拘泥，否则，“认权作实”，“死在句下”，把“假如”当“真如”，就会犯错误。

在钱钟书的文章发表以前，储安平都可以先睹为快。有一次，他像发现新大陆似的在文章中写道：“钱钟书先生，若把各种条件总加起来，他是今日中国最出色的一位治文学的人。他造诣的广博精深，允为同侪器重。他的文章另有风采，别具一格。”这是钱钟书在走向中年时期所得到的另外一个学人的赞誉。

“书堡”周遭筑“围城”

对于钱钟书来说，命运已经注定了他要写一部《围城》。一个偶然的机会，他在看完由杨绛编剧的《称心如意》之演出后对夫人说：“我想写一部长篇小说！”杨绛非常高兴，催他快写。钱钟书此时正在写短篇小说，又承担编务和教学工作，时间很紧。杨绛便建议他减少授课时间，以便集中精力来完成这部小说。为了省俭开销，家里辞了女佣，劈柴生火烧饭等家务由杨绛一人承担。从1944年到1946年，“两年里忧世伤生，屡想中止，由于杨绛女士不断的督促，替钱钟书挡了许多事，省出时间来”，最后终于完成了这部小说。

《围城》的生活根源杨绛在《记钱钟书与〈围城〉》一文中作了充分阐述。《围城》的读书根源钱钟书在小说中亦有暗示。褚慎明谈到罗素结婚、离婚的事时，引英国古话说："结婚仿佛金漆的鸟笼，笼子外面的鸟想住进去，笼内的鸟想飞出来，所以结而离，离而结，没有了局。"苏文纨是留法的，所以她附和说："法国也有这么一句话。不过，不说是鸟笼，说是被围困的城堡，城外的人想冲进去，城里的人想逃出来。"[①]钱钟书留学英法，英国和法国的书他读得多，导演笔下的人物透露这方面的思想也就合理。

在"围城"以前，钱钟书已经有了一个"书堡"，这个"书堡"是他在几十年的历程中建造成的。就在《围城》问世后不久，钱钟书教授的暨南大学学生林子清曾经到复兴中路去过，他看见钱钟书住宅墙壁的书架上摆满了32开本的精装外文书。《围城》的成功有多种因素，而"书堡"在其中占有显著位置。钱钟书后来从复兴中路搬到蒲石路（又名长乐路），林子清又到那里向他请教。钱钟书"正在认真读书，书桌上放着一本厚练习簿，上面写满了间隔很密的外文"[②]。钱钟书用英语讲解问题，对方听不懂时，他就用英文写出来。

李健吾年长钱钟书4岁，早在钱钟书、杨绛以前入清华大学，亦早在他们以前赴法留学。抗战胜利后，他与郑振

---

①《围城》第96页。

② 林子清《钱钟书先生在暨大》。载上海《文汇读书周报》1990年11月24日。

铎合编《文艺复兴》杂志，并参与筹建上海实验戏剧学校，任戏剧文学系主任。迷恋于文艺和戏剧的李健吾曾在杨绛编剧、黄佐临导演的喜剧《称心如意》中扮演老太爷，钱钟书和杨绛由此结识李健吾。在李健吾的印象里，钱钟书多半只是一个读书虫，未必是当作家的料子。后来，他和郑振铎读了《围城》，又惊又喜。从 1946 年 2 月开始，《围城》在《文艺复兴》连载，至 1947 年 1 月连载完毕。

《围城》1947 年在上海初次出版，1948 年再版，1949 年三版。钱钟书感谢郑振铎、李健吾为发表此小说所提供的篇幅，感谢好朋友柯灵、唐弢、吴组缃、卞之琳几位先生的奖励。他说："读者的通信，批评者的谴责，都使我感愧。我渐渐明白，在艺术创作里，'柏拉图式理想'真有其事。悬拟这本书该怎样写，而才力不副，写出来并不符合理想。理想不仅是个引诱，并且是个讽刺。在未做以前，它是美丽的对象；在做成以后，它变为惨酷的对照。"[①]

围城里边的人总喜欢冲出去，以便看看外面的风光，但对于钱钟书来说，似乎总喜欢守在自己的书堡里，渐渐成了喜欢读书的人的知音。赵景深以前并不认识钱钟书，抗战后他在上海为《大晚报》编《通俗文学周刊》，十分留意有关中国文学研究的文字。此时，钱钟书在《大公报》

① 钱钟书《围城》序，载《文艺复兴》1947 年 1 月 1 日。

上发表了《谈中国诗》，又在《新语》上发表了《小说识小》，赵景深读后非常佩服，他说：钱钟书“懂得拉丁、法文、德文等，中英文就更不用说了。记忆力既强，学问又渊博，在我国文艺界中是少有的”。“他的《围城》已经成为我们家中的favorite了。我的儿子、内侄、姨女、内嫂以及我自己都争夺般地抢着看，消磨了一个炎热的长夏。”他的《小说识小》，“把中外文学冶于一炉，取其极相似者合并来谈”，使人兴味盎然。赵景深向钱钟书索取存稿，钱回信说：已经给了振铎所编的《文学周刊》，只能“还君明珠双泪垂”了。①

“围城”是生活，耐人寻思；《围城》是创作，可供读者欣赏；“书堡”作为资源，可供学者利用。在“书堡”中辛勤阅读、耕耘，正是钱钟书的人生乐事。35岁生日这一天，钱钟书想必又在“书堡”中耕耘了一天，由于赶写《谈艺录》，他涉猎了大量诗歌、诗话。《风月堂诗话》载李清照诗句：“诗情如夜鹊，三匝未能安。”庾信《拟咏怀》云：“其面虽可热，其心常自寒。”钱钟书浮想联翩，成诗一首，其中云：“书癖钻窗蜂未出，诗情绕树鹊难安”；“输与子山工自处，长能面热却心寒”。②

---

① 赵景深《钱钟书杨绛夫妇》原载上海《世界杂志》，1947年10月号。

② 钱钟书《槐聚诗存·生日》。

“书癖”进入“书堡”并非甘愿成为一条书虫。此时的钱钟书还没有完全进入中年，但他的思想却愈发成熟，诗情涌动、朝气蓬勃，再加上辛勤的汗水，这一切都被“才华横溢”四个字涵盖了。在中华人民共和国成立前的两三年，《围城》和《谈艺录》相继问世，这在一般作家和学者看来，已经是难以企及的成果，但对钱钟书来说，只是增添了两个不满意的口实。“书堡”是他的领地，“围城”表达了他思想中的矛盾。在这一时期的阅读和写作生涯中，钱钟书头脑中存在着一种被围困和突出重围的冲动。他读新柏拉图派的书，把探讨真理的历程分为三个阶段：家居、外出、回家。[①]家居是守在城内，外出是冲出城外，回家是返回城内。在对美国人谈中国诗时，他引申说：“人生不过是家居，出门，回家。我们一切情感、理智和意志上的追求或企图不过是灵魂的思家病，想找着一个人，一件事物，一处地位，容许我们的身心在这茫茫漠漠的世界里有个安顿归宿，仿佛病人上了床，浪荡子回到家。”[②]

对于《围城》，钱钟书说，他想写“现代中国某一部分社会、某一类人物”。写这类人，他“没忘记他们是人类，只是人类，具有无毛两足动物的基本根性。角色当然是

---

① 钱钟书《说“回家”》。

② 钱钟书《谈中国诗》。

虚构的，但是有考据癖的人也当然不肯错过索隐的机会、放弃附会的权利的”[①]。杨绛说,《围城》的作者，是一个“痴气”旺盛的钱钟书。《围城》里的人物和情节，都凭他那股子痴气，呵成了真人实事。可是他毕竟不是个不知世事的痴人，也毕竟不是一个对世事和社会现象漠不关心的作家。杨绛和钱钟书日常相处，钱钟书经常“爱说些痴话，说些傻话，然后再加上创造，加上联想，加上夸张”，所以，杨绛“能从中体味到《围城》的笔法”[②]。

人生不过就是居家、出门和回家。《围城》中方鸿渐一开始就在“回家”的路上走，后来他经历了多次居家、出门、回家的历程。《围城》写到最后，方鸿渐依旧“在回家的路上走，蓄心要待柔嘉好”。钱钟书“用中英德法世界上所有古典名著砌起了城墙。他固然也让这城墙开一条大门，以便自己偶然走出城去，游玩一下世界，或者邀请几个同等身份的斯文中人来聊聊天；但他更爱在城墙上开辟个窗户，他可以不开城门，通过窗户，瞻望世界”。[③]

围城和冲出围城的轮回也出现在学术和著述中。钱钟书在小说中写道:“得学位是把论文哄过自己的先生；教书是把讲义哄过自己的学生。鸿渐当年没哄过先生，所以未得

---

① 钱钟书《围城》1946年序。

② 杨绛《钱钟书与〈围城〉》。

③ 无咎（即巴人）《读〈围城〉》，载1948年7月1日《小说月刊》第1卷第1期。

学位，不免欠缺依傍。教授成为名教授，也有两个阶段：第一是讲义当著作，第二是著作当讲义。好比初学的理发匠先把傻子和穷人的头作为练习本领的试验品，所以讲义在课堂上试用没出乱子，就作为著作出版；出版以后，当然是指定教本。”①

上文中“先把论文哄过自己的先生，然后把讲义哄过自己的学生”这句话遇到了问题。钱钟书的老同学和同事们把书中的玩笑当成真，纷纷责难说：“你们学文学的人也许如此，至于我们学历史、考古、社会学、经济等等的人，那都是货真价实，老少无欺，一点儿不含糊的。”钱钟书也觉得这句话太过火了，他由“围城”向“书堡”退却，此“书堡”不是狭义的“书斋”，而是广义的“图书馆”。他认为：“先把图书馆的参考书放入自己写的书里，然后把自己写的书列入图书馆的参考书里，这样描写学术的轮回，也许妥当些。”②

地球自转，亦绕着太阳转，人们至今仍然是日落而息，日出而作。对于中华人民共和国成立前三五年的钱钟书而言，他生活在“围城书堡”里。作为学者，他喜欢守在“书堡”里耕耘劳作；耕耘劳作的结果，使得他在属于自

① 钱钟书《围城》第269、270页。

② 钱钟书《杂言》。载1948年3月6日《观察》周刊第4卷第2期。

己的“书堡”周遭构筑起“围城”，诗的城堡是《槐聚诗存》，诗话的城堡是《谈艺录》，小说的城堡是《人兽鬼》和《围城》。在书的意义上，钱钟书城堡是中西融通的汪洋大海；在诗的意义上，钱钟书城堡是赤子心灵的喷薄日出；在诗话的意义上，钱钟书城堡是古今诗情的寻根究底；在小说的意义上，钱钟书城堡是对人生、人性的讽刺和感伤。

从《灵感》到《通感》

梳理钱钟书的读书生活，有他留下的文字线索。在这些文字中，我觉得有一个字应该拿出来说说，这就是“感”字。钱钟书写过两篇著名的文章，都用“感”字命名。一篇是 1945 年 10 月发表于《新语》一、二期的《灵感》；另一篇是发表于 1962 年第一期《文学评论》上，后来收入《旧文四篇》和《七缀集》的《通感》。钱钟书曾认真地阅读和研究过《周易》，晚年所著《管锥编》卷首二十七则心得所谈的就是《周易正义》。《周易》64 卦，上经 30 卦，以乾为首；下经 34 卦，以咸为首。“咸，感也”（王弼注），英文用 sense 表示，少男少女在一起最容易交相感应，所以《易传》解释说：“有天地然后有万物，有万物然后有男女，有男女然后有夫妇。”男女、夫妇是人世中的一种基本关系。

人类具有无毛两足动物的特性，但人的本质却不同于动物的本质。在写《人兽鬼》中的短篇小说时，钱钟书“对自己的生命还没有愈来愈逼窄的边缘感觉，对人、兽、鬼等事物的区别还有非辩证的机械看法”。写完《围城》以后，钱钟书对这两本书又进行了一定的修改，但改本后来都遗失了。[①] 对人性和文性越来越深刻的感觉使钱钟书也越来越感觉到为文所可能带来的麻烦和危险。为了增强自己在这种环境中的免疫力，钱钟书提前申述说：“节省人工的方法愈来愈进步，往往有人甘心承认是小说或剧本中角色的原身，借以不费事地自登广告。为防免这种冒名顶替，我特此照例声明，书里的人物情事都是凭空臆造的。不但人是安分守法的良民，兽是驯服的家畜，而且鬼也并非没管束的野鬼；他们都只在本书范围里生活，决不越规溜出书外。假如谁要顶认自己是这本集子里的人、兽或鬼，这等于说我幻想虚构的书中角色，竟会走出书，别具血肉、心灵和生命，变成了他，在现实里自由活动。从黄土抟人以来，怕没有这样创造的奇迹。我不敢梦想我的艺术会那么成功，惟有事先否认，并且敬谢他抬举我的好意。”[②]

钱钟书在写《灵感》这篇小说时，想象力是十分丰富

---

① 参见钱钟书《围城》，1946 年。《人兽鬼》1982 年序。

② 钱钟书《人兽鬼》1982 年序。

的，这些由幽默的笔调簇拥着的想象包含着深刻的讽刺。不是中国作家无能力得诺贝尔奖，而是诺贝尔奖的主持者不懂中国语言。中国人最早发明了火药，诺贝尔则在炸药上发了大财而设立诺贝尔奖，但诺贝尔奖的主持者却不愿把此奖给中国人。中国作家没得到诺贝尔奖不是因为作品少，而是因为作品太多。天才的中国作家本应进天堂，但因作品太多压塌了天堂而落于地狱，在他落进地狱的时候，真正的地狱却又搬到人间去了。天堂和地狱没有什么两样，阴世和阳世都有不成文的“一条不偏不颇的定律：作法自毙，请君入瓮。一辈子干什么事，临死就在那事上出个岔子”[①]。诺贝尔奖本来应奖给有灵感的作家，但有灵感的中国作家却被这个奖项活活气死了，他在阴界的魂灵依旧因其作品的过失而遭受到谴责、围攻。然而，阳世的另外一个青年作家却又开始重复他以前的老路。这位青年作家为等待灵感的到来已花了三年，后来才悟出，要写处女作，应去找处女。阴间的司长为了惩罚老作家而将他的鬼魂装扮成灵感到阳世寻觅转世，正碰见青年作家和房东的女儿私通。老作家的鬼魂不愿意以灵感的身份进入青年作家的头脑，趁人不注意，便飞快地钻进了房东女儿的耳朵而使她受孕。

钱钟书阅读西方典籍很多，但写小说只能依据生活经

① 钱钟书《灵感》，见《人兽鬼》第 96 页。

历进行想象。由于是学者作小说，所以《围城》中方鸿渐讲到梅毒是明代从西洋传来的文明时，做记录的女学生便涨红了脸，仿佛“处女的耳朵已经当众丧失贞操”[①]。处女由耳朵丧失贞操这种知识来源于西方中世纪基督教神学，按照那时“基督教神学家对于童贞女玛利亚怀孕的解释，女人的耳孔是条受胎的间道”[②]。

钱钟书的中年生活，基本上都是读书和写书。《围城》和《谈艺录》出版后，他抽空又写起了长篇小说，命名《百合心》，也脱胎于法文成语，中心人物是一位女性，大约写成了两万字。1949年夏天，钱钟书迁家到北平，不小心将手稿丢失。此后创作中的灵感和冲动随年衰减，作为writer的他，已无创作兴致，作为scholor的他，仍一如既往。

灵感是一种动态的情感，当这种情感平静下来之后，它慢慢就会泛化成通常的情感。对于钱钟书来说，他是有意识地来泛化这种情感，但1962年《通感》一文，其理论色彩更加浓厚了。在这篇文章里，钱钟书首先举出宋祁、李渔等十七位作家的作品进行评析，并引出通感的话题，认为，“在日常经验里，视觉、听觉、触觉、嗅觉、味觉往往可以彼此打通或交通，眼、耳、舌、鼻、身各个官能的领域可以

① 钟书《围城》第37页。

② 钟书《灵感》，见《人兽鬼》第108页。

不分界限。颜色似乎会有温度，声音似乎会有形象，冷暖似乎会有重量，气味似乎会有体质”。[①] 这种状况用西学中心理学或语言学术语来说，被称为 synaesthesia。

在逻辑思维那里，人的耳目鼻口手等器官不能相互借用，五官各有所司，不能越职亦不能兼擅。例如，视觉和触觉就各有所司，视不能得其坚，而能得其白；触不能得其白，而能得其坚。但在形象思维里，情况就完全不一样了。例如，“亮”是视觉所捕捉的，“光亮”亦是为视觉捕捉，但“响亮”则依靠听视两觉捕捉。又如，“热冷”“闹”“静”分别由触觉、听觉和视觉把握，而“热闹”和“冷静”则表示“热”和“闹”、“冷”和“静”在感觉上有通同一气之处。钱钟书举出诗歌中的事来进行说明，指出红颜色常给人一种“温暖”的感觉，而绿颜色则给人一种“寒冷”的感觉。“冬日着碧衣似寒，夏月见红似热”(《杂纂·意想》)，李商隐在一千多年前早已认识到这种现象。

通感中所包含的深奥的学术意蕴，有待于进一步探索，但通感本身亦可以从读书生活方面作平常化的理解。阅读主要是依凭视觉，但朗读则又调动了听觉的积极性；精读又利于对感觉到的信息进行深思，但泛读中更多于时空博览层面

---

① 钱钟书《通感》，见《七缀集》第 65 页。

的融通。用钱钟书的话来说，读书“当以蜜蜂为模范，博览群书而匠心独运，融化百花以自成一味，皆有来历而别具面目”。钱钟书的《通感》，论述深奥的理论问题，但他依旧以广泛涉猎博览为前提，具体说来，他从宋词中“闹”字谈起。

宋祁《玉楼春》中广泛为人传颂的名句“红杏枝头春意闹”，“闹”为名句之眼。清代李渔在文章中认为，争斗有声谓之“闹”，桃李“争春”有之，红杏“闹春”人未曾见，“闹”字费解，如“闹”可用，则“吵”“斗”“打”皆可用。和李渔同时的方中通不同意李渔的观点，他举“寺多红叶烧人眼，地足青苔染马蹄”诗句说:“烧”字粗俗，红叶非火，不能烧人，然“烧”为句眼，要形容叶红之多，非一“烧”字不可。同样道理，形容红杏之红，亦非一“闹”字不可。“诗词中有理外之理，岂同时文之理、讲书之理乎？”钱钟书认为，宋人常把“闹”字来形容无“声”的景色，不必少见多怪。他举出十个作家的十二种作品中具有“闹”字的诗句后说，方中通说“闹”字形容其杏之红并不确切，应该说形容其花之繁盛，“闹”字是把事物无声的姿态说成好像有声音的波动，仿佛在视觉里获得了听觉的感受。[①] 在汉语里，“聒”和“闹”是近义词，“聒”

① 钱钟书《通感》，见《七缀集》第 64 页。

是喧哗，“闹”是嘈杂，但“闹”字在宋代诗词里有被视觉化的倾向。例如，“付与笙歌三万指，平分彩舫聒湖山”中的“聒”是指“笙歌”所发出的令人耳朵应接不暇的声响，而“番腾妆束闹苏堤，留春春怎知”中的“闹”指令人眼睛应接不暇的景象，“聒”和“闹”在上述两种语境中“分别描写两种不同的官能感觉”。但是《儿女英雄传》“三八回”写一个“小媳妇子”左手举着“闹轰轰一大把子通草花儿、花蝴蝶儿”，其中“闹轰轰”是听觉性的，然而“通草花儿、花蝴蝶儿”则靠人视觉把握，此二者合在一起使用，关联着人的通感。其实，花有入目之形色，扑鼻之气息，触手之柔软，人无论哪一种感官接触到花，都会联通到另外之感觉。“寻常官感，时复互用，心理学命曰‘通感’，征之赋咏，不乏其例。”①

① 钱钟书《管锥编》第 2 册 483、484 页。

阅读和选注宋诗

在《管锥编》以前，作为学者，钱钟书给人的印象是专治宋诗的。1948年6月出版的《谈艺录》的前半部分多是宋诗。1949年夏，钱钟书举家迁往北京，先是任清华大学外文系教授，后来又成为中国社会科学院文学所一级研究员，在这期间他曾奉文学所所长郑振铎之命用两年时间选注宋诗。1959年《宋诗选注》由人民文学出版社出版后，钱钟书是宋诗专家的印象在人们的头脑里更加深刻了。

钱钟书的读书生活，随着时代的发展而发展。1950年1月，记者黄裳来到钱钟书家，他所看到的是："长台上，堆着两叠外文书和用蓝布硬套装着的线装书，都是从清华图书馆借来的。他们夫妇就静静地对坐在长台两端读书。”[①]就在这一年，《毛泽东选集》英文编译委员会成立，金岳霖翻译了《实践论》和《矛盾论》，钱钟书翻译了《在延安文艺座谈会上的讲话》。如果说20世纪40年代，钱钟书可以进行自由阅读、自由思想、自由说话、自由写作，那么到了50年代，钱钟书的自由度便渐渐受到了限制。人是无毛两足动物，这种话在50年代已不适合说，因为人还是社会的动物、政治的动物。对于喜好独处不喜欢交际、喜好文学不喜好政治的钱钟书来说，他不明白新社会的学校为什么喜欢开那么多的会，学生为什么热衷于革命而对文学兴趣不浓。他对记者黄裳畅谈了自己的看法，赞扬黄裳“笔挟风雷，可爱亦复可畏”，说自己“诗情文思，皆如废井”。但同时又不得不适应新社会，寄函黄裳，告知其报道时为自己“稍留余地”，不要提“开会多，学生于文学少兴趣”等语[②]，免得给自己带来麻烦。

有人认为，钱钟书的人格中有一种显见的“大度”和“深邃”，这种“大度”和“深邃”使得他在批《武训传》、批《红楼梦》研究、批“胡风反党集团”、“三反五反”、“反右”等连珠炮似的运动中奇迹般地“逃生”。在

① 黄裳《一篇积压了三十年的报道》，载香港《大公报》1980年4月14日。

② 见钱钟书1950年1月31日给黄裳的信。

钱钟书所读的书中，苏轼的书占有重要地位。钱钟书认为：苏轼“在风格上的大特色是比喻的丰富、新鲜和贴切，而且在他的诗里还看得到宋代讲究散文的人所谓‘博喻’或者西洋人所称道的莎士比亚式的比喻，一连串把五花八门的形象来表达一件事物的一个方面或一种状态。这种描写和衬托的方法仿佛是采用了旧小说里讲的‘车轮战法’，连一接二的搞得那件事物应接不暇，本相毕现，降伏在诗人笔下”。[①] 应该指出，苏轼的思想对钱钟书在中华人民共和国成立后的思想产生了影响。“弈棋转烛事多端，饮水差知等暖寒。如膜妄心应退净，夜来无梦过邯郸。”[②] 钱钟书此诗中“如膜妄心应退净”一句，便来自苏轼“妄心如膜退重重”，事实证明，这句诗的精义已融入钱钟书的行动中。令人遗憾的是，当年钱基博先生看见自己的儿子口无遮拦、才辩纵横的书生习气，很为他的前途担忧，特为他更名“默存”以警之，但钱先生却忘记了以“默存”律己，在“引蛇出洞”的年代，竟然给上级写万言书，结果被戴上右派的帽子，含冤病逝。

“右派”队伍中少了钱钟书这员大将，不知是历史的疏忽，还是钱钟书有过人的机敏。1950 年，钱钟书开始担任

---

① 钱钟书《宋诗选注》，人民文学出版社，1989 年 9 月版，第 61 页。

② 钱钟书《槐聚诗存 · 赴鄂道中》。

《毛泽东选集》英译委员会主任委员，几乎整个50年代前半期，都将精力投入《毛选》英译的审稿、定稿中了。“疲马漫劳追十驾，沉舟犹恐触千帆”，钱钟书的天才能力以及特有的严肃认真精神在英译委员会中有口皆碑，这样的人格实在也没有什么可挑剔的，所以他能在“反右”运动中躲过劫难就丝毫不值得奇怪了。

钱钟书阅读和选注宋诗，是单个人干的，花了两年时间。在当时学术界的大气候下，他“企图识时务，守规矩，而又忍不住自作聪明，稍微别出心裁”。[①] 所谓“识时务，守规矩”，是指导思想顺随形势。他已经仔细地阅读和翻译了毛泽东《在延安文艺座谈会上的讲话》，其中的精神被化用入宋诗研究中，宋诗中的社会、阶级、时代内容及其人民性都被认真地考虑到了。所谓“稍微别出心裁”，则是指钱钟书冲破“时务”“规矩”所做的学术创造。钱钟书认为，宋诗的缺陷是“爱讲道理，发议论；道理往往粗浅，议论往往陈旧，也煞费笔墨去发挥申说”。但是，“批评该有分寸，不要失掉了适当的比例感。假如宋诗不好，就不用选它，但是，选了宋诗并不等于有义务或者有权利来把它说成顶好，顶顶好、无双第一，模仿旧社会里商店登广告的方法，害得文学批评里数得清的几个赞美字眼儿加班兼职、力

① 钱钟书《宋诗选注》1988年香港版前言。

竭声嘶地赶任务。整个说来，宋诗的成就在元诗、明诗之上，也超过了清诗。我们可以夸奖这个成就，但是无须夸张它，夸大它。”[1]

依靠几十年来积累成的深厚的艺术素养，钱钟书在阅读、选注宋诗时练就出一种别具一格的手眼，这种手眼吸收了前人的成果，但又不为前人所拘，“爱而知其恶，憎而知其善”。他说：“诗歌的世界是无边无际的，不过，前人占领的疆域愈广，继承者要开拓版图，就得配更大的人力物力，出征得愈加辽远，否则，他至多是个守成之主，不能算广大前业之君。所以，前代诗歌的造诣不但是传给后人的产业，而在某种意义上也可以说向后人挑衅，挑他们来比赛，试试他们能不能后来居上、打破纪录，或者异曲同工、别开生面。假如后人没有出息，接受不了这种挑衅，那么，这笔遗产很容易贻祸子孙，养成了好吃懒做的膏粱纨绔。有唐诗作榜样是宋人的大幸，也是宋人的大不幸。看了这个好榜样，宋代诗人就学了乖，会在技巧和语言方面精益求精；同时，有了这个好榜样，他们也偷起懒来，放纵了摹仿和依赖的惰性。瞧不起宋诗的明人说它学唐诗而不像唐诗，这句话并不错，只是他们不懂这一点不像之处恰恰就是宋诗的创造性和价值所在。明人学唐诗是学得来惟肖而不惟妙，像

---

① 钱钟书《宋诗选注》。

唐诗而又不是唐诗，缺乏个性，没有新意。”“宋人能够把唐人修筑的道路延长了，疏凿的河流加深了，可是不曾冒险开荒，没有去发现新天地。用宋代文学批评的术语来说，凭藉了唐诗，宋代作者在诗歌的‘小结裹’方面有了很多发明和成功的尝试，譬如某一个意思写得比唐人透彻，某一个字眼或句法从唐人那里来而比他们工稳，然而在‘大判断’或者艺术的整个方向上没有什么特著的转变，风格和意境虽不寄生在杜甫、韩愈、白居易或贾岛、姚合等人的身上，总多多少少落在他们的势力圈里。”[①]

基于这种认识，钱钟书树立起自己的选诗标准：“押韵的文件不选，学问的展览和典故成语的把戏也不选，大模大样的仿照前人的假古董不选，把前人的词意改头换面而绝无增进的旧货充新也不选”，“有佳句而全篇太不匀称的不选”，“当时传诵而现在看不出好处的也不选，这类作品就仿佛走了电的电池，读者的心灵电线也似的跟它们接触，却不能使它们发出旧日的光焰来。僻冷的东西亦不选，不能为了表示自己做过一点发掘工作，而将文学古董混在古典文学里选进来。”[②]

要一一地落实这些标准，搞出一个理想的宋诗选注本，

---

① 钱钟书《宋诗选注》。

② 同上。

并不是一件容易的事。诗分唐宋，但前者有《全唐诗》总汇，选唐诗的人可以参考，而后者并无完整的《全宋诗》，选宋诗的人“得去尽量翻看宋诗的总集、别集以至于类书、笔记、方志，等等”，但是宋人的别集中的情形比唐人别集中的情形混乱得多，宋代诗歌流落在类书、笔记、方志中，散漫无边。《宋史·艺文志》载宋诗人近600家，《四库全书》载宋代诗文集400多种。钱钟书在选注宋诗时，几乎读遍了他所能得到的所有宋代的诗集，这包括明末潘是仁编选的《宋元诗四十三家集》、曹学佺的《历代诗选》，清初陈焯《宋元诗会》、陈讦《宋十五家诗选》、吴之振《宋诗钞》、曹庭栋《宋百家诗存》、厉鹗的《宋诗纪事》，清末陆心源的《宋诗纪事补遗》、陈衍的《宋诗精华录》。

钱钟书的《宋诗选注》虽是一部面向大众的普及读物，但它依旧有自身的学术成就。钱钟书选注宋诗，一如他写《谈艺录》，充满了批判精神。例如，对于《宋诗钞》和《宋诗纪事》这两部规模巨大、影响深远的书，钱钟书在使用它们时，心里依旧有着几分保留。他知道，历代诗集在编选的过程中，有的是吃了抄手偷懒的亏，有的是吃了抄手太卖力气的亏，因此，其诗集中常常有错误。钱钟书发现，历代选家辛勤耕耘，读了许多无用之书，成就了一件有用之事，即以选本的形式使后人不再读无用之书，只需再读编选以外的书就可以了。

啼鸠忽噤雨将来

20世纪五六十年代，形势已经变得越来越不适合于安静地读书了，但钱钟书总能找到自己的一方天地。1955年，一个才从大学毕业分配到文学所工作的年轻人在书库里看见了钱钟书，他拿着一个练习本、一支铅笔，在不断地查书、做笔记。年轻人热情地同钱钟书打招呼，钱钟书笑着反问他："找什么书啊？"年轻人告知要找的书名。钱钟书指给他说："噢，你要从这儿往里边走，第三行，第五个架，第三层，你的书在那儿！"说这话的时候，文学所的书库仿佛就像钱钟书的书房。[1]

1959年，另一个年轻人从四川大学分配到社科院文学

---

[1] 邓绍基《钱先生的为人》。载《新经济周刊》1998年12月28日。

所古代文学研究组，钱钟书成为他的导师。钱钟书对青年学人的指导，“有关键性的指点，有言简意赅富于启发性的答问，而更多的则是潜移默化”。一次，他叫这个青年学人坐在自己身边，聊起了文学研究。“他一边在自己左腿的膝盖上方用指头画了一个小圆圈，然后又画了一些放射线，像平日人们画太阳光一样，一边谈做研究工作应当像这样，先有一个立足点，然后再向外扩展开去。”[①] 研究工作虽忌讳“做材料的奴隶”，但却必须“花大力气熟悉研究对象”，对象越熟悉，就越容易避免“陈言加空话”的弊端。谈话中给年轻人留下深刻印象的是钱钟书在“无意间谈及他曾通读《全唐诗》五遍”。这位年轻人惊呆了，“一部《全唐诗》多达九百卷，作者二千二百余人，作品近五万首，通读一遍也要多大的毅力啊，何况是五遍！”这个年轻人不敢懈怠，从此以后，他取来《全唐文》《全唐诗》《太平广记》《敦煌变文集》等书拿来一一精读，写出了许多学术文章，成为著名学者。

1960年，又一个大学的年轻人分配到中国社科院文学研究所，所里指派钱钟书担任这位年轻人的导师，钱钟书一方面认真地回答这位年轻人研究和写作中的问题，一方面又不肯称这个年轻人是自己的学生。20多年以后，这个

① 吴庚舜《悼念可亲可敬的钱钟书先生》，载《一寸千思》，辽海出版社，1999年3月。

年轻人出版了一部论文集请钱钟书题签，钱钟书写给他的文字是：“吾友明通之识，缜密之学，如孙悟空所谓自家会的，老夫何与焉。”此年轻人后来见到钱钟书说：“师生关系有文为证，当年我的进修计划和您的审批意见等白纸黑字俱在！”钱钟书哈哈大笑道：“好，给你写题签，盖上我的印章，算咱们有交情，今后来函，就称我‘贤弟’吧！”钱钟书让毕业生称他“贤弟”，而他自己后来给这位后生的信却依旧“贤友”“吾兄”地混称。[①]

1964年，又一个年轻的毕业生从复旦大学分配到社科院文学研究所。他第一次见到钱钟书是在一次全所大会上，那时钱钟书戴着眼镜，身穿一套笔挺的咖啡色花呢中山装，脚穿棕色皮鞋。所长何其芳在讲话时常征询他的意见，钱钟书言简意赅、切中肯綮的发言赢得众人敬佩的眼色。但是两年以后，一场“史无前例”的浩劫降临了，有人写大字报诬陷钱钟书，说他对毛主席著作不敬。在这张大字报贴出后的第二天，钱钟书给这张大字报的左下角贴了一张小字报申辩说：自己一向敬仰毛主席，正因为如此，他才认真负责地主持审定英文版的《毛泽东选集》。但在那种环境下，任何申辩都是徒劳的，他被关进了牛棚。[②]

---

① 王水照《记忆的碎片》，载《文化昆仑》，人民文学出版社，1999年7月出版。

② 参见刘士杰《幸福的回忆，终生的财富》，载上述《文化昆仑》一书。

《宋诗选注》脱稿后，钱钟书的父母先后于1957年和1958年去世。“驻车清旷小徘徊，隐隐遥空振澧雷。脱叶犹飞风不定，啼鸠忽噤雨将来。”[1]这期间，政治的风雨从来没有停顿过，早年狂傲不羁的钱钟书此时已人如其字，渐渐学会了缄默。“啼鸠忽噤雨将来”深刻地表达了钱钟书此时的心境，但“啼鸠忽噤”并非意味着钱钟书此时完全“噤若寒蝉”。他此时似乎已经参透了自己，也参透了这个参不透的世界。1960年，钱钟书继续应邀参加《毛泽东诗词》英译小组。袁水拍、乔冠华负责毛诗的内容和意义解释，钱钟书、叶君健、赵朴初等负责翻译。

钱钟书此时除了读《毛泽东选集》《毛泽东诗词》以外，还读了些什么书，这是本书所感兴趣的。1962年，钱钟书在《文学评论》第五期发表《读〈拉奥孔〉》一文。拉奥孔（Laocoon）是希腊传说里的特洛伊英雄，阿波罗的祭司。他的名字最早出现于荷马之后关于特洛伊的传说中，他的故事在维吉尔的《埃涅阿斯纪》里最后形成。希腊人假装撤退以后，特洛伊人要把他们留下的木马拖进城内，拉奥孔出面阻止；雅典娜便让两条巨蛇把他和他的两个儿子缠死。欧洲古代雕塑家有以此为题材，表现拉奥孔和他的两个儿子痛苦挣扎的群雕，德国作家莱辛在分析这组雕像的基础

① 钱钟书《赴鄂道中》，见《槐聚诗存》。

上，写成了他的名著《拉奥孔》，全名是《拉奥孔，或论画与诗的界限》。

莱辛不同意温克尔曼在论文中把希腊艺术理想归结为“高贵的单纯和静穆的伟大”的观点，他认为，希腊艺术的理想固然是物体美，诗和画也都是对自然的摹仿，但是，诗和画所用媒介的性质不同，其媒介所描述的对象在空间与时间中存在的特点亦不同。画适宜于事物一瞬间的延展，而诗则能表现事物发展中的动态连贯。

《读〈拉奥孔〉》这篇文章的新意不在于钱钟书读了《拉奥孔》，而在于钱钟书读了《拉奥孔》后对中西文论的打通。钱钟书一贯认为，“东海西海，心理攸同；南学北学，道术未裂”[①]。他在60年代初依旧持这种信念，既以“西来意”为“东土法”，又以“东土法”为“西来意”。20世纪50年代末60年代初，中国文艺理论界对狄德罗的《关于戏剧演员的诡论》发生兴趣，大写文章讨论。“这个诡论的要旨是：演员必须自己内心冷静，才能惟妙惟肖地体现所扮角色的热烈情感，他先得学会不动于中，才能把角色的喜怒哀乐生动地形于外；譬如逼真表演剧中人的狂怒时，演员自己绝不认真冒火发疯。”[②]

---

①钱钟书《谈艺录序》。

②钱钟书《读〈拉奥孔〉》，见《七缀集》第34页。

这时期杨绛正在翻译西班牙塞万提斯的小说《堂吉诃德》，当钱钟书思考演员的诡论问题时，他可能和杨绛讨论过，也许杨绛曾给他提供过材料。不管怎样，钱钟书认为，上述论点并非狄德罗一家之言，早在塞万提斯的著作中，堂吉诃德先生就曾说过："喜剧里最聪明的角色是傻乎乎的小丑，因为扮演傻角的绝不是个傻子。"同样，扮演狂怒角色的也不必然是狂怒者，"先学无情后学戏"，中国民间俗语中的这句话早已将欧洲人的思想表述得准确明白了。

钱钟书认为，《拉奥孔》所讲绘画或造型艺术和诗歌或文字艺术在功能上的区别，中国古人也浮泛地讲过。例如，晋代陆机就说"宣物莫大于言，存形莫善于画"。北宋邵雍亦说"史笔善记事，画笔善状物"。"史笔"容易带上诗意而成诗笔，诗笔运丹诚，"丹诚入秀句，万物无遁情"，"画笔善状物，长于运丹青。丹青入巧思，万物无遁形"。这些说法，似乎没有莱辛的议论透彻深细。"莱辛不仅把'事''情'和'物''形'分别开来，他还进一步把两者各和认识的两个基本范畴——时间与空间——结合。作为空间艺术的绘画、雕塑只能表现最小限度的时间，所画出、塑造出的不能超过一刹那内的物态和景象"，用中国诗文中的话来说就是："画人心到啼猿破，欲作三声出树难。""凡画奏乐”，画不出三声，“止能画一声”。[1]

中国古人认为，诗中有画，但诗中的有些内容却又非画所能表达。钱钟书举出许多诗例来进行说明。例如：“举头望明月”可画，“低头思故乡”难画。“手挥五弦”好画，“目送归鸿”难画。“疏影横斜水清浅”中的“疏影”好画，“暗香浮动月黄昏”中的“暗香”难画。“蓝天白石出”可入画，“空翠湿人衣”难入画。莱辛认为“一篇‘诗歌的画’，不能转化为一幅‘物质的画’，因为语言文字能描叙出一串活动在时间里的发展，而颜色线条只能描绘出一片景象在空间里的铺展”。

钱钟书认为，莱辛的话虽然没错，但比起上述中国古人的话，显得不够周全。而在莱辛之前，柏克就曾经说过，“描写具体事物时，插入一些抽象或概括的字眼，产生包举一切的雄浑气象，例如，弥尔顿写地狱里阴沉凄惨的山、谷、湖、沼等，而总结为一个‘死亡的宇宙’，那是文字艺术独具的本领，造型艺术办不到的”。造型艺术很难表现文字艺术所擅长的比喻，一个很平常的比喻就会给绘画造成困难。因为文学比喻的本质是“似是而非”，而又“似非而是”，这就给造型状物的艺术出了难题。钱钟书说，这个道理，早已被狄德罗讲过，他说：“诗歌可以写一个人给爱神

---

①钱钟书《读〈拉奥孔〉》，见《七缀集》第34、35页。

的箭射中，而图画只能画爱神向他张弓瞄准，因为诗歌所谓中了爱神的箭是个比喻，若照样画出，画中人看来就像遭受肉体创伤了。”[1]

① 钱钟书《读〈拉奥孔〉》，见《七缀集》第 37 ~ 46 页。

读《说文》，谈翻译

作为读书人，钱钟书的人格是一贯的、不变的。吴组缃在 1989 年时曾说：在清华时，我们都晓得钱钟书是个书虫，他做的读书笔记有一尺多高。一次，我们去咖啡室喝饮料，看见钱钟书在那里喝茶，便过去央求他给我们开几本英文禁书。钱钟书拿起一张稿纸，一下写满正反两面，开出四十多本，包括作者姓名、内容特点。[①] 1999 年，著名画家黄永玉曾回忆过一段往事：50 年代末，有一回在全聚德吃烤鸭。那时候聚在一起吃一次东西是有点负疚的行为。钱先生知道黄永玉是靠星期天去郊区打猎来维持全家营养的，而他却没有如此野性地生活过，但他有兴趣向黄永玉问这问那，

① 李洪岩《吴组缃畅论钱钟书》，原载 1992 年 1 月《人物》第 71 期。

提一些担心的外行问题。他说他虽然不可能跟黄永玉去尝试一次这样的壮游，但他能给黄永玉开一张有关打猎的书目。他顺手在一张长长的点菜单正反面写了近四五十部书。他还对黄永玉说，明朝的一本笔记上记载着一条材料：汉人向蒙古人买兽皮，原先订的契约是一口锅那么大面积的兽皮若干钱，后来汉人买主狡辩成装满一大锅子的兽皮若干钱。钱先生对黄永玉说：兄弟民族一贯是比我们汉族老大哥守信用的。①

在中国社会科学院，特别是文学所，有许多关于钱钟书的传闻。60年代初，钱钟书第一次招收研究生，一位北京大学的考生打算报考，托在文学所工作的同学询问钱钟书应该阅读哪些参考书。钱钟书回答说："用不着什么准备，准备也没有用。"后来文学所的这位同志帮助钱钟书评卷时，才发现这样一些试题：试卷上抄录了若干首无主名的诗作，要求辨认出它们是学习唐宋哪些大家的风格；抄录了白居易的一首代表作，要求指出其中有否败笔，为什么是败笔；等等。②

在社科院乃至文学所内，钱钟书是最有资格带博士研究生的学者之一。但钱钟书晚年却没有招收博士生。据内部

---

① 黄永玉《北向之痛》，见《文化昆仑》。

② 王水照《"对话"的余思》。

传闻，钱先生有言，先把《说文解字》读通了再考研究生不迟，字若认不全，博士恐怕读不好。钱钟书不是研究古文字的，而是研究古文和古文论的，但他对古代文字的熟悉程度依旧是第一流的。1964年，钱钟书著《林纾的翻译》一文时说："汉代文字学者许慎有一节关于翻译的训诂，义蕴颇为丰富。"[①]《说文解字》中有一个"囮"字，许慎认为它就是翻译的意思，翻译就像"鸟媒"对"禽鸟"的引诱，"囮"这个字中虚含着"译""诱""媒""讹""化"诸种彼此相通的意义。"诱"和"媒"是指翻译在文化交流里所起的作用，这种作用是"个居间者或联络员，介绍大家去认识外国作品，引诱大家去爱好外国作品，仿佛做媒似的，使国与国之间缔结了'文学因缘'，缔结了国与国之间唯一的较少反目、吵嘴、分手挥拳等危险的'因缘'"。

"讹"是翻译中难于避免的错误。"讹"从言从化，言是语言，化是文化。翻译本来是用一种语言去文化另一种语言，这种文化"总是以原作的那一国语文为出发点而以译成的这一国语文为到达点。从最初出发以至终竟到达，这是很艰辛的历程。一路上颠顿风尘，遭遇风险，不免有所遗失或受些损伤。因此，译文总有失真和走样的地方，在意义或口吻上违背或不很贴合原文"，这就是"讹"。中国古人谈

① 钱钟书《林纾的翻译》，见《七缀集》。

翻译时说，“翻也者，如翻锦绮，背面皆花，但其花有左右不同耳”，西洋谚语亦说“翻译者也就是反逆者”。翻译本来是对翻译对象进行正面的把握，但是把握不好又是难以避免的，于是出现了“讹”。

“囮”从化，“化”是翻译所向往的最高境界。“把作品从一国文字转变成另一国文字，既能不因语文习惯的差异而露出生硬牵强的痕迹，又能完全保存原作的风味，那就算得入于化境。17 世纪一个英国人赞美这种造诣高的翻译，比为原作的投胎转世，躯体换了一个，而精魂依然故我。换句话说，译本对原作应该忠实得以至于读起来不像译本，因为作品在原文里决不会读起来像翻译出的东西。”钱钟书认为，彻底和全部的“化”是不可实现的理想，因为从某种意义上来说，“讹”是不能避免的毛病，这种情况使得翻译的媒介和引诱功能得了最大限度的发挥。“翻译本来是要省人家的事，免得他们去学外文、读原作，却一变而为导诱一些人去学外文、读原作。它挑动了有些人的好奇心，惹得他们对原作无限向往，仿佛让他们尝到一点儿味道，引起了胃口，可是没有解馋过瘾。他们总觉得读翻译像隔雾看花，不比读原作那么情景真切。”①

在翻译中，理想的“化”难于达到，非理想的“化”

① 钱钟书《林纾的翻译》，见《七缀集》。

却常常不期而至。中国人翻译欧洲作品，每每看到的两种情况是：一是尽量的“欧化”，尽可能让欧洲作家安居不动，而引导中国读者走向他们那里去。在这种翻译中，拙劣晦涩的译文无形中替作者拒绝读者，读者对译本看不下去，就连原作也不想看了。这类翻译不是居间，而是离间，摧毁了中国读者进一步和原作直接联系的可能性，扫尽了人的兴趣，同时也破坏了原作的声誉。二是尽量“汉化”，尽可能让中国读者安居不动，而引导欧洲作家向中国读者靠拢。在林纾的翻译作品里，就有这方面的典型事例。

林纾的翻译所起“媒”的作用，已经是文学史公认的事实。钱钟书十一二岁时，就是因为读了林译小说而增强了学习外国语文的兴趣。20世纪60年代中期，一个偶然的机会，钱钟书翻开一本林译小说，他意外地发现，这部作品对他很有吸引力，他读完了这部小说，并且接二连三重温了大部分的林译，发现许多都值得重读，尽管漏译、误译比比皆是。钱钟书又试着找同一作品的其在林译本后的其他译本——无疑也是比较“忠实”的——来读，譬如孟德斯鸠和狄更斯的小说，就觉得宁可读原文。

一个颇耐玩味的事实是，当一个人到了能读原文的时候，他却去看错误的译本，这不但是一种消遣，而且还方便他增长了自我优越的快感，译本愈糟糕愈增加了这种快感。钱钟书对照着原本，看林纾如何异想天开，用胡猜乱测来填补理解上的空白，无中生有，指鹿为马，简直像“超现实主义”诗人在进行天马行空似的想象。

钱钟书发现，林纾在翻译时，如果认为原文美中不足，就“这里补充一下，那里润饰一下，因而语言更具体，情景更活泼，整个描述笔酣墨饱”。林纾崇拜司马迁《史记》里对过去记述的润色和增饰，他写过不少小说，并且明言要采用西人哈葛德和狄更斯的笔法。“他在翻译时，碰到他认为是原作的弱笔或败笔，不免手痒难熬，抢过作者的笔代他去写。从翻译的角度判断，这当然也是‘讹’。即使添改得很好，毕竟变换了本来面目，何况添改未必一一妥当。”林纾不但删节原作，而且增补原作。“这类增补，在比较用心的前期林译里，尤其在狄更斯和欧文作品的译本里，出现得很多。”钱钟书认为，“作为翻译，这种增补是不足为训的，但从修辞学或文章作法的观点来说，它常常可以启发心思。”①

从广义的文化传播的意义上说，钱钟书和林纾似乎亦有某种相似之处。例如，钱钟书的名言是“东海西海，心理攸同”，而林纾亦反复说外国小说“处处均得古文文法”，“天下文人之脑力，虽欧亚之隔，亦未有不同者”，并且把《左传》《史记》等和狄更斯、森彼得的叙事比拟。

① 钱钟书《林纾的翻译》，见《七缀集》。

就翻译的数量说，林纾在 1897 年后与人合译西籍 180 余种，这种译书的速度是惊人的，但林纾是一个不审西文的合译者。钱钟书的主要贡献不在翻译，虽然他懂得英法德意等多国外文，并且所负责审定的《毛泽东选集》《毛泽东诗词》的英文本获得了外国友人的高度称赞。

诗歌是翻译中丢失的东西，这是钱钟书的名言。钱钟书对翻译有着敏锐的警觉和透彻的认识。他认为，对于那些能正确认识翻译的性质和认真执行翻译任务的译者来说，他们不会把能写作的才能用在不适当的地方，他们会抑制不适当的写作冲动，克己的功夫战胜了本能的引诱，对林译的鄙视才会成为可能。但是，正像背负着家庭和社会责任的成年人偶尔会羡慕小孩子的放肆率真一样，某些翻译家有时会暗恨自己不能像林纾那样大胆放手。

“文革”难阻向学心

从 1949 年到 1966 年，再到 1976 年，一连串的政治风雨席卷中国。

1966 年，钱钟书被打成“资产阶级反动学术权威”，即使是在这样的情况下，钱钟书也丝毫没有放过任何可以读书的机会。就在 1966 年，军宣队召集所内知识分子进行“再教育”，每天都要按部就班地学习马列著作、毛泽东著作和各种政治文件。钱钟书顺势找来一部德文版的《马克思、恩格斯书信集》阅读，在当时情况下，读这种书无可非议，但对钱钟书来说，他的另一个目的是借此机会重新复习自己喜爱的德文。另外一次，军宣队主持大会，传达毛泽东对严复所译《天演论》的批示，钱钟书借机又认真地阅读了《天演论》。

文学所王水照一次开会时与他偷偷交谈。“译才并世数严林”，钱钟书写过一篇长文，专门论述林纾的翻译。在这篇长文里，他说，严复也和他的朋友林纾一样，有改动原作的嗜好。例如，划时代译本《天演论》就把“元书所称西方”古书、古事“改为中国人语”，“用为主文谲谏之资”。[①] 严译《天演论》中有“京垓年岁之中，每每员舆”之句，其中“京垓”代“亿万”，“员舆”代“地球”，王水照不懂严复为什么要用这种代字法，随手写在一张纸上向钱钟书请教。

钱钟书小声对王水照说：“此种代字法，好用艰深之辞来文饰浅易，不足为训，但古人却常常喜好使用。”他顺手拿过一张废旧介绍信在背面写出许多例子：唐徐彦伯以“虬户”代“龙门”，以“篠骖”代“竹马”；宋欧阳修以“宵寐匪祯”代“夜梦不祥”，以“札闼洪庥”代“书门大吉”；汉扬雄以“蠢迪检柙”代“动由规矩”。钱钟书振笔直遂，欲罢不能，若不是因为开会，可能还会演示下去。[②]

1969 年 11 月，根据上级指示，钱钟书所在的文学所里的所有人，全部下放到河南罗山县一个瘠寒废弃的地方。书香望族出身的钱钟书平生第一次尝到了 80 个老少汉子垫草

① 参见钱钟书《七缀集》第 87 页。

② 参见《文化昆仑》第 94 页。

为铺、共居一屋的滋味。3个月后，他们移师至息县，分两地扎营：老弱一些的，如俞平伯等人，住在条件稍好的东岳集；其余大队人马住在条件较差的塘坡。钱钟书虽然也可以称作“老弱”，但毕竟不够老，所以随大队住在塘坡。这里的农家，房无片瓦，室无一砖，墙是泥垒的，炕是泥盘的，缸是泥制的，所有的一切都使人联想到上帝抟泥造人的神话。一群文人，突然间投身于蓬牖茅椽、绳床瓦灶之土屋，虽有一种凄冷的感觉，但诗意也由此产生。

艰苦的环境，足以妨人襟怀，但文人学者的灵感却多从此来。吴世昌喜欢和俞平伯抬杠，钱钟书常站在一旁笑而不语。暮春三月，菱叶新发，青青翠翠散落在水面。一天，吴世昌从水塘洗涮归来，兴冲冲对俞平伯说：“我仔细看过了，菱是不开花的。没有花，哪来香？金桂把香菱改秋菱有道理！宝钗的学问也有限。夏家小姐并非不通文墨！”俞平伯是姑苏城里的人，不识菱花之有无，一时语塞。钱碧湘在旁贸然插话说：“吴先生，你恐怕说得不对，我是江南水乡人。菱开小白花，有淡淡的香气。现在不见花，是节气还不到。宝钗的学问还是大。夏金桂强改秋菱，是故意挑刺生事。”吴先生不说话，俞先生蓦地开怀大笑。中午去食堂的路上，钱钟书笑着小声说：“碧湘，吴先生和俞先生是学术上的冤家，你今天帮俞先生打了一个大胜仗！”[1]

钱钟书本是一位书海里的国君，而不是块干体力劳动的料。在息县，他先是被安排和语言学家丁声树烧锅炉，因水老是烧不滚，便赚了个“钱半开”的雅号。几个月后，锅炉工走马换将，钱钟书被调去和吴晓铃研究员共管收发劳动工具，钱司发放，吴管登记。吴晓铃把做学问的法子用到管工具上，将所有的工具都挂上了卡片。他的科学方法在钱钟书这里却收不到应有的效果，因钱钟书数学不行，结果发出去时对，收回来时不对，气得吴晓铃为此常与钱吵架。

工余时间，钱钟书都用在读辞典看笔记上，这时期有三本书他看得最勤：《韦氏大辞典》《四库全书总目提要》以及另一部与写作《管锥编》有关的罕见的中国古代辞书。当时，钱钟书他们居住的是一个大的泥屋，他常常趴在炕沿上得空就读，边读边照他的老习惯里里外外挑书的毛病，把自己的看法、心得和见解写满天头地角和字缝空白。一个泥屋居住七八个人，各有各的爱好，闲谈、下棋、聊天的都有，但钱钟书只要一进入自己的读书世界，其他的一切都不会对他造成干扰。

“五七”干校的电影，翻来倒去都是几部钦准片，露天地里来回放。钱钟书向上级报告说自己是最高度近视眼，不

---

① 参见钱碧湘《望之如云近之如春》一文，载《文化昆仑》第196、197页。

能看电影，以此为借口，躲在屋里不出来。晚上，人们发现他在一盏昏黄的灯下，正在看一本字非常小的英文书。

后来，文学所的“五七”干校又移到了明港。此时，做农活开始马虎，政治学习也渐渐稀松，一屋子的大小儒生，没事时候常玩作对子的游戏。一个人出上联，大家对下联。起初，上联刚一出口，钱钟书就脱口对出下联。一连几次，众人觉得扫兴，便立下规矩，不允许他先开口。很快有人出了个人名：朱静霞。一屋人绞尽脑汁，竟然没能对出来，而那边钱钟书已经有了：黑旋风，此三字刚一出口，立刻博得众人喝彩。

钱钟书学识渊博，机敏睿智，记忆力惊人，此已有口皆碑。了解他的人都知道，凡是古今中外的典籍、名著、史著中的典故、人物和逸闻趣事等，没有人能问倒他，但有一次，一个年轻人竟然将他问倒了。年轻人的问题是：“请教钱教授，李玉和是哪国哪朝代人？”钱钟书支支吾吾回答不出来。原来他当时以“眼疾”为由不看样板戏，难怪他回答不出这个问题。

在干校里，吴晓铃先生平时说话——特别是说到兴奋的时候——有一个习惯的动作，喜欢用手指着对方。吴世昌先生对他的这种方式看不惯，有一次，他也用手指着吴晓铃说：“你以为你的手比梅兰芳的还要好看吗？”这一回把吴晓铃气坏了，半天说不出话来。钱钟书一直躲在蚊帐里看书，此时却猛然冒出一句："世昌，你说晓铃的手比梅兰芳的手还要好看，我看你那又尖又细的嗓子比梅兰芳的嗓子还要好听呢！"顿时，钱钟书的幽默引来了一串笑声。

那时，钱钟书和吴世昌、吴晓铃诸先生所住的土屋地面比路面还低，进门要下两级台阶，非常潮湿。钱钟书身处逆境，仍然冲淡平和，不失儒雅，最引人的是他坐在小马扎上搓麻绳时的神态：寿眉浓长，双目低垂，捻麻絮的动作很像和尚捻佛珠，一霎时，又如老僧入定，其思绪已不知云游至何处何方，其神韵颇堪入画。钱钟书的床下有一只极大的柳条箱，里面装满了书，天气好的时候，他便拿出去晾晒。

钱钟书在"五七"干校做的另一件事是每天下午到村上邮电所去领取报纸、信件、包裹等回来分发，当时外文所的杨绛在邮电所东南管理一个菜园，钱钟书有时常绕道来菜园看望杨绛。一对老夫妇在菜园相会，杨绛指着对面的一个窝棚说："给咱们这样一个棚子住下，行吗？"钱钟书想了一下说："没有书。"对于钱钟书来说，什么物质享受都可以没有，但是没有书日子却不好过。[1]

---

① 参见杨绛《干校六记·误传记妄》。

空前绝后《管锥编》

1972年3月，钱钟书、杨绛结束干校生活，返回北京。据说调钱钟书回北京是周恩来总理的意见，理由是让他继续重新进行《毛泽东诗词》的英译工作。与钱钟书一同回到北京的还有胡绳等人。古今中外历史上，发愤著书几乎是一个普遍的现象。文艺复兴时期，意大利思想家康帕内拉在那不勒斯和罗马被囚禁长达30年，名著《太阳城》由此告成。17世纪初，西班牙作家塞万提斯在经过了人生50多年的痛苦历程后，始悟人类的悲壮和荒诞，从而写成《堂吉诃德》。中国汉代学者坦诚道："之所以隐忍苟活，挺立于粪土之中而不辞世者，恨私心尚有未尽，如若鄙陋离世，其理想何从畅达。"在从河南回到北京的学者群中，至少有两个人已发愤得不能自制，其中一个是胡绳，他在后来的几年里，写出了《从鸦片战争到五四运动》这部名著。另外一个人是钱钟书，他咬着牙，提醒自己：无论如何得赶快做。

钱钟书偷空看书，争分夺秒地写作，但他的身体已每况愈下。1974 年前后，一次重感冒引发哮喘，经过输氧抢救，方脱离危险。身体刚一恢复，他立即投入阅读和写作。此时，钱钟书对自己这部书的体例显然已成竹在胸，问题是需要参考自己前些年积累的读书笔记，而这些东西都还锁在原来的家中，杨绛不敢一个人回去取，于是，一些年轻人志愿做保镖，帮她回家去拿，花了两天时间，整理出足足五大麻袋笔记。笔记中的每一条材料，都能引起钱钟书更多的思绪。而且钱钟书在这里写作，大得地利、人和之便，文学所、外文所的图书资料他可以尽量借用，甚至北大、北图的书刊杂志也会由年轻人帮忙借来。钱钟书的一生有三个辉煌的两年，都是拼搏出来的。第一个是 1944 年至 1946 年，拼搏出《围城》；第二个是 1956 年至 1958 年，拼搏出《宋诗选注》；第三个是 1973 年至 1975 年，拼搏出《管锥编》。关于《管锥编》的写作，的确蕴积着钱钟书数十年的心血，但最后两年的整合写作却起着关键作用。

自五四运动以来，中国的人文学科被划分成文学、史学、哲学等部类，中国文学分成诗词、戏剧、小说、散文等部类，但过去中国的读书人，把所有的书籍分成经史子集四大类，未把文学与哲学、史学严格分开。具体文人的诗词、散文、诗话、小说笔记都属于“集”这一部门。钱钟书的《谈艺录》研究的对象就属于“集”,《宋诗选注》的研究对象是宋代的“诗集”，这两部书都研究唐代以外的诗。到了《管锥编》，情况便有了不同。此书的研究对象是十部古籍:《周易正义》《毛诗正义》《左传正义》《史记会注考证》《老子王弼注》《列子张湛注》《焦氏易林》《楚辞洪兴祖补注》《太平广记》《全上古三代秦汉三国六朝文》。已经出版的是这十部，尚未出版的还有《全唐文》等五种。

《谈艺录》和《管锥编》的文体不是白话文，而是文言文。“五四”以来，白话文体已经代替了文言文体，“但检点白话文本身的成就，很难说已臻完全成熟的境界”。“新文学运动的先驱，为了披荆辟草，使新生的白话文能够站定脚跟，把文言赶尽杀绝，是可以理解的，但也因此留下了后遗症：面色苍白，四肢无力。”相比之下，《谈艺录》和《管锥编》的文字则显得“典雅奥丽，手挥目送，俯仰自得”。有好友问钱钟书，此两部书为什么用文言写作而不用白话写作。钱钟书回答说:“因为都是在难以保存的时代写的，并且也借以测验旧文体有多少弹性可以容纳新思想。”[1]

按学术界的说法，“《管锥编》的最大特色是突破了各种学术的界限，打通了全部文艺领域。”钱钟书“像闹天空

① 柯灵《促膝闲话中书君》，原载《柯灵六十年文选》，上海文艺出版社，1993年12月出版。

的孙行者，一条金箍棒直从天上打到地下、海底，甚至打到妖精的肚子里去”[①]。首先，书中意匠经营，作者常常用戏曲、小说解释经史中的语言。六经皆史，史家追叙真人真事，每每遥体人情，悬想事势，这与小说、戏曲之臆造人物、虚构故事不尽同却又相通。其次，将诗文词曲小说相互联通阐释，如论及辞章特别是元曲中的时代错乱时，就引出李贺诗、敦煌《秋胡变文》《青琐高议》《水浒》《西游记》《镜花缘》等书来论证。[②] 再次，中西典籍并举。早在《谈艺录》中，钱钟书已经养成了谈中国艺文举西方例证的习惯，到了《管锥编》中，这种做学问的风格更加发扬光大了。

钱钟书的读书方法中，有“一目十行”和“十目一行”之别。所谓“一目十行”是指泛览博读。知情者说，钱钟书“读书极快，一本厚厚的非常难啃的古典哲学名著，别人需要几个星期甚至一二个月才啃得了的，他一般只需一个来复”。[③] 一次，钱钟书对文学所的一位同行说，他花了两个星期，把十三经全部温了一遍，又发现了许多好东西。文学所年轻人都记着一个公式：何其芳的理论素养 + 钱钟

---

① 郑朝宗《文艺批评的一种方法》，载《文学评论》1980 年第 6 期。

② 钱钟书《管锥编》第 1299 ~ 1301 页。

③ 郑朝宗《但开风气不为先》，载《文化昆仑》一书。

书的丰富知识 = 治学的最高目标。[1] 钱钟书博闻强记，《管锥编》中征引了古今中外 4000 多位作家的上万种作品，其中西方作家达千人以上，作品近 2000 种，并包含七种外语，内容之广博，可谓空前绝后。

所谓“十目一行”，是指读书中的精思熟虑。这种精思熟虑在“智以藏往，神以知来”的仰观俯察中洞悉着历史，了悟着人生。早在《写在人生边上》这部书中，钱钟书就曾说：“大学问家的学问，跟他的整个性情陶镕为一片，不仅有丰富的数量，还添上个别的性质；每一个琐细的事实，都在他的心血里沉浸滋养，长了神经和脉络，是你所学不会，学不到的。”[2] 钱钟书的阅读和写作生活经历了一个从边缘走向纵深的过程，青年时代的散文，那只是些加在人生边上的批注，到了晚年的《管锥编》其笔触已深入到人生的纵深处。

在“一目十行”和“十目一行”的结合处，钱钟书所崇尚的读书方法是“化而能忘”。“他平生不藏书，旧寓中只有一只书柜，几部外文工具书外，大都是他父亲遗留下来的典籍文献。但他却无书不读，从经史子集到稗官野史、小说笔记、佛藏道书、方志舆地，无不采择。他似不专攻古典

① 王水照《对话》的余思，同上书。

②《谈交友》。

小说，但在访美的一次座谈会上，有位研究生以论《平妖传》的毕业论文请教，他便与之讨论书中的几个人物形象的评价；他读《西游记》竟至十多遍。他读破过几部英文辞典；他读马克思、恩格斯以及黑格尔，用的是德文原著。”

钱钟书到底读了多少书，恐怕连他自己也很难说清楚。他一定有自己最喜欢读的书，百读不厌、常读常新的书，但人们依旧不能比较出到底哪几本书对他发生了更为深远的影响。在“化而能忘”的意义上，《管锥编》中的十部典籍也只是他借以表述自己才情学识的工具，他具有全球性的知识背景，他在书籍的汪洋大海中吸收了常人难以想象的营养，而且这些营养在吸收过程中都性灵化了，所以，后人实在难于从遗传的角度来给它们编码。

讲学周游欧美日

“壮年堪悔老无成，嗤点流传畏后生。莫向长卿征梦兆，文章巨蟹未横行。”[1] 1976年，历史已翻开新的一页，钱钟书作为国宝的地位渐渐得到恢复。1978年，钱钟书赴意大利出席第26届欧洲汉学会议。以后，他作为著名作家和学者，又先后访问了法、美、日等国。他的出访，使包括《围城》译者在内的一批海外“钱学”研究者得以一睹其尊容，使欧美学界得机领略一下中国当代大儒的风采。

在意大利，钱钟书用标准伦敦音的流利英语登台演讲。他神采飞扬、旁征博引地论述了中国和意大利间文化交往的历史，预测了中国和欧洲文化间交往的良好前景。钱钟书

① 钱钟书《槐聚诗存》第127页。

以文学家的激情，呼吁“中国和欧洲不再隔绝”。他祝愿“马可·波罗桥（即卢沟桥）将成为中欧文化长远交流的象征”。他的讲演，使得会场空前活跃起来。讲演后，他在回答各国学者提问时，把德、英、法等国的文学典故、民间谚语，信手拈来，如数家珍，语惊四座，更使得会议进入了高潮。钱钟书才华横溢、充满感情的回答，博得阵阵掌声。法国学者于儒伯，用汉语提问，钱钟书当即用法语援引法国文献回答。于儒伯听了，立即大声说：“他知道的法国东西，比我还多！”引起了全场一片赞叹的轰动。[①]

1979年4月至5月，中国社科院访问美国，会场上最出风头的依旧是钱钟书。他机敏睿智，善于感染人，其博学强记、出口成章的风度，把许多美国人都吓着了。在茶会上，钱钟书“提及某一位英国诗人，就用优美的英文背诵了一段那位作者的诗作；提及另一位德国诗人，就用标准德文背诵了他的一篇作品；再提及一位拉丁诗人，他也能用拉丁文来背诵一段。这些诗人未见得是什么大诗人，提及的诗作也未必是他们的重要作品，但钱钟书都能出口流利背出，真是把在场的美国人吓坏了”。[②]

4月23日，钱钟书访问了哥伦比亚大学，见到了《中

---

①参见丁伟志《送默存先生远行》，载《文化昆仑》一书。

②转引自陆纬《清华狂才子　当代一鸿儒》，载《文化昆仑》一书。

国现代小说史》的作者——该校教授夏志清。夏小钱9岁，20世纪40年代，他在上海曾见过钱钟书。在访问美国之前，钱钟书到意大利参加国际汉学会议时，一个意大利籍汉学家同钱钟书初晤，觉得名字很熟，突然一拍脑袋说："对了，你是夏志清书里的一个专章。"遂即拿书给钱看，钱钟书这才得知夏志清曾写过《中国现代小说史》。在美国，夏志清三年前听人误传钱已经去世，他特别写了篇悼念文章，没想到三年后钱竟然站在自己面前，不由得又惊又喜。

钱钟书与夏志清交谈时，有时中文，有时英语，但不时夹杂一些法文成语、诗句，法文咬音之准，味道之足，令夏志清惊异。夏志清的回忆文章说，中华人民共和国成立30年来，钱读的书更多，就意大利文学说，《神曲》《十日谈》自然不用说，德·桑克蒂斯的巨著《意大利文学史》他读了，克罗齐全集他也读了。他对自己《谈艺录》中嘲笑洋人的地方很为不满。"钱钟书天赋厚，本钱足，读书精而又博"，他的一生都在自己的书斋内"作鲲鹏式的逍遥游，自感乐趣无穷"。①

钱钟书一生中到底神交了多少西方文化中的硕儒文豪，夏志清不可能说清楚。但在中国，有一次，钱钟书曾对他的一个朋友说："西方的大经大典，我算是都读过了。"这位

① 参见夏志清《记钱钟书先生》，原载台北《中国时报》1979年6月16、17日。

朋友显然对钱的了解更多一些，他写道：钱“十分关心当今世界上的各种新事物、新思潮，不但包括文学，而及于哲学。伦敦《泰晤士报》的每周文学增刊，他是每期必看，而且看得很细，所以什么时新玩意儿，他都十分熟悉”。[1]

5 月 9 日，钱钟书又访问了位于美国西海岸城市旧金山的加州大学东方语文学系。在校方举办的一个小型座谈会上，问题集中于明清小说。一位加州大学女同学的博士论文写的是《金瓶梅》。钱钟书用英语说：“《金瓶梅》是写实主义极好的一部著作，《红楼梦》从这部书里得到的好处很多。尽管如此，在中国的知识分子间，《金瓶梅》并不是一本尽人可以公开讨论的书。听说美国有位女教授讲授这部书，我吓了一跳。因为是淫书，床笫间秽腻之事，她怎样教？”谈到小说中的“时代错误”（anachronism），钱钟书说：“《金瓶梅》故事发生的北宋年代，只有东京（开封）、西京，而无南京、北京之分。但本书第三十三回的谚语说：南京沈万三，北京枯树湾，这显然是明朝人的口吻。”在加大执教的一个英籍汉学家插话说：“《牡丹亭》三十三出《秘议》石姑对柳梦梅说：‘大明律开棺见尸，不分首从皆斩哩。你宋书生是见不着皇明例。’像这种错误作者是明知故犯的。”钱钟书点头，并又举出《镜花缘》和《西游记》

① 李慎之《千秋万岁名 寂寞身后事》，载《文化昆仑》一书。

中的事例进行说明。

在参加座谈会的人中，有一位名叫水晶的作家，他刚一提到《肉蒲团》，钱钟书便用英文侃侃而谈："此书写得最成功之处是文字清简流畅，一洗同类春宫小说的凡俗与累赘。《肉蒲团》有性质严肃的一面，其隽永风趣，令人阅后大快朵颐。"又有一教授呈上一字条，上面写着《水浒传》第二十四回"王婆贪贿说风情"中的一句玩笑语："他家卖拖蒸河漏子，热荡温和大辣酥。"钱钟书一瞥就说："这是一句玩笑话，也就是西方修辞学上所谓冤亲词（oxymoron）。王婆风言风语的以此挑逗西门庆，而此语亦突兀出潘金莲的性格。"在回答有关李贺的问题时，钱钟书随即谈到了"三李"。他说："李贺、李白、李商隐都是毛泽东最喜欢的三位唐朝诗人，所以'文革'期间他们秋毫未犯，而杜甫却遭了殃。"[①]

在美国讲演和交流时，美国同行对钱说："中文是个很难掌握的语言，我们这里的汉学家学会了中文，常常没有余力来研究自己本国的文学；中国人有语言天才，把比较文学的领域扩大到中国文学，这种任务你们应当承担，我们难于胜任。"钱钟书说："你们这些客气话，是在催促我们赶快工作，要求我们的研究放宽思路和视野。的确，为了更好地了

① 参见水晶《两晤钱钟书先生》，原载香港《明报月刊》1979 年 7 月号。

解中国文学，我们应该研究一点外国文学；同样，为了更好地了解外国文学，我们该研究一点中国文学。”①

1980年11月，钱钟书应邀随中国社会科学院访问团到日本访问讲学。虽然钱钟书的小说和文学研究著作在日本一直颇有影响，但钱此前从未去过日本，而且也不懂日语。不过，他知道日本人对中国学问研究得很深。在礼节性的开场白中，钱钟书谦称自己是一个不懂号码锁，又没有开撬工具的穷光棍，在知识的宝库面前只能眼睁睁地发愣。他幽默地对日本同行说：“诸位对我的无所知有所知，而我对诸位的所知一无所知。”他的风趣和儒雅给日本学者留下了深刻印象。钱钟书在爱知大学讲演的题目是《粉碎“四人帮”以后中国的文学情况》，在早稻田大学文学教授恳谈会上讲演的题目是《诗可以怨》。

在演讲中，钱钟书的视野依旧是世界性的。他真诚地希望中国文学研究能尽快跟上时代的步伐，造成百家争鸣的局面。在这种局面里，“百种禽鸟鸣叫各自的音调，而不是同种的一百只禽鸟比赛同一音调的嗓子谁高谁低”。文学和自然科学不同：在自然科学里，一种新学说的成立和流行，旧学说往往被取而代之，只留有所谓历史价值；在文学里，新理论新作品的产生，并不意味着旧理论旧作品的死亡和抛

① 参见钱钟书《美国学者对于中国文学的研究简况》，原载《访美观感》，中国社会科学出版社，1979年9月出版。

弃。“有了杜甫，并不意味着屈原的过时；有了巴尔扎克，并不意味着塞万提斯的丧失价值；甚至有了反小说，并不表示过去的小说已经反掉。易卜生不是莎士比亚的替人，只是他的新伴侣，正像欧内斯库不是易卜生的篡夺者，而也是他的新伴侣，也就是莎士比亚的新伴侣。在文学研究方法上也是这样，法国的‘新批评派’并不能淘汰掉美国的‘新批评派’，有了什克洛夫斯基并不意味着亚里士多德的消灭。正像家里新生了一个可爱的小娃娃，他的诞生并不同时等于老爷爷老奶奶的寿终。”①

任何东西只要进入钱钟书的阅读视野，就绝不会成为孤零零的事物。在他的言谈中，东方的观点常常会找到西方的知音，而古代的僻语中却包含着现代派的思想。“诗可以怨”本来是中国古代的文学主张，但钱钟书在讲演中却提到了近代西方的一些观点。在其他的一些场合，当他讲到西方的近代和现代时，又会不知不觉地谈到中国的古代。钱钟书认为，“人文科学的各个对象彼此系连，交互映发，不但跨越国界，衔接时代，而且贯穿着不同学科。由于人类生命和智力的严峻局限，我们为方便起见，只能把研究领域圈得愈来愈窄，把专门学科分得愈来愈细。此外没有办法。所以，成为某一门学问的专家，虽在主观上是得意的事，而

---

① 钱钟书在爱知大学的讲稿。

在客观上是不得已的事。‘诗可以怨’也牵涉到更大的问题。古代评论诗歌，重视‘穷苦之言’，古代欣赏音乐，也‘以悲哀为主’；这两个类似的传统有没有共同的心理和社会基础？悲剧已遭现代‘新批评家’鄙弃为要不得的东西了，但是历史上占优势的理论认为这个剧种比喜剧伟大；那种传统看法和压低‘欢愉之词’是否也有共同的心理和社会基础？一个谨严安分的文学研究者尽可以不理会这些问题，然而无妨认识到它们的存在。在认识过程里，不解决问题比不提出问题总还进了一步。当然，否认有问题也不失为解决问题的一种痛快方式”。[①]

① 钱钟书《诗可以怨》，见《七缀集》第133页。

读书人如驴拉磨

“阅世迁流两鬓摧，块然孤喟发群哀。星星未熄焚余火，寸寸难燃溺后灰。”[①] 作为一个读书人，钱钟书终其一生，似乎都没有出位之思，他青年时曾经担任过系主任，此后，就只做教授、研究员，专业于读书、写作和做学问，成为一个纯而又纯的学者。1982 年，胡乔木有意让钱钟书担任社科院副院长，钱钟书没有同意，后经李慎之劝说，他才答应了。在这期间，他只是在有关学术问题上发表过一些重要意见，其他行政事务一概不管。他说：“古代美人七分娇气三分病，老夫是七分衰病三分健康”，“尸位窃禄，受之有愧！”

---

① 钱钟书《槐聚诗存·阅世》。

20世纪80年代，随着“钱学”的逐渐升温，有人称钱钟书为“文化昆仑”，对于这种称法，钱钟书表示“抗议”。他说：“读书人如驴推磨，若累了，抬起头来嘶叫两三声，然后又老老实实低下头去，亦复踏陈迹也。”“大抵学问是荒江（野）老屋中二三素心人商量培养之事，朝市之显学必成俗学。”[①]

1979年，钱钟书一家迁入三里河南沙沟居住，在这里他一意闭门自守，足不出户，但外界慕名求见他的人很多：有电话求见者，有信函相约者，有“引蛇出洞”者，有“瓮中捉鳖”者，有破门而入者。对于一个外国女士的求见电话，钱钟书曾做过这样的回答：“假如你吃了一个鸡蛋觉得不错，又何必要认识那下蛋的母鸡呢？”外界来信来函太多，钱钟书抱怨自己成了“回信的动物”。有人建议他找个助手。钱钟书说：有人来信自荐到我身边做助手[②]，但我的书信涉及几种语言，助手不一定全懂，“并且，老年人更容易自我中心，对助手不仅当他是手，甚至当他是腿——跑腿，或脚footman。这对年轻人是一种奴役，我并不认为我是够格的大师，可享受这种特权。也没有什么东西值得年轻人付

---

①《钱钟书给郑朝宗的一封信》，转引自郑朝宗《钱学二题》，载《厦门大学学报》1987年第3期。

② 参见刘世南《记默存先生与我的书信交往》，载《记钱钟书先生》一书，大连出版社，1995年11月版。

了这样的代价来跟我学习”。[1]

钱钟书理性地看待人这个“无毛两足动物”。他常常将自己比作动物以自嘲，上文中将读书人比喻成“拉磨的驴”，将写书的人比喻成“下蛋的母鸡”都是这方面的例子。还有一次，他竟然将自己和拉屎撒尿的狗放在一起自嘲。他说：“一个作家不是一只狗，一只狗拉了屎、撒了尿后，走回头路时常常要找自己留下痕迹的地点闻一闻、嗅一嗅。至少我不想那样做。有些作家对自己过去写的文章，甚至一个字、一段话，都很重视和珍惜，当然，那因为他们所写的稿字字珠玑，值得珍惜。我还有一些自知之明，知道回忆、自传是靠不住的，敬谢不敏。反正文学史考据家不愁没有题目和资料，咱们也没有义务巴巴地向他们送货上门。”[2]

钱钟书自称自己在写作上是一个忘本的浪子，此有事实为证。1949年夏天，他搬家时竟将自己写成两万字的《百合心》手稿当成纸团扔掉了。1978年，擅长发掘文墓和揭开文幕的陈梦熊先生知道钱钟书未能将《写在人生边上》和《人兽鬼》两书保存下来，便复制了原本寄给钱，可是钱不知怎么又将复制稿弄丢了。钱钟书说：“考古学提倡发掘坟墓以后，好多古代死人的朽骨和遗物都暴露了；现代文

① 彦火《钱钟书访问记》，原载香港《明报》1981年6月24日。

② 同上。

学成为专科研究以后，好多未死的作家的将朽或已朽的作品都被发掘而暴露了。被发掘的喜悦使我们这些人忽视了被暴露的危险，不想到作品的埋没往往保全了作者的虚名。假如作者本人带头参加了发掘工作，那很可能得不偿失，‘自掘坟墓’会变为矛盾统一的双关语：掘开自己作品的坟墓恰恰也是掘下了作者自己的坟墓。”①

1981年4月6日下午，钱钟书在自己的寓所里接受了香港文人彦火的采访。钱钟书说，这几年自己零零碎碎的事情很多，同时，也受着多种疾病的困扰，“有时好像是一个病得要死的人”。彦火问：“你现在是否集中精力继续写《管锥编》？”钱钟书说：“是的，但现在看来还有些困难。从前没有房子，就住在文学所里面的办公室，离外文所也近，借书、查书也很容易，又有许多年轻人尽力帮忙。现在搬到南沙沟，查资料不方便了。”彦火问：“大概还要写多少字？”钱答：“估计再写二十多万字，包括《全唐文》《杜甫诗》《韩愈全集》等五部。但是，不能许愿，只能走着瞧。一个人到了50岁以后，包括身体健康在内许多事情都会拿不定。人生的眼光不能放得太远，因为每个人的事业与心愿都有距离。作家的创作也有很多计划，想把它写好，但往往写不出预期的理想，总觉得有所欠缺。所想做的与所能做的

① 钱钟书《写在人生边上》1982年重印本序。

存在距离，理想与现实不符，此是人生的悲剧。而且，作为一个老人，有更多的麻烦。在日常生活中，小如一张凳子、一扇门、一层楼，这些天天碰到的本不成为问题的东西，到了年老时都会与人较量为难，从而造成障碍。至于身体上的功能，包括头脑的运用，年轻时候可以置之不理的，现都得向它们打招呼，进行团结工作，它们可以随时怠工甚至罢工。所以我的写作计划不是没有，但是只能做到多少就算多少。”

彦火又问：“您在‘文革’中是否受到大的冲击？”钱钟书回答：“《宋诗选注》出版了，正碰上国内批判‘白专道路’，被选中为样品，作为‘资产阶级文学研究’的代表作，引起一些批判文章。现在看来，不算厉害。日本京都大学小川环树的书评说，‘有了这本书以后，中国文学史的宋代部分得改写了’。但我认为这部选本并不很好，由于种种原因，我以为可选的诗往往不能选进去，而我以为不必选的诗却选进去了。只有些评论和注解还算有价值。不过，一切这类选本都带些迁就和妥协。选诗很像学会选举会长、理事等，有‘终身制’‘分身制’。一首诗是历来选本都选进的，你若不选，就惹起是非；一首诗是近年来其他选本都选的，要是你不选，人家也找岔子。正像上届的会长和理事，这届得保留名位，兄弟组织的会长和理事，本会也得拉上几个作为装点或‘统战’。所以老是那几首诗在历代和同时各种选本里出现。评选者的懒惰和懦怯或势利，巩固和扩大了作者的文名和诗名。这是构成文学史的一个小因素，也是文艺社会学里一个有趣的问题。”

彦火又问：“去年11月您曾到京都大学访问，在那里对中国文艺发表过讲话？”钱钟书答：“是的，我提到两点，就是开门与开窗的问题。我说目前中国还只能是开窗，还不能开门。因为如果一下子把门窗齐打开，风太大，会引起伤风感冒。”彦火说：“您的作品质量高，文采飞扬，而且十分耐看。”钱钟书说：“一位法国作家说过一句话，写文章好比追女孩子。但人们会提出一个诙谐的比喻：人们追女孩子，到底是喜欢追容易上手的，还是难上手的？”彦火说：“我看一般人也只能追容易上手的，因为难上手的他们追不上！”钱钟书说：“按照这位法国作家的观点，就算你只能追到容易上手的女孩子，还是瞧不起她的。这是常人的心理，也是写作者的心理，他们一般不满足于容易上手的东西，而是喜欢从难处着手。”[1]

---

① 以上访谈请参见彦火《钱钟书访问记》。

阅读写作中交流

读书是跟着别人的思想走，写书是顺着自己的思想走，对于钱钟书来说，事情不全是这样。钱钟书读书融会了乾嘉朴学和西方阐释学两种方法，既注重“积小以明大”“推末以致本”，又兼顾“举大以贯小”“探本以穷末”。所谓“积小明大”“推末致本”是主张读书“由字以通词，由词以通其道”，即“由文字以通乎语言，由语言以通乎古圣贤之心”，这正是钱钟书所谓读书“必知字之诂，而后识句之意，识句之意，而后通全篇之义，进而窥全书之旨”。所谓“举大以贯小”“探本以穷末”是指由全书的宗旨推想全篇之义，由篇之意，求全句之义，由全句之意，定某字之诂，这种读书法所强调的是读书先要通晓“作者立言之宗尚、当时流行之文风以及修辞异宜之著述体裁，方概知全篇或全书之指归”。[①]

在写书方面，钱钟书喜欢使用札记和随笔的形式，而不喜欢把复杂多样的文艺问题简化为几条抽象的原则，然后以此为根据来说明一切具体的东西。文学艺术是所有事物中尤其让人费解之物，欲寻求其中的规律，必须细心地阅读各种文学作品、研究大量的文艺现象。钱钟书“用敏锐的眼光观察各类书籍，不放过任何新鲜的东西，哪怕是一个比喻、一种意境或一个表现手法。一有所得，他就打开腹笥，广征博引，动辄用成十条的例证来说明一个问题。”“他尊重事实，不发空论，因此言必有征，语无虚发，每下一结论，总要用大量的实例来证明，往往成书之后，还要用‘补遗’和‘增订’的方式提供些新的例证。”[②]

钱钟书作诗，喜欢用典；他作文，亦喜欢化用典故。例如，《围城》，就化用了西方的思想。另有两部书名，是古人已经用过的。这两部书是《谈艺录》和《也是集》，前者是明代徐祯卿的诗话著作，后者是清初人的一部著作。钱钟书做学问，喜欢管窥锥编。《管锥编》的命名，化用了《韩诗外传》之语：“以管窥天，所窥者不大，但所欲窥者大；以锥刺地，所刺者小，但所欲刺者深。”《谈艺录》和

---

① 参见《管锥编》第171页。

② 郑朝宗《文艺批评的一种方法》，载《文化昆仑》一书。

《管锥编》这两部书，是“中国古典文化在20世纪最高的结晶之一”。由于人的生命的严重局限，钱钟书未能活到21世纪，所以，他的逝世自然地“象征了中国古典文化和20世纪同时终结”。[①]

管窥锥编式的著述方式在形式上没有突破札记和随笔类的局限性，但在内容上却已经流露出新世纪的曙光。到了晚年，钱钟书已经知道生命所留给自己的时间不多了，他已经没有余力，另起炉灶，重开大部头著作的写作，但他并不甘心就此罢休，而是在力所能及的范围内，尽力地“补遗”和“增订”自己原有的著作。《谈艺录》内容极为广博，1948年初版时，此书已经以它的博极群书、学贯中西引起学界的震惊和赞叹。1965年，北京中华书局忽谋重印，另有京沪其他两三家出版社相继怂恿，钱钟书一一谢绝。20世纪80年代以后，为了这本书更符合理想，钱钟书对三十多年来日积月累的札记重新进行了整合梳理，“逐处订益之”，篇幅比原来增加了一倍，“存为下编；上下编册之相辅，即早晚心力之相形也”。[②]

据有关资料得知，补订本《谈艺录》，说的都是古人，提到现代学人的，仅有三人。其一是吕思勉的《读史

① 余英时《我所认识的钱钟书先生》，载同上书。

② 钱钟书《谈艺录》1983年版引言。

札记》(416页),其二是傅璇琮的《黄庭坚与江西诗派》(428页),其三是华东师大的刘永翔(630页)。钱钟书在补订《谈艺录》时,在《文史知识》1982年第1期上读到了刘永翔《"折断"新解》一文。《谈艺录》补订本第379～381页,论及李贺《致酒行》:"主父西游困不归,家人折断门前柳。"对于这两句诗,王琦的说法是:"攀树而望行人之归,至于断折而犹未得归,以见迟久之意。"钱钟书认为,王释不确,李贺诗说的是"折枝远寄",非言"攀树远望",并举出十几例诗人诗作进行说明。刘永翔的新解与钱钟书的观点不谋而合。钱钟书将补订本中的这一段稍加删润,寄给《文史知识》发表,并附信说:"刘君新解精细准确,更使我感觉兴趣。我因中华书局要求,正改订旧作《谈艺录》,在新添的论释李贺诗的几节里,恰好有一段可为刘文帮腔助兴,特此抄送。"[①]

在打通中西的工作中,20世纪80年代初,钱钟书继续做了一些实实在在的工作。一次,著名画家黄永玉奉命画了一幅以"凤凰涅槃"为寓意的国画,预备作为重礼赠给外国某城市,黄永玉想了解一些有关"凤凰涅槃"的文字知识,但是,他走访了民族学院、佛教协会和寺庙的和尚方丈,查遍了《辞源》《辞海》《中华大辞典》《佛学大辞典》

① 钱钟书《说李贺〈致酒行〉"折断门前柳"》,载《文史知识》1983年第2期。

和《人民日报》资料室，没有找到一点讯息。黄永玉打电话向钱钟书求助。钱钟书说：“‘凤凰涅槃’是郭沫若1921年编出来的一首诗的题目。三教九流之外的发明，你哪里找去？凤凰跳进火里再生的故事那是有的，古罗马钱币上有过浮雕纹样，也不是罗马的发明，可能是从希腊传过去的故事，说不定和埃及、中国都有点关系。这样吧！你去翻一翻大英百科……不，去翻翻中文本的简明不列颠百科全书，在第三本里可以找得到。”黄永玉照着一查，终于找到了所需信息。[①]

佛经与西方文化的关系，是钱钟书所感兴趣的题目，为此，他曾经写过一篇文章。不过，这篇文章一如他的其他文章，是从具体事实入手。在这篇文章里，钱钟书将历史掌故、宗教寓言和小说综通在一起论述，认为，“实际上，一桩历史掌故可以是一个宗教寓言或譬喻，更不用说可以是一篇小说”。他举出西晋三藏竺法护译《生经》第十二篇《舅甥经》，将其详细标点；又举出古希腊希罗多德《史记》里的一桩趣闻，据英译本将其译成中文；还举出16世纪意大利作家邦戴罗《短篇小说集》中的一篇小说，亦将其删译成中文。钱钟书说：“《生经》《史记》《小说集》三部书显然讲了同一件事。希罗多德不用说是邦戴罗的来

① 黄永玉《北向之痛》，载《文化昆仑》一书。

历”，而且，“佛经和古希腊史曾结下这段文字因缘，很耐玩索”。[①]

钱钟书在20世纪40年代曾经打算过写一本论述晚清输入西方文学的小书，此书虽没有写成，但他却用英文写过一篇文章，透露了书中的片段内容。20世纪80年代，有学者发现了这篇文章，建议钱钟书将其译成中文。钱钟书根据原来的大意重写，这就是《汉译第一首英语诗〈人生颂〉及有关二三事》。

在一切外国语里，中国人广泛和认真学习得最早的是英语，第一首译成汉语的英文诗歌是郎费罗的《人生颂》，它是书写在扇子上赠送给外国人的，译者是中国的官僚董恂。对此，钱钟书在考证清楚后评论说：“西洋的大诗人很多，第一个介绍到中国来的偏偏是郎费罗。郎费罗的好诗或较好的诗也不少，第一首译为中文的偏偏是《人生颂》。那可算是文学交流史对文学教授和评论家们的小小嘲讽或挑衅了！历史上很多——现在就也不少——这种不很合理的事例，更确切地说，很不合学者们的理想和理论的事例。这些都显示休谟所指出的，‘是这样’（is）和‘应该怎样’（ought）两者老合不拢。在历史过程里，事物的发生和发展往往跟我们闹别扭，恶作剧，推翻了我们定下的铁案，涂抹

① 钱钟书《一节历史掌故、一个宗教寓言、一篇小说》，见《七缀集》。

了我们画出的蓝图，给我们的不透风、不漏水的严密理论系统捅上大大小小的窟窿。通常说‘历史的教训’，仿佛历史只是严厉正经的上级领导或老师；其实历史也像淘气捣乱的小孩子，爱开玩笑，捉弄人。有机会和能力来教训人，笑弄人，这是历史的胜利；很少人听取或听懂它的教训，几乎没有人注意和在意它的笑弄，那也是历史的——失败。”[1]

① 钱钟书《汉译第一首英语诗〈人生颂〉及有关二三事》，见《七缀集》。

主要参考文献

[1]钱钟书．钱钟书散文[M]．杭州：浙江文艺出版社，1997.

[2]钱钟书．谈艺录（补订本）[M]．北京：中华书局，1984.

[3]钱钟书．宋诗选注[M]．北京：人民文学出版社，1989.

[4]钱钟书．管锥编[M]．北京：中华书局，1986.

[5]钱钟书．七缀集[M]．上海：上海古籍出版社，1985.

[6]钱钟书．石语[M]．北京：中国社会科学出版社，1996.

[7]钱钟书．写在人生边上[M]．福州：福建人民出版社，1983.

[8]钱钟书．围城[M]．北京：人民文学出版社，

1998.

[9] 钱钟书. 槐聚诗存 [M]. 北京：生活·读书·新知三联书店，1995.

[10] 钱钟书. 人兽鬼 [M]. 北京：中国华侨出版社，1999.

[11] 徐葆耕编. 会通派如是说：吴宓集 [G]. 上海：上海文艺出版社，1998.

[12] 杨绛. 杨绛散文选 [M]. 北京：人民文学出版社，2009.

[13] 杨绛. 干校六记 [M]. 北京：生活·读书·新知三联出版社，1981.

[14] 牟晓朋，范旭仑编. 记钱钟书先生 [G]. 大连：大连出版社，1995.

[15] 李明生等编. 文化昆仑：钱钟书其人其文 [G]. 北京：人民文学出版社，1999.

[16] 何晖，方天星编. 一寸千思：忆钱钟书先生 [G]. 沈阳：辽海出版社，1999.

[17] 李洪岩. 钱钟书与近代学人 [M]. 天津：百花文艺出版社，1998.

后　记

转眼16年过去了，《书海掣鲸龙——钱钟书的读书生活》一书即将再版，党圣元先生嘱我为此书再写几句话。我眼前不由得又浮现出本书孕育、产生时期的情景和故事。人生并不是必然决定人要做某事，但某事却找上门来被某人做了。譬如，这本书本来不应由我写，但最终由我写了。一千五百多年前，刘勰曾赞叹楚人之多才。一次赴湖北学术交流，某文化牌匾云“惟楚有才”。偏远西北地区来的我，哑不作声，但目睹此匾的江南才俊沉不住气了。近现代以来，江南文化灿烂卓绝，实不虚言。我想说“惟吴越有钱”，钱学就理工而言有钱学森，就文化而言有钱钟书。就物质文化而言，钱乃金融（finance）之谓也。就精神文化而言，钱学乃“文化昆仑”之谓也。书作为精神食粮，正如钱作为物质食粮。我是一个农民的儿子，过去曾生产过物质食粮。当我写这本书的时候，我已经开始生产精神食粮。

以“读书生活”为题的精神食粮可读性强，所以在我至今所出的九本著作中，该书在我的书房中早已经被别人拿得找不到第二本了。

我在写“钱钟书的读书生活”时已奔近“知天命”之年。此前，博士毕业，虽然说不上雄姿英发，但爱人和孩子调进城，住上了一室半房，已让我读书的心灵有了物质的安慰。我曾赴位于保定的河北大学参加古代文论年会，聆听了敏泽先生在大会上的发言，他所谈内容许多涉及钱钟书的学理文论。我在硕研、博研阶段，才开始涉猎钱钟书的学问。1995年博士论文出版后，我一直致力于《中国古代文论义理》的写作，《书海掣鲸龙——钱钟书的读书生活》一书的写作穿插在前书写作的后半段，后者比前者问世早几个月。

我所供职的母校集中了一些西北才俊。1999年，李浩兄因有博士、博士后诸多长远规划之压力，嘱我承担本应由他完成的这本书之写作。我当时才得到一套配额住房，尽管低价（相对于今），却也穷困得不能不借钱和贷款。亲戚帮忙简易装修，我在料理之余，见缝插针，读资料，买瓷砖。一年余，居屋新，书稿成。共五十四篇，此即《书海掣鲸龙——钱钟书的读书生活》之全部。我很高兴看到此书能再版。我很遗憾自己当时未能将此书写得更精致一些，正如遗憾当时未能将房子装修得更好一些。在读书和做学问方面，钱钟书是中西化合的典范，他偏于站在文艺的立场上管锥。钱钟书的读书生活最终深入于《管锥编》，这是《书海掣鲸龙——钱钟书的读书生活》一书所无法完成的。

我没有见过钱钟书先生。听李浩君的博士后联系导师王水照先生（他曾在西北大学文学院做学术报告）说，中国社会科学院文学所的年轻人都记着一个公式，何其芳的理论素养+钱钟书的丰富知识=治学的最高目标。2004年到2005年，我在美国伊利诺伊大学（UIUC）访学时适逢清华大学教授王宁先生，他约我所写的《德里达与钱钟书：解构批评的遗产》一文偏于义理，为追求理论性而丢失了可读性，读书生活完全被压干了。为了弥补此缺憾，我在《根本的综通：解构遭遇昆仑》一书的上编采用了另外一种写作方式力求复活生动性。就我而言，此方式一直延续至今，但作用有限。就我们而言，钱钟书的风度有关于治学的最高目标，钱学的魅力抚慰着我们骚动不安的魂灵。

袁峰

2018年3月12日